1789年

追求自由的時代

歷史的轉換期

VIII

1789年
自由を求める時代

Turning Points
in World History

島田龍登
SHIMADA RYŪTO
｜編｜

松嶌明男、森永貴子、太田淳、熊谷幸久、鈴木英明——著
廖怡錚——譯

內文左方註釋為譯者或編輯註，特此說明。

出版緣起

在空間的互動中解讀歷史，在歷史的纏繞中認識世界

中央研究院近代史研究所助研究員、「歷史的轉換期」系列顧問　陳建守

歷史是什麼？來自過去的聲音？人類經驗的傳承？還是帝王將相的生命史？個人有記憶，所以人類也有集體記憶。表面上這些記憶是由事件及人物所組成，更往下分疏縷析，則風俗、習慣、語言、種族、性別等，無不在背後扮演重要的角色。而由這些基點延展開來的歷史研究，則有社會史、文化史、宗教史、性別史、思想史等不一而足的研究取徑。正因為人類無法忘卻過去的一鱗半爪，我們才有了「歷史」（history）。

上個世紀六〇年代英國著名史家卡爾（E. H. Carr）推出的《何謂歷史？》（*What is History?*）迄今剛好屆滿一甲子。卡爾當年「何謂歷史？」的鏗鏘命題，不僅是歷史學者在其漫長的從業生涯中無法迴避的提問與質疑，直至今日，我們仍與之不斷地進行對話。然而六十年過去了，我們現在對「何謂歷史？」這個問題提出的解答，與卡爾提供的答案已經有很大的不同，唯一相同的是「歷史是過去與現在永無止盡的對話」。雖然隨著討論的課題與人們討論方式的改易，對話的本質可能已

經改變，但這樣的對話至今仍不斷地在進行。

與卡爾當年身處的情境不同，現今歷史學研究的興趣從探究因果關係轉向對意義的追尋，由解釋轉向理解。近年來更出現兩項重大的轉向：第一，在過去十年，以全球史為名的出版品有逐漸增加的趨勢，相關研究書文不斷地出現在各大期刊的篇目當中。基於全球史取徑的興起，觀看歷史的視角也從歷時性轉為空間的共時性（from time to space/ place）。第二，大眾史學的出現，歷史做為大眾文化與市民生活的元素，與民眾日常切身相關的歷史研究蔚為風潮，也培養出一群重視在地連結與歷史感的閱讀大眾。

全球史取徑的意義在於打破單一的國族和語言，展現跨地區的相遇（encounter）和連結，同時也直接挑戰了預設地理疆界的「方法論國族主義」。將研究對象置於全球視野之下，一方面可以解構所謂的「歐洲中心化」概念，另一方面則可以指出一個歷史交纏打造的世界。全球視野下的歷史研究跳脫了歐洲中心普世論與國族主義特殊論的二元對立，將視角置於區域發展的自身脈絡以及整體歷史變遷上。至於大眾史學，強調的則是「歷史感」的課題，意圖帶領讀者感受歷史影響我們生活的諸般方式；透過瞭解與參與歷史，我們終將更加了解自己與身處的世界。

呈現在讀者眼前的這套「歷史的轉換期」叢書，就是從這兩大面向切入，編輯而成的套書。整套叢書共計十一冊，是臺灣商務印書館繼二〇一七年推出「中國．歷史的長河」系列套書後的又一鉅作，目的是提供臺灣讀者不同觀點的世界史。其中挑選我們熟知歷史大敘事中的關鍵年分，將之視為探索的起點，卻不囿於時空的限制，而是以一種跨地域的比較視野，進行橫切式的歷史敘事。

過往的世界史往往是各國按照年代時間序列組合而成的宏大敘事，全球史的敘事則是要將時空的框架重組，既有縱向的時代變遷，又有橫向的全球聯繫。這正與當前一〇八歷史課綱所提出的理念不謀而合，亦即注重空間（區域）的歷史思考，非常適合做為第一線中學教師補充一〇八歷史課綱的知識點。特別值得一提的是，這套叢書採取與日本同步的翻譯速度，希望能夠在最短的時間內，將最新的研究成果推送到臺灣讀者手中。

歷史學的地貌會改變，新的歷史斷層地圖也會隨之產生。讀者可以發現，專業歷史知識生產已然轉變，大一統的歷史書寫文化業已瓦解。「歷史是過去與現在永無止盡的對話」，自從卡爾為歷史下此定義之後，過去與現在之間彷若有了一條光亮的通道。而這套「歷史的轉換期」叢書，正是另一道引人思索的靈光乍現。

導讀

全球轉向下的「自由」樣貌：去歐洲中心與海洋場域實踐

中央研究院人社中心助研究員　陳禹仲

當談到十八世紀時，我們會聯想到什麼？有些人會認為，十八世紀是啟蒙運動的時代；在當時，理性在歐陸萌芽茁壯，展開科學思辨，歐洲人開始思考如何在政治中實踐個人的權利與自由。有些人主張，那是一個逐步邁向現代世界的時代，人們開始大規模地透過「科學」的方法，研究人類的社會活動，這同時也體現於教育體系的變遷之中。曾被歷史學家愛德華．吉朋（Edward Gibbon, 1737–1794）譏諷為過於保守自滿的牛津大學，在一七五八年成立新的法學講座教授講席，新上任的教授威廉．布萊克史東（William Blackstone, 1723–1780）在初就任時，便致力於在這個過於守舊的大學中，推廣將「法律」視為一門科學的教育。此外，在一七五一年的格拉斯哥，從事出版業的羅柏與安德魯．富理斯兄弟（Robert and Andrew Foulis）集結了一系列的經濟學著作，編成《政治經濟學經典叢書》出版，希望供當時蘇格蘭兩所頂尖大學——格拉斯哥大學與愛丁堡大學——師生課業參考。《政治經濟學經典叢書》甫出版之際，便被當時一位格拉斯哥大學新聘的邏輯學講師留意，他的名字是亞當·史密斯（Adam Smith, 1723–1790），爾後，他將在一七七六年出版被譽為奠定現代經濟學的經典著作：《國富論》（*An inquiry into the Nature and Causes of the Wealth of Nations*）。

但與此同時，十八世紀也是個充滿暴力的時代。過去有一種論說歷史的敘事，傾向把啟蒙時代的理性與科學，以及世界邁向現代的種種轉折，歸結到十八世紀歐洲所發生的兩起重大政治事件，認為這兩起事件標誌了歷史的轉捩點：美國獨立戰爭及法國大革命。但細審這兩起事件，內裏卻是連綿數年的混亂，充斥著血腥與暴力的軍事衝突。固然，不是所有的暴力都以軍事衝突呈現。隨著蒸汽機與其他機械器具的發明，十八世紀見證了另一種形式的暴力：勞動階級被生產機器壓迫、在惡劣工作環境犯險的暴力。從這個角度來認識十八世紀，這個「邁向現代的世紀」似乎總是與暴力難脫關係。

除此之外，我們還有一種認識十八世紀的方式，而這也許更接近活動於十八世紀的人們的認知。十八世紀是世界重心開始轉變的世紀。世界的重心逐漸從太陽王路易十四籠罩歐洲的軍事威脅，轉移到島國不列顛的穩定政體。路易十四的野心讓法國在片刻的輝煌後，陷入財政困境的泥沼。相比之下，英吉利海峽彼端的不列顛在熬過十七世紀末與十八世紀初的動盪後，走向了另一條不同的道路。不列顛在一七二一年選出了史上第一位首相，確立了議會主權的政治環境，同時也將立法權、行政權與立法權三者錯綜地交付給君主、首相與內閣、以及議會三個不同的政治單位。在當時幾位造訪不列顛的法國人——例如孟德斯鳩（Montesquieu, 1689–1755）與伏爾泰（Voltaire,

1694–1778）看來，這樣的政治是當時不少歐洲人眼中的理想：英格蘭的自由（English Liberty）。世界的重心從法國轉向不列顛，因此也象徵著世界開始從路易十四的絕對專制（Absolutism）轉向自由的政體。

以上所說的種種，都是一種以歐洲（甚至是侷限在西歐）為中心對十八世紀的想像，是屬於歐洲的歷史經驗。但這種歷史經驗也許有著更為廣袤的基礎。十八世紀也是英國東印度公司開始殖民印度的時代，並藉由確立東印度公司在印度的統治，近乎壟斷了原本權力錯雜的印度洋貿易。不列顛開始在西歐的政治裡成為不可或缺的要角，這並不僅僅是因為它擁有一個自由的政體。更重要的是，它得以在失去大量北美殖民地的情況下，拓展其他海外殖民的基礎，掌握了茶葉與香料等重要貿易資源。自由與流動的全球貿易網絡，鑲嵌在錯綜複雜的權力關係上。

我們很難否認，西方的歷史經驗為我們如何理解十八世紀帶來深刻的影響。只是與此同時，歷史學家也致力反思如何能在西方歷史經驗的基礎上，探索十八世紀的歷史更豐富多元的樣貌。史家們認為其中一個可能的做法，是嘗試轉換觀看歷史的視角。也許我們不該再將視角鎖定於特定事件以及事件所發生的地域與環境，我們應該更加關注的是不同事件如何交錯，進而勾勒出超乎地域與事件的歷史現象。例如，比起關注科學知識在歐洲的發展，也許我們可以更加關注是什麼樣的資訊流通管道出現、什麼樣的資訊在流通、而這些資訊又如何在不同的地域被轉化成知識。這樣的轉向讓歷史的載體從特定的地域文化，成為某種跨文化地域的流動，以及乘載這些流動的網絡。史學家稱這種視角的轉移為「全球轉向」(the global turn),將窺探歷史的視野不斷擴展,盼望能從俯瞰的視野估量全球場域發生的活動與現象。

但什麼樣的歷史學家能書寫這樣的歷史呢?理想上,能夠書寫這種歷史的歷史學家,至少必須要有幾個基本條件。首先,史家要能夠掌握數種不同語系的語言,才得以閱讀構成網絡的不同文化下所產生的史料。其次,儘管史家的焦點關注在跨地域的互動,但史家仍舊必須對不同課題牽涉地域的歷史有基礎的認識,否則難以有效解釋是在什麼樣的情境下,使得某些地域被牽涉進史家要研究的網絡與交流裡。這表示史家研究的「全球性」範圍越廣,對史家語言能力與歷史知識的要求會越高。歷史學家要如何跨過這樣的技術門檻,落實他們對「全球史」的理想?更有甚者,歷史學家要如何在強調深入淺出的歷史教科書上落實這樣的理念?

日本山川出版社推出的「歷史的轉換期」系列,提供了一個可能的實踐方法。藉由不同領域的專業史家接力合作,讓一本歷史著作中所呈現的歷史敘事,不僅得以在聚焦特定歷史現象作為主軸,同時涵蓋不僅僅是該現象在不同地域與文化的表現,凸顯不同的跨文化網絡如何交織、成就該歷史現象的複雜面貌。本書是這套書系的第八冊,聚焦的年代正是那個過往長期被歐洲中心論所籠罩的十八世紀,關注的現象也是歐洲中心論歷史書寫中常見的歐洲價值:自由。在不同專業學者的合作下,這樣一個曾經以歐洲為中心的歷史現象有了更多元的層次。本書分別從五個角度來理解「自由」,究竟這個屬於十八世紀後半的現象從何而來,並指出該現象如何與歐洲的歷史現象息息相關,卻又不局限於歐洲一地。

本書的第一章藉由最常被提及的，十八世紀關乎自由的歷史事件——法國大革命，梳理自由之於十八世紀的歷史意義。但法國大革命並不僅僅是一個法國邁向現代的政治過渡，該文具體顯現出當時的法國社會如何從基礎教育制度到國家政策上，都面臨著落實自由的掙扎與代價。在這之後，本書餘下的四章分別從太平洋、東亞海域、印度洋等文化交錯匯流的場域，分析從毛皮貿易、奴隸貿易、海盜活動，乃至關稅壟斷等面向，重建個人行為如何在面對特定秩序下嘗試爭取自由的歷程。從這樣多元的視角省視這些歷史片段，無疑地豐富了自由的樣貌。自由將不再只是政體所賦予的權力（例如英格蘭的自由），而是真實的個人如何在不同秩序的夾縫中尋求自主生活的掙扎。此番掙扎，正體現了不同文化背景出身的個人，如何在跨文化的脈絡中行動。

這部關於自由的歷史，也因此是一部關於活動的歷史，這清楚體現在本書所關切的場域。相比於第一章專注在法國，解釋發生在法國這塊土地上的歷史，本書餘下的四章所關切的場域，都與海洋息息相關。更精確地說，本書是一部關乎自由如何在海域活動中被實踐的歷史。而這指向了歷史知識中至關重要、卻又往往備受忽略的情境：海洋做為跨文化活動發生的場域。以此反思本書的訴求，更能清楚看見十八世紀這個「追求自由」的時代，同時也是一個「海域活動如何形塑自由」的時代。與此同時，本書也適切地指向一個重要的史學課題：也許史學的全球轉向，終究無法脫離思考「我們該如何書寫人類海域活動的歷史」這樣的問題。

導讀

十八世紀末：近代的開端

臺灣師範大學東亞學系助理教授　莊仁傑

求學時期，曾聽臺大楊肅獻教授於英國近世史課堂中談及「漫長的十八世紀」的分界線，即始於一六八八年的光榮革命，終於一八一五年的滑鐵盧戰爭。至於英國史家霍布斯邦（Eric Hobsbawm）在其「十九世紀三部曲」——《革命的年代》、《資本的年代》和《帝國的年代》——也曾指出有一個「漫長的十九世紀」，即始於法國大革命，終於一次大戰爆發。

不論哪個概念，都指出十八世紀末到十九世紀初是這個世界的重要轉換期，是近代世界的開始。《一七八九年・追求自由的時代》即以此轉折做為本書宗旨，特別強調「自由」浪潮如何推動世界發展。全書挑選的主題雖然只是此轉換期的某一片段，但可從這些片段中一窺此轉換期的重要性。

第一章所談的法國大革命，許多人已經耳熟能詳，也是本書書名一七八九年直接指涉的事件。但從自由的角度觀之，法國大革命之後的《人權宣言》明確將自由列為人們的權利之一，也因此打破宗教對教育等領域的限制。雖然自由觀念並非一躍而就，但對於後來的教育與知識發展功不可沒。

第三與第四章看似風馬牛不相及，但都指出當時蘇格蘭與東南亞商人積極爭取自由貿易的權利。如果政府限制他們，他們將力爭政府透過法律放鬆對他們的限制；又或者透過「非法」手段（從政府的角度觀之），繞過政府的限制來進行貿易（即以武力作為貿易的後盾，換言之則是海盜）。

第二章和第五章的主題是商品（毛皮和奴隸／勞動力），透過商品貿易指出當時世界的變動。第二章指出人們如何因為毛皮貿易等原因，踏上太平洋上許多偏遠之地（從歐洲中心來看）。在此過程中，許多人因好奇心與科學等由開始探勘這塊地區（好奇心和科學都需要思想自由的支持），同時也因貿易與政治而深入這塊地區，將之納入世界的一部分。第五章探討自由概念如何在英國逐漸發酵，進而促成印度洋奴隸制度的廢除（廢除是因為英國控制當地所致），但之後的契約制勞工跟原本並無多大差異。

雖未明確說明，但《一七八九年．追求自由的時代》的五篇文章都指出十八世紀末至十九世紀初是新思想——特別是自由（不論它對世界的正面或負面影響）——出現、逐漸取代舊思想的時期，其中建立的新制度／系統也逐漸取代舊制度／系統（但完全取代是二十世紀的事了）。在新舊制度／系統轉換期間，出現了許多新舊混合的制度／系統，以及它們所帶來的諸多新機會與問題。

在《歷史的轉換期》套書中，島田龍登與太田淳分別在第七與第八冊中指出十七與十八世紀的東南亞貿易變動。下面就以寥寥數筆，為島田和太田教授的論述做些補充，並以東南亞與華人貿易為例，指出十八世紀末新舊思想、制度與系統的交替。

檳城：新舊系統的結合

一七八六年，英國人從當時的吉打蘇丹手中取得檳城（Penang），開闢成港口。雖然看似是又一個東南亞港口的開埠，但其主要經營方針卻與過去不同。過去的東南亞許多港口會對商品徵稅，甚至收取通行費，例如當時荷蘭控制的巴達維亞和馬六甲，或西班牙控制的馬尼拉都是如此。可是，檳城自開埠以來即是自由港，對於進出口商品一律不徵稅，這項措施一直維持到一九六九年。對當時的東南亞貿易而言，這是全新的做法，也是隨後開埠的新加坡自由港的先行者。

檳城自由港位於孟加拉灣與東南亞的交界，很快就吸引許多商人，並成為南亞-東南亞貿易的樞紐。這些商人之中好些是華商，例如許泗章就隨著英國人到檳城做生意，他的家族後來成為檳城到普吉島之間的錫礦大亨。此外，在十九世紀崛起並控制檳城對外貿易的檳城五大公司——邱公司、謝公司、楊公司、陳公司、林公司——也是在此時來到檳城（按：檳城五大公司是以同姓氏同地域為基礎所建構的團體，五大公司之外也有許多姓氏公司的組成）。

許泗章與五大公司等福建商人並非從中國來到檳城，也非孤身一人在檳城白手起家。他們早已在東南亞建立了龐大的商業網絡（譬如許泗章原本是在今天印尼的明古魯經商），只是改以檳城為基地，繼續維持並擴大原有的生意。他們除了掌握航運業，也掌握從今日泰國普吉島到馬來西亞霹靂（Perak）一帶的錫礦業。此外，當地的米、糖、椰子、胡椒、鴉片、苦力等貿易，也都由五大公司和他們的盟友所掌控。

換言之，以自由港之姿登上世界舞台的檳城，在當時的東南亞華商轉移陣地下，共同促成其一躍成為世界重要商港。位於孟加拉灣與東南亞交界的檳城，是當時南亞—東南亞貿易的樞紐。雖然新加坡開埠之後很快就超越檳城（但非取代，檳城在十九世紀仍繼續成長），但如果沒有在檳城的自由港先行實驗，新加坡也難以達成今日的地位。

雖然自由港是新概念，意味著自由貿易理念開始在東南亞萌芽，但管理方式仍然延續舊做法。在檳城或之後的新加坡，政府仍然任命某一族群領袖為甲必丹，並透過甲必丹管理該族群。此外，甲必丹制度雖是由荷蘭人等外來殖民者建立，但若追溯過去，可發現自本土政權馬六甲王朝時代起，就已開始任命外國人擔任港務官（Shah Bandar）來管理其所屬族群。

由上可見，在這轉換期中可見到新事物的產生，但其具體做法仍不脫舊時的影響。一直要到十九世紀，隨著交通與通訊科技進步，以及東南亞的資本主義從勞力密集轉移到資本密集，甲必丹制度才逐漸廢除，東南亞各個西方殖民地也從間接統治邁入直接統治的時代。

華人與世界市場

另一方面，島田和太田教授提及當時東南亞的華人農夫與礦工。實際上，學界常提及的蘭芳共和國，以及同為臺灣商務印書館所出版的「中國‧歷史的長河」系列作《海與帝國：明清時代》，都提到了這群華人移民。由於東南亞商品在中國有市場，因此許多中國商人會在東南亞收購商品，甚至派中國勞工到當地從事農業與礦業。舉例來說，太田教授文中所提及的廖內群島，當時就有許多潮州籍勞工種植胡椒與甘蜜。根據十九世紀初的英國紀錄，這群潮州人多達萬人，後來他們在十九世紀上半葉從廖內轉移到新加坡，隨後又在柔佛天猛公的號召下北上到今日馬來西亞的柔佛，繼續從事胡椒與甘蜜種植業。

把這群華人農夫放入當時的脈絡來看，可發現他們從最早的提供中國市場所需，逐漸轉向以滿足世界市場需求為導向。第二章談及的毛皮貿易，也提及俄羅斯人的貿易商品從對中國輸出毛皮變成輸出工業製品；第四章談及蘇格蘭人要求自由貿易，最大動機與印度到中國的貿易有關（檳城和新加坡的開發目的之一，就是做為英國的印度—中國貿易的中繼站）；第五章最後提及的印度契約勞工，也與十九世紀引入東南亞的中國與印度契約勞工制度有關。

另外，最能體現這些變化的華人群體之一，是馬來半島到普吉島一帶的華人錫礦業。除了前述的檳城五大公司和許泗章是礦業的重要人士之外，他們在霹靂的盟友鄭景貴控制了霹靂太平（Taiping）的錫礦生產，同時雪蘭莪（Selangor）的葉亞來也成為吉隆坡附近錫礦場的主事者。他們利用華人資本，引入大量華人勞工，以勞力資本密集方式進行生產，供應當時日漸重要的歐美市場。後來英國為了保障商業穩定，開始干涉馬來土邦政治，先後插手霹靂和雪蘭莪內戰以穩定當地錫礦資源（當時霹靂和雪蘭莪當地的華人錫礦開採者不但分成兩派，也在內戰中支持不同的馬來領袖），進而開始殖民馬來半島。

簡言之，本書所提及的這些變動，即為十九世紀東南亞與中國巨大變化的濫觴。它們在十八世紀末的開始就如本書所提及的那般，最先似乎並不起眼，但歷史最終證明，這些星星之火——例如自由——卻席捲了全世界。

延伸閱讀

上田信著，葉韋利譯，《海與帝國：明清時代》（臺北：臺灣商務，2017）。

白偉權，「國家、產業與地方社會的形構：馬來亞拿律地域華人社會的形成與變遷（1848-1911）」（臺北：國立臺灣師範大學地理學系博士論文，2015）。

李業霖主編，《吉隆坡開拓者的足跡：甲必丹葉亞來的一生》（吉隆坡：華社研究中心，1997）。

蘇尼爾・阿姆瑞斯（Sunil S. Armith）著，堯嘉寧譯，《橫渡孟加拉灣：浪濤上流轉的移民與財富，南亞・東南亞五百年史》（臺北：臉譜，2017）。

Carl A. Trocki, *Prince of Pirates: The Temenggongs and the Development of Johor and Singapore* (Singapore: NUS Press, 2007).

Eric Tagliacozzo and Wen-chin Chang edited, *Chinese Circulations: Capital, Commodities, and Networks in Southeast Asia* (Durham: Duke University Press, 2011).

J. M. Gullick, *A History of Kuala Lumpur, 1856-1939* (Kuala Lumpur: MBRAS, 2000).

Khoo Kay Kim, *The Western Malay State, 1850-1873: the Effects of Commercial Development on Malay Politics* (Kuala Lumpur: Oxford University Press, 1972).

Nordin Hussin, *Trade and Society in the Straits of Melaka: Dutch Melaka and English Penang, 1780-1830* (Singapore, NUS Press, 2007)

Wong Yee Tuan, *Penang Chinese Commerce in the 19th Century: The Rise and Fall of the Big Five* (Singapore: ISEAS, 2015).

Wu Xiao An, *Chinese Business in the Making of a Malay State, 1882-1941: Kedah and Penang* (Singapore: NUS Press, 2010).

寫在前頭

今日，諸如「全球史」等從廣闊視野出發、多面向思考世界歷史的史學日益盛行，我們希望能夠立足於最新的學術知識，針對各個時期的「世界」，提供一種新的剖析方式——本叢書就是依循這樣的思維而開展的企畫。我們列舉了堪稱世界歷史重大轉換期的年代，探討該年代各地區的人們過著怎樣的生活、又是如何感受著社會的變遷，將重點放在世界史的共時性來思考這些問題。此即本叢書的核心主旨。

從全球視野來嘗試描繪世界史的樣貌，在今天已經不是什麼稀奇的事，可以說本叢書也是歷史學界在這方面集結努力的其中一環。既然如此，那在這當中，本叢書的目標及特色又是什麼呢？在這篇〈寫在前頭〉中，我們將從幾個面向來試著敘述。

首先要討論的是「轉換期」*一詞代表的意義。若從現在這個時間點回顧過去，每一個時期在「轉換」上的方向性，看起來都會是十分明確的；雖然因為地區不同，而有或早或晚的時間差異及個別的特色，但歷史應該還是會往一定的方向發展吧……？然而，這樣的看法卻很容易讓後來時代的人們在回顧歷史時，陷入認知上的陷阱。對於熟知後來歷史動向的我們而言，歷史的軌跡自然是「只會朝這個方向前進」；既然如此，那如果「不從今天來回顧當時的社會」，而是嘗試「站在當

---

* 配合各冊敘述需要，會斟酌譯成轉換期、轉捩點、轉換關鍵等詞。

時社會的立場來看未來」，情況又會變得如何呢？今天的我們，若是論起預測數十年後或數百年後的世界，應該沒什麼人有自信吧！這點對過去的人們來說，也是一樣的。綜觀當時世界各地人們的生活便會發現，儘管他（她）們深切感受到「世界正在經歷重大變化」，卻又無法預測這股推著自己前進的潮流將通往何處，因此只能在不安與希望當中，做出每一天的選擇。將這種各地區人們的具體經驗相互積累、結合後，歷史上的各個「轉換期」，便會在我們面前呈現出一副比起從今日視點出發、整齊劃一的歷史更加複雜，也更加活潑生動的姿態。

第二是世界史的「共時性」。本叢書的每一冊，都以一個特定的西元年分做為標題。對於這種作法，讀者理所當然會湧現疑問：儘管在這一年的前後數十年甚至數百年間，世界各地呈現了巨大變化，某種程度上也可看出一定的關聯性，但這樣的轉變會是在特定的某一年一口氣突然爆發出來的嗎？就算有好幾個地區同時產生了重大變革，其他地區也不見得就有變革吧？特別是，姑且不論日益全球化的十九、二十世紀，針對古代和中世紀世界史的「共時性」（synchronicity）進行推論，真的有意義嗎？當然，本叢書的編者與作者並不是要強硬主張所謂「嚴密的共時性」，也不是要對每一冊各章的對象僅就該特定年分的狀況加以論述。不僅如此，諸如世界史上的「交流」與「衝突」這類跨地域的變遷，以及在這之中肩負起重要任務的那些人，我們也不特別著墨；畢竟至少在十八世紀以前，絕大多數的人們對於自己生活的地區與國家之外發生了什麼事，幾乎是一無所知。而本叢書的許多章節裡，就是以這樣的普通人為主角。儘管如此，聚焦在特定年分、以此眺望世界各地狀況的作法，仍有其一定的意義——它開創了某種可能性，也就是不以零星四散的方式，而是透過宏觀的視野，針對當時各地區人們直接面對的問題，及其對應方式的多樣性與共通性進行分析。像是大範圍的氣候變遷與疫病，各個地區在同一時期，也可能直接面對「同樣的」問題。不只如此，也有像資訊與技術的傳播、商品的流動等，有著時間差而對世界各地產生影響的現象存在。然而，儘管問題十分類似，各地區的對應方式卻不相同；甚至也有因某些地區的對應，導致相鄰地區做出截然不同的對應態度。此外，面對類似的狀況，某些地區的既有體系因此產生了重大的動搖，但其他地區卻幾乎不受影響，這樣的情形也是存在的。當我們看到這種迴異的應對方式，從而思考為何會這樣的時候，便會對各個社會的特質產生更深一層的理解。儘管將生活在遙遠分離的地區、彼此互不相識的人們稱為「同時代人」，似乎不是件普通的事，但他（她）們確實是生活在同一時間、同一個「當代」（contemporary）的人們；我們所做的，就是讓讀者試著感受箇中的醍醐味。

第三個問題是，「世界史」究竟是什麼？今日，打著「全球史」名號的著作多不勝數；儘管它們都有著超越「國史」框架的共通點，採用的方法卻林林總總、不一而足。有的將氣候變遷、環境與疫病等自然科學方法納入研究取徑，來處理大範圍的歷史；有的利用比較史或系統論方法，將重點放在亞洲，對歐洲中心主義進行批判；此外，還有運用多語言史料的海域交流史，這種有時也被叫做「全球史」。雖然本叢書秉持「世界史的視野」，卻未必會使用「全球史」一詞，而是讓各位作者按照自己的方法執筆，在選擇探討對象上也抱持著開放態度。雖然稱為世界史，但本叢書並未採取將某個年代的世界分成好幾塊、然後對各塊分別撰寫概述的作法，而是在狹窄的範圍內，盡可能提供鮮明生動的實例。因此在每一冊中，我們並不見得徹底網羅了那個年代的「世界」樣貌。乍看之下，這樣的做法或許會讓人覺得是好幾個零星主題胡亂湊在一起，然而，我們也請作者在執筆時不將各冊各章的對象框限在一國或一地區之中，而是以面向世界的開放脈絡來處理它們。「世界」並不是像馬賽克一般集結拼湊，而是像漣漪一般，以具體事例為中心，不斷往外擴散又彼此重合；描繪出這些漣漪彼此碰撞接觸的軌跡，就是本叢書的特色。「世界史」並不是一大堆國別史綁在一起的集合物，也不是事先就預設出一個所謂「世界」這樣的單一框架；相反地，我們認為它是紮根於各個地區的觀點彼此碰撞、對話，而展現出的活潑鮮明姿態。

透過以上三點，我們簡略陳述了本叢書的概念。歷史的宏觀脈動，是上至大政治家和學者，下至庶民，由各個階層的人們共同摸索與選擇所形成的。本叢書的視野雖是全球性的，但並非從超越個別眾人經驗的制高點來鳥瞰世界史的全貌，而是試著從廣泛的、同時代的視野，去比較、檢討那些跟今天的我們一樣，面對不可預測的未來不斷做出選擇的各時代人們的思考和行動方式，從而以這樣的視角，對世界史上的「轉換期」加以重新思考，這就是我們關心的所在。透過這種嘗試，本叢書希望能將歷史發展中宏觀、微觀視角的交錯，以及橫向、縱向伸展的有趣之處，介紹給各位讀者。

本叢書的各冊構成如下：

第1冊　前二二〇年　帝國與世界史的誕生
第2冊　三七八年　崩解的古代帝國秩序
第3冊　七五〇年　普遍世界的鼎立
第4冊　一一八七年　巨大信仰圈的出現
第5冊　一三四八年　氣候不順與生存危機
第6冊　一五七一年　白銀大流通與國家整合
第7冊　一六八三年　近世世界的變貌
第8冊　一七八九年　追求自由的時代
第9冊　一八六一年　改革與試煉的時代
第10冊　一九〇五年　革命的浪潮與團結的夢想
第11冊　一九一九年　邁向現代的摸索

各冊除了每一章的主要敘述外，還收錄了簡短的補充說明「專欄」，開頭也編入概觀全書樣貌的「總論」。除此之外，扉頁設有地圖，書末附有參考文獻，希望能對各位讀者有所幫助。

「歷史的轉換期」叢書監修　木村靖二．岸本美緒．小松久男

出版緣起 陳建守 003
導讀 陳禹仲 007
導讀 莊仁傑 013
寫在前頭 木村靖二・岸本美緒・小松久男 021

總論 追求自由的時代……島田龍登 031

第一章 邁向近代的轉捩點——法國大革命……松嶌明男 045
1 一七八九年的世界有何變化？ 045
2 三十年戰爭與大革命前的「支配性宗教」 051
3 「支配性宗教」的克服與學問・藝術 064
4 因法國大革命而起的教育政策 073
5 法國大革命時期行政史料的實地調查 085

第二章 毛皮連結起的太平洋世界……森永貴子 103
1 俄羅斯的毛皮事業和進出西伯利亞 103
2 啟蒙主義時代的太平洋探險 112
3 追求自由貿易 136
4 圍繞著毛皮貿易的國際競爭 147
5 俄屬北美的經營 158
第三章 東南亞海盜與「華人世紀」……太田 淳 171
1 貿易時代及其崩壞 171
2 中國市場的成熟及與東南亞的連結 185
3 東南亞網絡與廖內的盛衰 191
4 東南亞地域秩序的變貌 200
5 東南亞與全世界的人所求之物 209

第四章　蘇格蘭的自由貿易運動……熊谷幸久 217
1　十八世紀後期英國東印度公司的東印度貿易及其極限 217
2　格拉斯哥東印度委員會的成立及一八一〇年代前期自由貿易運動 225
3　一八二九至一八三三年間中國貿易的自由化問題 243
第五章　印度洋西海域與大西洋奴隸制度／奴隸交易的廢除……鈴木英明 257
1　大西洋奴隸交易的發展與廢除奴隸運動 257
2　印度洋西海域南部 276
3　印度洋西海域北部 289
圖片來源・作者簡介・主要參考文獻

歷史的
轉換期
08

1789年
追求自由的時代
自由を求める時代

Turning Points in World History

總論　追求自由的時代

島田龍登

十八世紀的世界

所謂的十八世紀，究竟是什麼樣的時代呢？從世界史的觀點出發，十八世紀在過去並未受到重視，反倒是近代化浪潮席捲世界的十九世紀研究擄獲了人們的心靈，這樣說應不為過。十八世紀不過就是達成偉大近代化的十九世紀的時代前史，其中被認為是重要的，勉強來說，只有十八世紀末接連發生在西方世界的兩件大事，也就是美國獨立戰爭（一七七五年～一七八三年）和一七八九年爆發的法國大革命。

然而美國獨立戰爭和法國大革命之所以重要，應是由於它們常被視為「漫長的十九世紀」，也就是從這一百年再前後延伸數十年、激烈變動的近代化時代的開始。換言之，即使它們發生在十八世紀，但在實質內容上則被認為是成就華麗近代化十九世紀之濫觴，只不過是恰巧發生在十八世紀末葉罷了。總而言之，單就「漫長的十九世紀」觀點而言，十八世紀的世界史就是一段缺乏魅力的歷史進程；又或者站在近代這個視角來看，十八世紀的世界就宛如一個應該被否定的社會。法國所謂的「舊制度」（Ancien Régime），正是指涉法國大革命以前的法國社會；十八世紀的世界整體本身，都是屬於應該被否定的「舊制度」。

即便如此，近年關於十八世紀世界的歷史研究，內容上出現了巨大的變化。若就此潮流的新歷史研究結論切入，可總結為以下兩項論點。第一項論點，是十八世紀世界各地歷史的實證研究成果有所進展，使得十八世紀邁向十九世紀的連續性受到高度重視。毋庸贅言，世界各地的社會經歷過各式各樣的變化，然而，與其說是全世界在十八世紀末到十九世紀的期間發生劇烈轉變，不如說是整個社會自十八世紀初期開始經歷了時間淬煉、長期性變化而逐漸成熟。

另一項論點，是對西洋中心主義的近代史形象的再思考。舊有的觀點如下：西方世界，特別是英國、法國以及美利堅合眾國社會的變化，對非西方世界產生了巨大的影響；並且，這是西方世界對非西方世界單方向施予的影響。過往，此觀點被視為理所當然，即便到今日也還未完全脫離這種歷史思考模式。然而若將觀看歷史的視角放在十八世紀整體，近年來的研究動向顯示，在近代化的面向上，西方世界與非西方世界實則呈現了雙向式的相互影響；並且，是在全球世界經歷過整個十八世紀後，才創生出嶄新的十九世紀近代世界，這樣的觀點正逐漸浮上檯面。西歐並不是單方面引領了世界其他地區，在近代化這點上更是如此；非西方世界並不從屬於西方世界。

本書的主要目的，即是立基在這樣全球性的視角，藉由五個章節做為切入點，眺望並觀察十八世紀整體。首先，就從以下幾個觀點，來重新檢視與瀏覽十八世紀社會整體的變化。

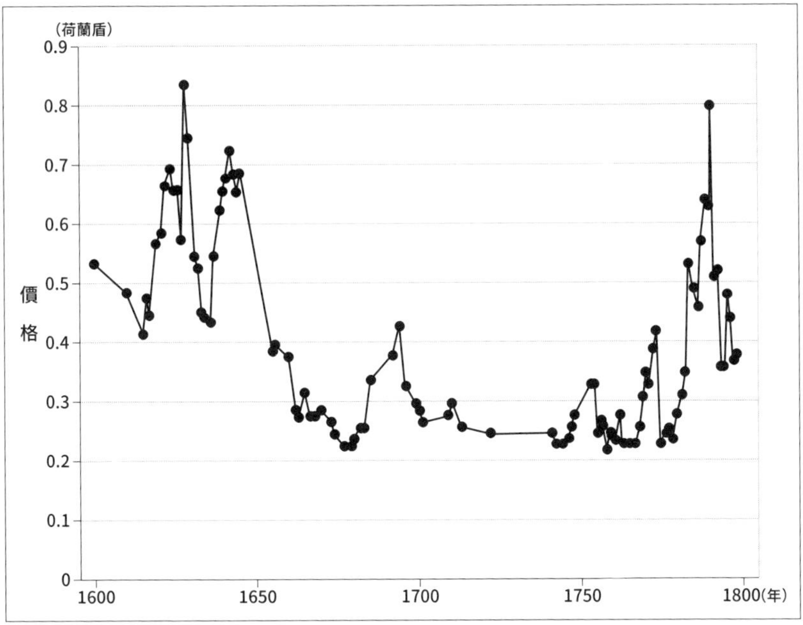

巴西製白砂糖在荷蘭的價格變化（1609 至 1800 年）
縱軸為每荷蘭磅（約 494 公克）的價格（荷蘭盾）

世界一體化的進展

回顧十八世紀世界史時必須記住，此時世界的一體化較前一個世紀已有更長足的發展。先前所謂的「大航海時代」，是指十五世紀末以哥倫布（Cristóbal Colón）與達伽馬（Vasco da Gama）為代表的歐洲人開始能自組船隊，越過大西洋抵達美洲大陸，並經海路繞過美洲大陸南端的好望角（Cape of Good Hope）航向亞洲。

近年來，像這樣從歐洲人的立場出發、以大航海時代來劃分世界史的分期方式，逐漸被視為一種西方中心主義而屢遭否定。例如在亞洲，自東亞、東南亞、南亞以至西亞的海上交易，早在歐洲人經海路來到亞洲前便已繁榮昌盛。東海與印度洋各自的區域內交易，以及連結兩個地域之間的交易逐漸發展，其盛況已可堪稱大交易時代。因此，歐洲人來到亞洲海域，雖然是促使亞洲大交易更進一步發展的契機，但仍稱不上是足以劃分時代的重大轉機。話雖這麼說，上述這種亞洲大交易時代論，也可說是一種僅限於海洋亞洲內部的議論。這是因為我們無法否定，若綜觀世界整體，事實上構成全球化歷史的前提條件，必須是連結美洲大陸、歐洲、非洲和亞洲，讓世界成為一個有機體。

總而言之，十六世紀葡萄牙與西班牙往世界各地發展，構築了環繞世界的貿易網絡，之後又在亞洲各地建立的交易據點，也就是殖民城市的腹地奠定了殖民地形式的開發基礎。在中南美洲則是奴役原住民，後來引入非洲黑奴，並展開種植園（plantation）形式的農業開發。接著在十七世紀，荷蘭、英國和法國亦一邊與歐洲各國競逐，一邊向世界各地發展，同時建立起做為世界經濟動脈的貿易網絡。

到了十八世紀，連接美洲大陸的世界貿易網絡出現變化。其中之一是交易商品的變化。截至十七世紀為止，就商品而言，世界貿易仍以奢侈品為大宗，生絲、砂糖、胡椒以及肉豆蔻、丁香等高級香料是主要的貿易商品，並以白銀做為支付工具。然而在十八世紀，棉織品、銅、錫等逐漸崛起，成為主要商品，過去買賣的奢侈品也逐漸開始走向量產，砂糖就是代表性的例子，交易價格也因此下降。正由於世界各地的產量增加，砂糖亦不再被視為奢侈品，逐漸變成一種大眾商品。從巴西製白砂糖在荷蘭阿姆斯特丹的價格變動走勢，可看出白砂糖的價格在十七世紀中期大幅下降，十八世紀糖價低廉且穩定，幾乎沒有變動，直到十八世紀的最後二十五年間，才因戰爭等社會混亂之故再次上漲，在此之前白砂糖皆處於穩定低價狀態。當然，糖價下降也代表了砂糖消費者階層的擴大。

另一項變化，是世界貿易的結構化，以及參與者的多樣化。所謂的大西洋三角貿易，即是在十八世紀形成穩定的結構。在此結構下，黑奴從非洲被「出口」至美洲，於種植園生產砂糖、咖啡豆、菸草和棉花等等，這些商品再出口至歐洲。從歐洲輸入非洲的商品則是武器等用具，以及來自印度的棉織品；而在非洲做為貨幣使用的印度洋產寶螺，也經由歐洲再度出口至非洲。當然，英國歷經十八至十九世紀的工業革命，已經有能力在國內自行生產過去仰賴印度進口的棉布，卻也正因大西洋三角貿易體系的存在，才能取得必要的原料棉花。

世界貿易參與者的變化

若檢視亞洲與世界其他地區的貿易活動便可以看到，十八世紀時出現了新的貿易參與者。關於世界貿易活動的參與者，大致可歸納出三項變化。

第一項變化，是荷蘭東印度公司壟斷亞洲貿易市場的力道逐漸衰退。大約十七世紀末葉左右，荷蘭東印度公司在亞洲海域建立了獨占貿易體制。荷蘭東印度公司除了從事連結荷蘭與亞洲的歐亞貿易之外，亦於亞洲海域各地設立眾多商館，積極參與亞洲區內貿易。荷蘭東印度公司將歐亞貿易與亞洲區內貿易這兩種類型的貿易活動連結成有機體，營造出比英國和法國東印度公司更有利的局面。除此之外，荷蘭東印度公司還越過了馬六甲海峽，連結環東海地區和印度洋地區，十八世紀初期的亞洲區內貿易幾乎皆由荷蘭壟斷。然而自十八世紀中葉起，英國的港腳商人*也開始越過馬六甲海峽參與貿易，這使得荷蘭無法再維持長期獨占亞洲區內貿易的局面。

第二項變化，是俄羅斯商人及美國商人也加入了亞洲的貿易活動。就像第二章將探討的那般，俄羅斯商人在十八世紀中葉自西伯利亞往北太平洋拓展，甚至還參與了中國廣州的貿易活動。另一方面，美國獨立後，許多貿易船自美洲東岸開往中國、東南亞及印度的亞洲海域各地發展貿易，從事亞洲區內貿易以及連結歐美與亞洲的長程貿易。迄今為止主要以歐洲商人為主角的歐亞海上貿易，在十八世紀出現了新的參與者。

加入亞洲貿易的參與者並不限於歐美商人。為何這麼說呢？因為在亞洲人內部亦存在著積極參與長程亞洲區內貿易的集團。亞洲商人的崛起，便是世界貿易參與者的第三項變化。最為顯著的是中國商人在東南亞的發展，他們熟練地駕駛戎克船進出東南亞各地，在當地設置多處據點，並各自以家族為連結網絡，順利推展商業活動。除了中國商人之外，誠如第三章所述，十八世紀後半葉馬來人和武吉斯人（Bugis）的貿易活動也更為顯著，他們在馬六甲海峽的廖內群島（Kepulauan Riau）設置據點，於東南亞從事貿易。亞洲商人的崛起，也逐漸打破荷蘭東印度公司所構築的獨占貿易體系。

和平之下的社會變化

話說回來，就世界性的角度而言，十八世紀應該可以說是一個和平的時代。當然，這段期間並非完全沒有戰亂發生。一七二〇年代，伊朗薩法維帝國（Safavid dynasty）走向實質滅亡，伊朗至印度北部一帶陷入動盪，其中納迪爾沙（Nader Shah）勢力的崛起，以及在德里的屠殺皆慘絕人寰。而在東南亞，泰國的阿瑜陀耶王國（Ayutthaya Kingdom）遭受緬甸貢榜王朝（Konbaung Dynasty）的攻擊而滅亡。一七八〇年代，因美國獨立戰爭所引發的第四次英荷戰爭（一七八〇～一七八四年），也在亞洲海域爆發衝突；法國大革命後的歐洲戰爭動亂，亦波及到亞洲及美洲。

儘管如此，與之前的十七世紀和之後的十九世紀相較，從世界性的角度來看，筆者仍認為十八世紀是戰亂較少的世紀。某種程度上，正是因為處於所謂「和平的世紀」，做為近世社會的世界各地社會得以逐漸成熟，並在成熟中推進社會的變化。

在這個社會成熟的論點下，近年來的亞洲史研究成果格外豐碩。地方社會或是地域社會的充實散見於亞洲各地。從包含日本在內的東亞以至緬甸、越南北部，皆可看到以小農為基礎的近世經濟社會的成熟樣貌。而在南亞，隨著蒙兀兒帝國（Mughal Empire）衰退，印度各地的地方勢力崛起，

＊ country trader 或 country merchant。指十七世紀末至十九世紀末在東亞、東南亞至南亞一帶做生意的私人貿易商，經東印度公司特許從事自由貿易，成員包括英國人、印度人及華人。

這些地方政權脫離蒙兀兒帝國的強勢中央集權後，開始投資自身領土的公共設施。此外，地方社會與地域社會的充實，也展現在薩法維帝國崩壞後的波斯灣沿岸一帶，而安納托利亞（Anatolia）等鄂圖曼帝國（Ottoman Empire）地方社會名士的出現，也與印度的例子有著類似要素。

另一方面，西歐社會亦發生了長期性的變化。若說過去的歷史學將法國的波旁王朝（House of Bourbon）視為典型的絕對君主制（Absolute monarchy）代表，今日的歷史學則是立基於詳盡的實證研究，試圖解明該社會的各種面向。在政治史的部分有以英國為例，而提出擅於徵稅的國家將徵來的稅金用於增強軍力的軍事財政國家論；但在社會層面，重要的則有以下兩點。英國等地的咖啡店（coffeehouses）成為大眾聚集的場所，人們在此討論政治、經濟及社會問題，促使自由與民主主義思想在社會上廣泛成形。另一點，東方主義（Orientalism）的普及也是重要的現象之一。在法國，十八世紀下半葉由啟蒙思想家組成了百科全書派*；眾所周知，這群學者即深受東方主義的影響，東方主義已然成為大幅扭轉人們思考事物方式的基石。此外，咖啡以及飲用咖啡時使用的砂糖，都是由亞洲及美洲大陸生產、進口至西歐的產品。東方主義本身，也可說是一種歐洲人發展亞洲貿易所產生的結果。無論如何，我們不能忽略，世界一體化的發展為西歐社會的變化提供了基礎。

總而言之，歷史上的十八世紀，可說是一個自世紀初開始便處於就世界性角度而言較為和平的狀態，而各地區諸多社會在檯面下逐漸成熟，朝著「近代」前進的時代。世界的近代化並不是在十八世紀末突然發生，而是各地區諸多社會經過了十八世紀這段時期的長期醞釀後，為走向「近代」做好了準備。

英國工業革命

要形容十八世紀，應該可稱為「沉靜的成熟」與「內部的變動」的時代，然而在十八世紀下半葉，卻又無庸置疑地發生了革新性的變化。其中之一是對自由的追求擴及全世界，這也正是本書的主題。另一項革新性變化，則是英國的工業革命。

近年來，以英國工業革命為主題的論點變化，讓人眼花撩亂。過去在二十世紀後半，隨著計量經濟史（Cliometrics）研究的發展，英國工業革命史的樣貌被大幅重新檢視。過去認為十八世紀後半至十九世紀前半葉是英國工業革命時期，但若計算當時英國的經濟成長率，就今日的眼光來看數字非常小，換言之那不過是個低成長時代。計量史學認為，除了少數部門的急速成長，實在很難說當時社會整體發生了什麼讓人耳目一新的革命性變化。這也成為被廣泛接受的通論。

然而到了二十世紀末，這個奠基於計量史學的「通論」逐漸式微。「英國工業革命在世界歷史上的意義為何」的問題逐漸浮現。二〇〇〇年，彭慕蘭（Kenneth Pomeranz）的《大分流》（*The Great Divergence: China, Europe, and the Making of the Modern World Economy*）付梓出版，一時蔚為話題。這本著作從經濟史的立場出發，針對十八世紀西歐特別是英國，與中國經濟快速發展的長江三角洲

---

* Encyclopédiste，在編纂《百科全書》（*Encyclopédie*）過程中以主編狄德羅（Denis Diderot）為核心而形成的一個學術團體。這群人倡導唯物論及無神論，主張一切制度和觀念都要接受「理性」的批判和衡量。

地區進行比較分析。根據彭慕蘭的說法，兩個地域的生活水準在十八世紀初期幾乎相同，也都在實現經濟成長的過程面臨了土地制約的困境。但在十八世紀末葉，英國利用化石燃料煤實現了工業化，並成就所謂的「大分流」。

羅伯特．艾倫（Robert Carson Allen）也嘗試重新思考英國工業革命的世界史意義。艾倫在《近代英國工業革命揭祕》（*The British Industrial Revolution in Global Perspective*，英文版於二〇〇九年出版）一書中更加強調正式使用煤的英國工業革命之重要性。他表示，將煤做為動力能源的蒸汽機，以及利用這些蒸氣機的棉花產業機械的發明，即是英國工業革命的世界史意義。

共時性的世界史

話說回來，本書的另一個嘗試，是試圖指出「全球史」饒富興味之處。近年來全球史的必要性早已廣為傳布。誠如其名，全球史是從全球規模進行歷史性的考察。當然，被稱為全球史的研究與著作形式琳瑯滿目，特別是針對全球化的歷史研究，或是選取特定事物和現象所建構的世界史敘述等等，皆為全球史研究的重點。然而其中既有以二十世紀的國際組織史為主題的全球史論文，也有像是安格斯．麥迪森（Angus Maddison）嘗試研究長達兩千年的各國比較經濟史巨著。所謂的全球史不一而足，尚未擁有能夠顯示出特定研究傾向的定義。說得直接一點，全球史除了冠上「全球」二字，帶有全球化性質、以及具備全球性規模外，似乎沒有足以讓大部分人認同的定義。

而本系列叢書「歷史的轉換期」，則嘗試以歷史上的某一年做為世界史的橫切面（本冊以一七八九年為切入點），自古代至二十世紀共分十一冊論述，此形式本身或許也可說是一種全球史。雖然很難斷定這到底算是世界史還是全球史，但全球史的重要指標之一，便是將美洲大陸納入討論範圍。既然要從全球規模論述歷史，若沒有涵蓋美洲大陸，就不能稱作真正的全球史。至少本冊已盡可能將美洲大陸納入範圍，同時致力達成本系列以微觀史角度論述世界史的目標。具體來說，本書五個篇章的作者均一面分析做為史學基礎的微觀史料，例如某位人物留存下來的日記和遊記等，一面探索更宏大的世界史樣貌，嘗試提出一套全球史。

本系列的企劃，在某種意義上也算是一種挑戰。話說回來，全球史究竟該由單一人物的論述而形成，還是由複數作者群來分擔主題而形成，至今還沒有答案。微觀研究的積累，未必就能組成全球化世界史的樣貌。

全球史的嘗試

那麼，究竟要花費多少功夫和心思，才能讓微觀的歷史積累成全球規模的世界史，抑或是全球史的敘述呢？而且還不是由一位作者負責撰寫一冊書籍，而是多位作者負責各自的部分，這樣的做法可行嗎？若請複數的作者分擔撰寫，每位作者將可在自己專攻的地域內深入發揮，直至微觀層面的極致。本書編者意圖活用這項優勢，在適當的主題下，利用分擔寫作的形式來完成一本全球史書籍。若能成功達成這項目標，或許就可從中獲得些許成果，使全球史研究更向前邁進，在歷史學上也算是意義深遠。特別是，若全球史始終陷於大幅度偏離記述人類一般行為的歷史敘事，而僅聚焦在缺乏親近感的宏觀敘事，全球史研究的前途應該也是黯淡無光。本書以「追求自由的時代」為主題，採取共同分擔撰寫的形式，以雙向型的世界史敘述為目標，堪稱是一種企圖賦予全球史研究價值的嘗試。

若是瀏覽目錄，或許會認為本書內容僅止於描寫始於法國大革命的自由運動，在全世界傳播的過程。但這完全是誤解。以此為前提，第一章〈轉向近代的轉捩點——法國大革命〉的主題便是法國大革命。迄今雖已出現各式各樣的法國大革命史，但若將其置於法國史的範疇內來思考，法國大革命果然還是一個足以劃分時代的事件，是近世邁向近代的重大轉捩點。本章將探討在這場法國大革命中所孕育出的自由，像是宗教的自由，進而延伸到美術館和教育等層面，從多元面向來觀察社會的變化。

第二章〈毛皮連結起的太平洋世界〉，則論述俄羅斯自西伯利亞通往北太平洋地區的商業發展。俄羅斯商人往東方發展，商業活動跨越陸地及海洋，也與江戶時代的日本產生交集。譬如一七九二年，亞當．拉克斯曼（Adam Laxman）領航前來，俄羅斯船隻屢次現身江戶時代日本的史實廣為人知。而觸發亞當．拉克斯曼航向日本的直接原因，是一七八九年他在西伯利亞的伊爾庫次克（Irkutsk）遇上了漂流至當地的大黑屋光太夫。本章也是從俄羅斯的角度探究「鎖國」時代日俄關係的論述，內容探討俄羅斯商業資本追求自由的一連串活動以及進出北美的事蹟，並在檢視過程中點明其與日本之間的問題，是一項優秀的研究。

第三章〈東南亞海盜與「華人世紀」〉要討論的是島嶼東南亞的「海盜」。十八世紀後半至十九世紀前半的東南亞，在近年有時會被稱為「華人世紀」。隨著來自中國的移民增加，東南亞對中國的出口也跟著增長，中國在東南亞社會與經濟的影響力增強。「華人世紀」一詞容易讓人產生以中國人為主體的歷史想像，但實際上，東南亞當地族群究竟如何維持生計？除此之外，這段期間荷蘭東印度公司及十九世紀以降的荷蘭殖民政府，也正在整頓日後正式殖民統治的基礎。換句話說，本章要分析島嶼東南亞三強鼎立的狀況下，追求自由的活動。

第四章〈蘇格蘭的自由貿易運動〉，則是分析英國的蘇格蘭追求自由貿易的運動。在英國，是由英國東印度公司獨占與東印度、也就是亞洲的貿易，但實際上，亞洲區內貿易與其說是由英國東印度公司壟斷，不如說是向英國的港腳商人敞開了門戶。這些港腳商人以蘇格蘭出身者占多數。到了十八世紀末，蘇格蘭商人進一步要求加入連結歐洲和亞洲的貿易活動。這就是蘇格蘭的自由貿易運動，包含蘇格蘭商人在西印度貿易的問題在內，本章將分析蘇格蘭的自由貿易需求。

第五章〈印度洋西海域與大西洋奴隸制度／奴隸交易的廢除〉，是以包含東非在內的印度洋世界以至美洲的廣大區域為對象的重大問題，也就是廢除奴隸制度以及奴隸交易所引起的問題。以英國為首廢除奴隸制度與奴隸交易，這件事是否擁有實際效力？而這件事對於被視為奴隸的人們本身，以及孕生出他們的社會，又造成什麼樣的影響？雖然諷刺，但追求自由的時代也可能催生出新的不自由，本章也將論及這樣的可能性。

綜合上述，本書以法國為起點，經由西伯利亞，將視野拓廣至北大西洋及美國，接著南下繞到東南亞及中國等東海和南海世界，再將焦點轉回英國的蘇格蘭；最終章則以印度洋世界、非洲及美洲大陸為舞台。雖然這樣繞著世界團團轉讓人眼花撩亂，但透過這種方式，也讓世界各地的多向型歷史敘述成為可能。

整體而言，本冊將十八世紀末至十九世紀初定位為追求自由的時代。然而我們應該特別注意，這樣的時代並不是在十八世紀末葉才突然產生。追求自由的契機是在十八世紀「沉靜的成熟」中，做為「內在的變化」之一而逐漸成形。另外也在此強調，對於自由的追求並非只發生在西歐世界，而是全世界在十八世紀邁向一體化，以及各地域社會在同一時期邁向成熟，最終孕育出的一種追求自由的共時性現象。期盼讀者能記住這兩項前提，細細體會接下來五章的內容。

第一章　邁向近代的轉捩點——法國大革命

松嶌明男

1　一七八九年的世界有何變化？

持續受到關注的法國大革命

一七八九年爆發的法國大革命被視為區分近世與近代的轉捩點，故自革命發生以來的兩百多年間，探究其歷史意義為何的議論始終不休。十九世紀以降在法國被視為正統的雅各賓（Jacobin）史學認為，法國大革命克服了近世的身分制社會，讓眾多國民享受到這份成果，並擊潰了過去束縛社會的舊有弊端與利權，實現以自由和平為基礎的民主近代市民社會。相對於此，因革命而喪失一切的舊有統治階層，也就是王族和貴族，則無法隱藏其悲憤之情。他們認為革命破壞了法國的傳統、社會性紐帶及文化遺產，透過流血手段毀壞秩序，使得社會失去了與過去的聯繫，彷彿無根的浮萍。若考量到後續歷史研究中所揭示的革命重層性與多義性，這兩種說法其實沒有孰正孰誤的問題。

一九七〇年代堪稱法國大革命歷史研究的重大轉折期。弗朗索瓦·傅勒（François Furet）否定並修正了被視為正統的雅各賓史學描繪的革命樣貌，對此正統派提出反對意見，所謂的修正主義論爭就此展開，也讓革命史研究進一步深入及多樣化。同一時期，歐洲近世史研究產生重大進展，其影響也不能忽略。而在日本，以研究法國近世史的二宮宏之為首，以及山本文彥在德國中世紀及近世史的貢獻均不可小覷。這些研究闡明在絕對君主制時期，於後續時代裡成就豐碩果實的種種革新已然推行，以及「近世」做為一個時代有其獨特性，並不是「市民革命應當戰勝的、不完全的近代」。

儘管研究揭示，法國社會並未因革命與過去斷絕，亦因此未能克服過去的問題，但法國大革命無疑是讓歐洲身分制社會走向崩解、將社會推送至近代的轉捩點。近世社會建立在一個與近代完全不同的制度和規則之上。例如在法國，專制君主會賜與團體（crops）——依身分組成的利益集團，例如貴族或行會——某些利權和恩惠，以獲取相應的貢獻和忠誠回報，君主和團體間建立一個互利關係的團體國家制。*而在神聖羅馬帝國，帝國各地區的秩序維持及決策則以帝國行政圈（Reichskreis）為單位，交給了身分相當於貴族的「帝國政治體」†，除了召集皇帝封臣的帝國議會（Reichstag）外，皇帝和帝國政治體也善用帝國行政圈制度，藉此溝通意見及協調利益。法國大革命將這些近世社會的秩序及制度盡數掃進歷史，拿破崙也在一八〇六年解散神聖羅馬帝國，將統治範圍擴張至德意志一帶，同時將革命的成果「出口」至當地。

法國大革命前後的連續性和傅勒的提問

關於法國大革命的連續性，最具象徵性的是傅勒批判的雅各賓史學學說，也就是資產階級

（bourgeoisie，又譯布爾喬亞）的革命性。該學說認為，革命是由對絕對君主制心存不滿的資產階級掀起並主導。傅勒則認為，從史料中無法確認資產階級對身分制社會不滿，因此斷定「布爾喬亞革命分子」並不存在。

那麼，在大革命前的法國資產階級，究竟是些什麼樣的人呢？最富裕的大資產階級（Grande ou haute bourgeoisie）包括透過遠距商業貿易賺取龐大收入的大貿易商，以及負責徵收國家稅金藉此收取高額手續費的財務員等等。他們屬於統治階層，謀求的不是社會變革，而是更進一步提升社會階級。熟知這點的波旁王朝，為了彌補國庫收入不足而實行賣官制（Vénalité），賦予部分官位購買者晉升貴族的特別恩惠。這些有錢的資產階級接受了王權的誘惑，高價購買高等法院司法官等兼具權力和利益的官職，成為長袍貴族（Noblesse de robe）。他們購入的官職成為家產，由子孫繼承，期望成為代代都能參與王國政府統治機關的望族。一個強而有力、資產階級出身的長袍貴族團體就此成型。至於財力不如大資產階級雄厚、身為一般小商人或小手工業者的中小資產階級（Moyenne/Petite bourgeoisie）則力圖發展事業累積財富，盼著未來某一天能購入官職，躋身長袍貴族的行列。

* 原文為「社団国家」，意指一種在十七、十八世紀絕對君主制時代，支持王權同時有權力限制王權的各個團體，與王權共同統治的國家制度。就像孟德斯鳩及托克維爾提出的中介團體（corps intermédiaires）概念，當時的法國絕對君主制並非君主和臣民的單一關係，而是以社會組織為基礎，君主得透過中介團體的協調才能維持統治。

† Reichsstände，指能夠出席帝國議會、有受封身分的政治實體，包括選帝侯、諸侯、帝國自由市等團體。在皇帝的主持下，這群人共同構成帝國統治集合體的一部分。

透過賣官制躋身合法貴族的富裕資產階級如雨後春筍般出現，這也引發了反動。倚仗其武力與高貴血統的傳統佩劍貴族（Noblesse d'épée），從中世紀起就一路支持著王室，這群人對長袍貴族非常不以為然，認為他們都是些卑鄙的暴發戶。儘管雙方關係緊張，卻在採取團體國家制的王權庇護下一同享受貴族身分特權，並支持賦予自己特權的國王。然而法國大革命爆發後，這樣的舊體制被一舉推翻。在這群因革命而失去身分制支持的長袍貴族和資產階級當中，出現了布爾喬亞革命分子，他們積極主動參與並領導革命。傅勒卻對這項大革命爆發後的轉變視而不見。

雖說如此，在絕對君主制下的法國社會，也不是對身分制毫無怨懟與憤怒。團體國家的特徵，在於國王賦予各式利權的對象，只有那些做為團體內一員、而且有能力回報國王的少數統治階層。其餘像是鄉村貴族，他們和華麗宮廷之間的距離簡直天差地遠，而大多頗為貧窮，為了保住貴族顏面而負債累累，瀕臨破產邊緣。而資產階級當中事業規模較小的，則根本買不起高等法院司法官這類官職，勉強只能購買像是國王顧問官這樣便宜且最低階的榮譽職；成為國王顧問官的他們在腰間佩著劍、自稱貴族的滑稽模樣，屢屢成為嘲笑的對象。諸如此類的小人物們，跟那些「從下方」投予嘲弄視線、對未來毫無希望的貧民，兩者間存在著所謂的「緊張層」（stress zone）。

在這個斷層的下方，是民眾們愁苦的日常生活。在羅伯·丹屯（Robert Darnton）《舊制度時期的地下文學》（*The Literary Underground of the Old Regime*）一書中，那些以販賣自己文章勉強糊口、不得志，自稱啟蒙思想家的「下水道的盧梭」們，正是如此的活著。革命爆發後，他們大多成為革命家或議員，舌燦蓮花地為身分制定罪，成就了自身在政治界的華麗初登場。

如此這般，倘若要同時強調法國大革命前後的連續性和斷裂性，便會浮現下面這個問題：一七八九年這一年，究竟改變了什麼？以下就來回答這個問題。

法國《人權宣言》的歷史定位

一七八九年八月二十六日通過的法國《人權宣言》，應該相當適合做為第一個線索。這項宣言的正式名稱為《人權與公民權宣言》（*Déclaration des Droits de l'Homme et du Citoyen*），是大革命為實現君主立憲時所制定。在絕對君主制下支持王權的團體，因大革命爆發而被視為不平等的象徵。因此，法國大革命的構想是建構以下的體制：廢止身分制與團體，擁有主權的公民不屬於任何利權團體，以一己之力與國家強大的權力對峙。如此一來，為了在國家恣意行使權力之下保障公民個人，《人權宣言》的制定實屬必要。

宣言的名稱特地將人的權利與公民的權利分開並列，是因為當時宣言的起草人士，以及審議草案的國民議會議員，將人民分成了法國公民與非法國公民。當時法國只有擁有足夠資產的成年男性被認定具備資格享有選舉權，是為「積極公民」（citoyen actif）。即使是法國成年男性，但貧窮者無法獲得選舉權，是為「消極公民」（citoyen passif）。為何要設下如此限制？這是因為當時認為，若不是擁有足以繳納財產稅的財產，並且能運用管理並獲利的有產階級，便無法以長遠的眼光做出政策判斷，因此斷定其沒有資格行使政治權利。其背後隱含著這樣的偏見：無產階級為了應付日常開銷而精疲力盡，由於生活困苦，因此會不加思索地收下「送上門的錢財」，被輕易收買。

這種偏見來自於一種恐懼，害怕貧民會支持那些高舉著不可能持續實施的大撒幣政策、善於煽動群眾的政治家謊言，讓國家面臨愚眾政治（ochlocracy，又譯暴民政治）的危機。這是限制選舉資格在十九世紀歐洲受到廣大支持的背景，而且這樣的恐懼並非杞人憂天。古希臘以繁榮富庶為傲的雅典民主政治，晚期就是被民眾支持的群眾煽動家（demagogues）把持壟斷，而陷入愚眾政治，最後走向滅亡。對於知曉這段歷史的人們來說，民主政治轉為愚眾政治的惡夢，是曾經在現實中上演過的真實。

在這部《人權宣言》中，分別明確訂定了法國公民與非公民的權利。前者是擁有公民權、對國家克盡公民義務的成年男子，承襲古代地中海文明以來的傳統，以法律規定其種種義務與權利。同時，即便是非法國公民，只要生而為人，無論是誰皆自動擁有不可侵犯的「與生俱來的諸項權利」，以基本人權為中心的自然權利受到保障。《人權宣言》第十條為保障諸項權利之一的宗教自由，內容如下：

> 任何人不應因其個人意見、甚至其宗教觀點而受到威脅，只要其表達沒有擾亂法律所建立的公共秩序。

在這項條文中，將一般所謂「宗教選擇的自由和信仰的自由」的保障對象，改成保障「宗教觀點的表達」。其背後原因為何？接著就來審視「宗教」這個標示著近世和近代差異的指標。

2 三十年戰爭與大革命前的「支配性宗教」

法國的參戰與《西發里亞和約》

賦予近世獨特性的要素之一，便是宗教改革。在羅馬教廷眼中屬於「異端運動」的宗教改革，其支持階層不管在身分上還是地理上的分布都極為深遠，最後引起大規模的教會分裂。廣大的西歐世界成為天主教與新教混雜的地區，各地爆發一段長期且慘烈的宗教戰爭後，終於迎來結束的時刻。最後一幕便是三十年戰爭（一六一八～一六四八年），以及和談條約《西發里亞和約》（*Peace of Westphalia*）。

三十年戰爭的尾聲，法國於參戰前夕宣稱，在神聖羅馬帝國哈布斯堡皇帝的專橫暴政之下，帝國政治體的地位和權利受到威脅，因此要出兵守護帝國政治體；所以法國不是向包含帝國政治體在內的帝國，而是只對皇帝發出宣戰布告。由於三十年戰爭是宗教戰爭，許多信奉天主教的帝國政治

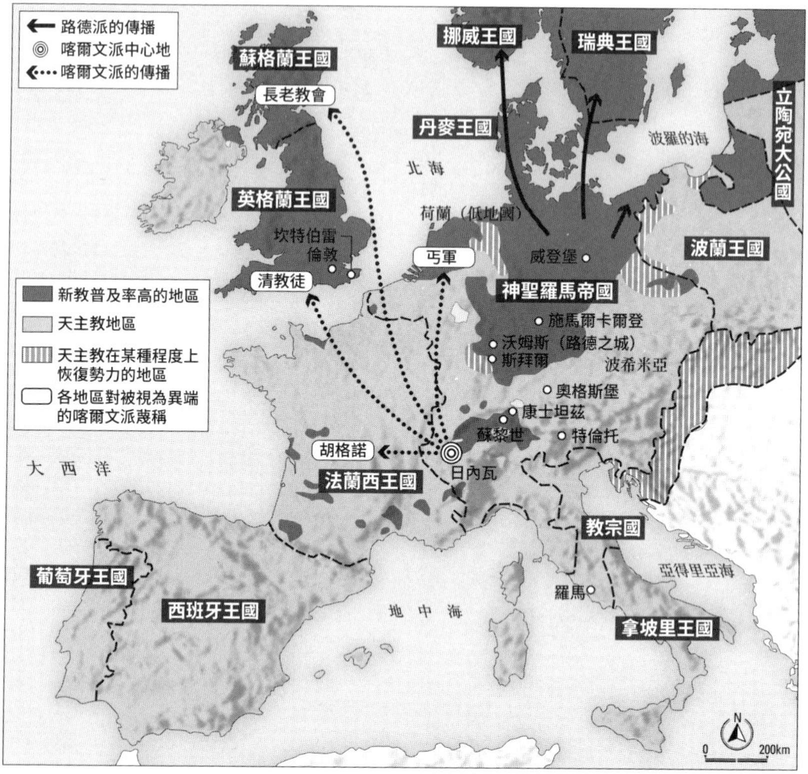

新舊教派的分布（十六世紀中葉）

宗教改革當時的教派分布圖，可從中看出兩派交錯存在的狀況。

體加入了同樣信奉天主教的皇帝陣營。至於與皇帝軍隊對戰、守護帝國政治體權利的陣營，而由信奉新教的帝國政治體所組成。話說回來，法國所提出的參戰理由，則是刻意忽略雙方陣營的教派，對此避而不談。波旁王朝真正的目的，是從哈布斯堡家族手中奪取帝位，占為己有。具體來說，波旁王朝的長期戰略藍圖如下：獲得在帝國議會中擁有席次和投票權的帝國政治體支持，在皇帝選舉中取得勝利而被推舉為皇帝，從哈布斯堡家族手中奪取帝位。因此這並非是一般所謂「宣告新主權國家體制開幕，一種國家理性的發揮」，而是傳統王朝家族與法國王室的勢力鬥爭。

擔任法國宰相的樞機主教馬薩林（Cardinal Jules Mazarin）加強與神聖羅馬帝國政治體的合作關係，並計劃籌備在皇帝選舉中獲勝所需的前提條件——財力和軍力。經歷了長期宗教戰爭而疲弊不堪的皇帝軍無法抵擋新加入戰場、銳不可擋的法國軍隊，遭受慘敗的皇帝被迫講和。皇帝應允和談，分別與法國國王簽訂《明斯特條約》，與法國國王同盟的瑞典女王簽訂《奧斯納貝克條約》。兩者皆屬於《西發里亞和約》的一部分。*儘管如此，這勝利的果實對法國而言卻是苦澀不已。擁有悠久傳統的哈布斯堡家族，在外交上向來強韌。當時即便身為戰敗方，也未曾懈怠在和談協商中加入未來布局。《明斯特條約》便被投下了一顆「慢性毒藥」。正如日本歷史學者安酸香織所指出，法國要求哈布斯堡家族割讓亞爾薩斯（Alsace）這塊哈布斯堡王朝領地，對此哈布斯堡家族則是巧妙

*《西發里亞和約》意指一八四八年在明斯特和奧斯納布魯克陸續簽訂的一系列條約，包括結束了八十年戰爭（1568-1648）、確立荷蘭獨立地位的《明斯特和約》（*Peace of Münster*），以及結束了三十年戰爭、也就是本章提到的《明斯特條約》（*Treaty of Münster*）與《奧斯納貝克條約》（*Treaty of Osnabrück*）。

地動了手腳。皇帝割讓的，只有亞爾薩斯統治官（landvogt）這個權限曖昧的官職，和哈布斯堡皇帝直屬的領地。與各帝國政治體建立起封建關係的皇帝不同，法國國王並未獲得在亞爾薩斯全境行使權力的明確根據。因此，當法國要在亞爾薩斯地區發動大規模軍事行動時，在這塊領地中如蟲咬般點狀分布的中小帝國政治體領地，以及他們伴隨的諸種權利，都會成為絆腳石。根據《明斯特條約》，帝國政治體們的領地在割讓的對象範圍之外。但在十七世紀下半葉，法國以追求國家利益為優先，動用武力侵略帝國政治體的領地；為了反擊，亞爾薩斯的帝國政治體派遣使節至帝國議會，提出法國侵害權利之告訴。在此狀況下，帝國政治體們將法國國王視為共同敵人，包含新教徒在內，眾人團結起來支持皇帝。法國國王與新教帝國政治體人士的良好關係就此劃上句點，皇帝成功地讓雙方反目成仇，進而擊潰波旁王朝在帝國議會獲得帝國政治體支持、在皇帝選舉中取得勝利的野心。

西發里亞體系下的「教派化」

《西發里亞和約》確立了以下原則：君主的信仰及其統治地區的信仰一致；然而，在天主教徒與新教徒混居的地區，對立與紛爭仍持續不斷。在教派交錯存在的狀況持續下，君主的信仰及其領地的多數派信仰不一致的地區並不罕見。

像這樣以新舊教派對立為前提的社會狀態，歐洲近世史的研究者稱之為「教派化」

（Konfessionalisierung），這個歐洲大陸「教派化」的時代則稱為西發里亞體系。當時，萊茵河左岸地區存在著許多「教派化」的小型領地國家（territorial state），它們後來因法國大革命戰爭被併入法蘭西共和國，成為省級單位。這些合併地區於一八一四年第一次波旁王朝復辟後被歸還給原統治者，法國統治時期的行政文書也在當時被移送至巴黎，現藏於巴黎的法國國家檔案館（Archives Nationales）。在該批行政文書中，還留存了當時信仰基督新教的地區居民向當地省長遞出的請願書，請求歸還在西發里亞體系時期被天主教君主沒收、改建為天主教徒使用的教堂。

至於法國本土，在天主教與喀爾文教派交戰、死傷慘重的法國宗教戰爭*後，一五八九年亨利四世（Henri IV）即位，以及一五九八年《南特詔書》（*Édit de Nantes*）的頒布，暫時帶來宗教上的安定。不過實際上，這是由於法國境內天主教徒和新教徒實行地理分隔，拉開彼此距離以避免紛爭。這種型態與過往的定論不同，本質上並不是一種「具備近代意義的宗教自由保障」。《南特詔書》除了規定保障新教城市的自治權外，亦允許新教城市基於防衛目的而高度要塞化，也因此成為王權難以侵入的「國中之國」。

維持著國內宗教危險平衡的國王亨利四世，於一六一〇年遭到暗殺，局勢出現巨大的變化。繼位的國王路易十三（Louis XIII）與宰相樞機主教黎希留（Cardinal Richelieu），和羅馬教廷及法國神職團體建立了良好的關係，目的是強化王權。他們一改原本的宗教寬容政策，出兵攻打新教自治

* Guerres de religion，又名胡格諾戰爭，意指法國喀爾文派的胡格諾教派（Huguenot）與天教教徒間一連串的內戰。

城市，強行以武力再次整合王國，其中最具代表性的就是進攻法國西部最大新教據點——拉羅歇爾（La Rochelle）的圍城戰（一六二七～一六二八年）。

之後，法國王權剝奪了新教的各種權利。最後，路易十四（Louis XIV）終於在一六八八年廢除《南特詔書》，並在廢除令《楓丹白露敕令》（*Édit de Fontainebleau*）中如此寫著：

自稱屬於改革派（喀爾文派）的我國臣民之中，最優良且最大的一群已改信天主教，因此，南特詔書及所有為了自稱改革派而下令執行的優待措施，如今已成為無用。

路易十四如此理解當前局勢，新的宗教體制也由此建立，天主教教會的獨占性地位受到認可，並自稱「支配性宗教」。今日，路易十四的宗教政策雖然受到強烈批判，但從「教隨君定」＊角度來說，卻相當符合西發里亞體系的原則。接下來就讓我們來看看，這在具體上為教會帶來了何種影響。

法國的「支配性宗教」

對讀者而言，「支配性宗教」應該是個陌生的語彙。這個時代，天主教會獨占了法國公共領域的宗教活動。做為一種「團體」，教會與王權保持著密切關係，並發揮強大的社會影響力。所謂「支配性宗教」，指的就是天主教會的這種地位和狀態。法國神職人員透過對信徒的教牧（pastoral care)，以及一同舉行禮拜，負起維持秩序的責任。特別是神父們會利用教義，向信徒宣揚人們的靈魂將在最後審判時被篩選，區分誰能夠上天堂或下地獄。他們會趁不順從教會的信徒告解自己的罪行時，以不願意赦免信徒的罪來施加壓力，強迫信徒服從教會和遵守紀律。

在這個時代，負責王國初等教育的主要也是神職人員。他們在教導孩童讀寫和道德時使用教理問答（catechism），也藉此講授基本的天主教教義及信徒應盡的義務。當時的民眾教育和天主教布道，可說是渾然一體。在近世法國，即便是天主教信仰十分虔誠的地區也會屢屢派遣宣教團，以便強化且培養信徒正確的信仰之心。豎立在廣場和街道路口的十字架，便是宣教團活動的證明。

為了加強做為團體的力量，天主教會採取的策略，是統一教會和貴族身分的利害關係。在當時長子繼承制下，佩劍貴族名門的次男、三男註定無法出頭天，因此教會將這些人全數派任為主教和大修道院長等高地位、高收入的高階神職人員。在這些出身佩劍貴族的主教中，有一位是後來法國大革命時期的拿破崙外交大臣塔列朗（Charles Maurice de Talleyrand-Périgord）。塔列朗是顯赫佩劍貴族的長男，但在一場騎馬意外中身負重傷，瘸了一條腿。塔列朗的父親怒不可抑，認為無法拿劍的兒子簡直是玷污了武家名聲，因此剝奪塔列朗身為長子的繼承權，並打發他就任歐坦（Autun）主教。塔列朗做夢也沒想過自己會成為一位教士，因此他根本沒去自己負責的教區，而是待在巴黎和凡爾賽（Versailles）的社交界，沉迷在美女環伺、酒精和賭博的世界，過著紙醉金迷的生活。違反

* Cuius regio, eius religio，又稱「教隨國立」原則。一五五五年神聖羅馬帝國皇帝查理五世與日耳曼地區新教諸侯簽訂的《奧格斯堡和約》（*Augsburger Religionsfrieden*）中確立了此原則，各邦和城市可自行選擇信仰新舊教，緩和了帝國內的緊繃局勢。該原則於《西發里亞和約》被再次確認。

圖 1-1　香檳區（Champagne）漢斯（Reims）市內的某個天主教會小教堂，以及前方廣場上的石製十字架。

本人意願的高階神職人員佩劍貴族子弟採取這種生活方式，血氣方剛的塔列朗並非特例。

相對地，低階神職人員大多出身貧困，全因獲得教會職務才得以脫離苦海，但他們卻無法對低階神職人員的地位抱有太大期望。他們生活在一個較現代日本市町村面積更小、大約只有町內會等級的堂區內，以信徒們支付的微薄禮拜謝禮維持自己生計和堂區教會的營運。*

在絕對君主制下的天主教會聖統制，低階神職人員頂多只能晉升到堂區之長——主任司鐸，就無法繼續向上升遷。高階神職人員與低階神職人員涇渭分明，堪稱身分制在神職人員團體的具體展現。

對當時的信徒而言，主任司鐸所代表的天主教會是一個自相矛盾的存在。中世紀以來，有不少神父和修士站在處於領主暴政下的領民身邊，向國王和主教控訴其橫暴惡行，希望能助貧困者一臂之力。然而，當時的法國天主教會和神職人員都是團體國家制的一份子，帶有壓榨貧民的封建領主色彩。

所謂壓榨的象徵，就是向信徒課徵什一稅（tithes）。這是為了防範饑荒和災害，以堂區信徒互助為目的所徵的稅，向信徒收取其收穫或收入的十分之一，儲備在各堂區。然而，被委託管理的主任司鐸卻常因預算不足，挪用稅金整修教堂或充當神父的生活費，等到危機發生，信徒需要使用儲備稅金時，才發現早已被挪用掏空。這份怨恨透過信徒們世世代代口耳流傳，大大加深了民眾對教會什一稅的敵意和反抗。

「支配性宗教」和「禮拜的公共性」

那麼，做為「支配性宗教」與王權建立深厚關係，為強化統治做出貢獻的天主教會又能獲得何種回饋呢？其回饋就是天主教會可壟斷「禮拜的公共性」。所謂「禮拜的公共性」，即指在某國的公共領域眾目睽睽之下進行禮拜，亦即公開禮拜的權利。波旁王朝在法國全面禁止天主教以外的宗教

＊ 市町村是日本都道府縣管轄下的地方公共團體，如東京都之下除了二十三區外，還有二十六市五町八村。而町內會則是由居民組成的自治團體，管的是左鄰右舍大小事，雖然有大有小，但其範圍約略相當於臺灣的各里。

教派公開禮拜，違反者將處以嚴厲罪刑。例如新教的牧師若是在法國境內遭到逮捕，就算沒有從事宗教活動，也會被判處死刑。

然而或許出乎意料之外，不管是教廷的方針，還是當時法國國王訂下的規範，一般信徒選擇天主教以外的信仰，這件事本身並不構成應被處罰的罪行。在教宗國內就有一定數量的猶太教徒，受到教宗本人的保護，他們被委任予教宗國內因教義禁止收取利息、而無法由天主教徒擔任的金融等事務。而在波旁王朝，將國家要務委託給信仰新教的外國人，也不是什麼稀奇的事。當王國向國外謀求擁有高度技能的必要專業人材時，並不會過問他們的宗教信仰。代表性的例子是銀行家賈克・涅克（Jacques Necker），這位瑞士人在路易十六（Louis XVI）時代擔任財務大臣。

會這樣是因為波旁王朝理解到，就算以法律禁止異教或異端信仰，成果也是微乎其微。中世紀以來迫害猶太教的結果，只是讓受拷問的人為了保全自身和家族而說出「欣喜改信」這種違心之論。而且表面上假裝改宗的猶太教徒，大部分都會在週六祕密舉行只有家人參與的安息日（Sabbath）禮拜，向耶和華（Yahweh）祈禱；在週日則面不改色地列席基督教*彌撒，齊聲向耶穌祈禱。他們看起來就像熱心虔誠的天主教徒。因此法國國王認為，去追究改宗的猶太教徒和新教徒的虔誠度，並沒有任何意義。

綜合上述，對於近世法國的天主教會而言，維持「支配性宗教」的地位，也就是從公共領域中排除其他宗教或宗派，繼續獨占公開從事宗教活動的權利，是最重要的課題。這也是羅馬教廷向來的追求。天主教會的勝出，是法國國民舉目可見的事實。

迫害下的法國新教

在「支配性宗教」的時代，王權對法國的新教徒施加了種種壓力。承受這些壓力的喀爾文派人士則是祕密轉往地下，繼續活動。他們忍辱負重地撐過王權迫害時期，守住自己的信仰，直至「支配性宗教」畫上休止符。

波旁王朝所使用的迫害手法之一，是龍騎兵寄宿（Dragonnades）。路易十四時代的龍騎兵是陸軍的騎馬步兵，同時也被運用於強迫國內新教徒改宗，讓龍騎兵配戴武器，分批寄宿在各新教徒家庭進行迫害。十七世紀當時，就連一般士兵寄宿在民家都被視為沉重的負擔，讓人避之唯恐不及，一六二八年英格蘭議會向國王查理一世（Charles I）提出的《權利請願書》（*Petition of Right*）中，就要求為此訂立相關規範。然而法國的龍騎兵寄宿不僅容許士兵擅自飲食和竊盜，甚至認可士兵對寄宿家庭施暴，做為強迫改宗的手段。結果造成大量新教徒改宗，為受迫害對象新教共同體帶來了毀滅性影響。不過，龍騎兵迫害僅限傳統法國本土，《西發里亞和約》保護下的亞爾薩斯地區不在其內。在亞爾薩斯地區，雖然有王權和富裕虔誠的天主教徒提供資金，將宣教團送入當地，但因此改宗的人卻不多。另外，龍騎兵在大革命前夕也解除了迫害任務，編入陸軍的常規騎兵部隊。

* 這裡指的是包含天主教在內的廣義的基督教。

圖 1-2　亞爾薩斯的首都史特拉斯堡（Strasbourg）市內
路德派的神學院富有新教風格，外觀與規模上都較天主教的樸素。

在「支配性宗教」存在的法國近世社會中，新教徒的日常生活面臨許多困難。許多新教共同體因為迫害而缺乏牧師，信徒在人生諸多重要階段應該施行的宗教儀式，也無法如願舉行。舉例來說，讓新生兒受洗為基督教徒的洗禮。*關於這一點，法國的新教徒承認由天主教神父施行的洗禮亦為有效。在基督教義中，未曾受洗而逝者會被視為不信天主而墮入地獄，因此不僅是新教徒父母，就連天主教主任司鐸也會不分教派，為新生兒施洗，使其成為基督教徒。即使是一人也好，減少以不信者身分死去的人數，也是主任司鐸的重要任務。儘管如此，新教徒仍舊不承認天主教神父施行的婚姻聖事、病人傅油，和臨終前告解等宗教上的事務。對於天主教的主任司鐸而言，新教徒拒絕聖事，等同於拒絕神的救贖，是為異端；而在未經神父的見證下便結為夫婦，也違背了宗教倫理。

對於新教徒擾亂王權規定的秩序，路易十四嚴正看待，並加強壓迫。例如將具有事實婚姻關係的夫妻生下的「私生子」帶離親生父母身邊，收容在由國王設立的專門「孤兒院」中，讓這些私生子改信天主教，並由修道院的修女嚴格教育，以成為虔誠信徒。此外，在「同居夫」逝世後，事實婚姻關係中的「同居妻」和「私生子」不被承認擁有繼承權，所有的遺產將被國王沒收。富裕的新教徒商人死後，法國王權在經濟上將家屬們逼到走投無路，引發許多悲劇，影響擴及社會。對此，路易十六下令制定法律，賦予新教徒的結婚和死亡應有的法律地位。一七八七年《凡爾賽敕令》（*Édit de Versailles*）明確訂定了記錄新教徒結婚和死亡的登記名簿制度，並保障新教徒的撫養和繼承權。過去雖然也將這份敕令稱為「寬容敕令」（Édit de Tolérance），但敕令前文明確記載了敕令不包含對宗教活動的保障，可見所謂「寬容」一說是錯誤的。

---

* Baptism，又稱聖洗聖事。天主教有「七件聖事」（Sacraments），其餘六件分別為堅振聖事（Confirmation）、聖體聖事（Eucharist）、和好聖事（Reconcilliation）、病人傅油（Anointing of the Sick）、聖秩聖事（Holy Orders）、婚姻聖事（Matrimony）。

3　「支配性宗教」的克服與學術、藝術

法國大革命的宗教自由和拿破崙的公認宗教體制

絕對君主制晚期，在奉令取締異端的人士中，有人會以引導性提問巧妙誘導新教徒表白自身信仰，再以於公共領域宣示自己是異端者的罪名加以逮捕處罰。基督教要求信徒做到信仰表白，也就是公開表明信仰，並將之視為重要的宗教義務。波旁王朝雖然未將人們隱藏於心的信仰視為處罰的對象，但如果要在公共領域表明「異端信仰」、挑戰「支配性宗教」的話，就另當別論了。正因為有這種先例，《人權宣言》第十條才會明定「宗教意見表達」是基本人權自由。

自一七八九年《人權宣言》頒布後，就算在公共領域表白自己的「異端」信仰，也不會再受到處罰。「禮拜的公共性」已不再由天主教會獨占，在宗教多元性的原則下，宗教選擇的自由獲得保障；原本與王權結為一體的「支配性宗教」於眼前崩解，同時為社會帶來了巨大影響。

問題是，《人權宣言》並未保障禮拜形式的自由，意指各宗教教派舉行的禮拜，國家權力和其他宗教教派基本上不加以干涉的原則。如果是國家為了維持治安而進行干涉，一般來說會被視為例外而容許。一旦欠缺這項保障，批判政府的宗教集團會遭受鎮壓，對立的教派間也會以「停止對方的錯誤信仰」為由掀起紛爭。然而，在革命初期階段尚未討論到這個議題，結果導致法國陷入了為期十年的宗教混亂；一直到拿破崙執政，法國的宗教局勢才得以穩定。

一七九九年，在霧月政變*後掌握權力的拿破崙，立即著手處理宗教的安定。經過艱難的交涉，他在一八〇一年與教宗庇護七世（Pius VII）締結了《一八〇一年教務專約》（*Régime concordataire français*），天主教會再度取回在法國因大革命鎮壓而失去的「禮拜的公共性」，拿破崙和羅馬教廷的關係邁入正常化。此外，被任命為宗教監督官的波塔利斯（Jean Étienne Marie Portalis）則於一八〇二年主導了《共和第十年芽月十八日法》†的起草與制定。這是一部將一八〇一年締結的政教協定，與天主教附屬條文、新教附屬條文三項集合在一起的國內法。這部法律在天主教之外公開承認了路德派和喀爾文派，更保障了新教徒的「禮拜的公共性」，至此確立了公認宗教體制。

以羅馬教廷為中心的天主教保守派，對拿破崙公開承認「異端」的行為表達強烈反對。儘管如此，拿破崙這種公開承認複數宗派、前所未聞的政策，也讓他實現了宗教的安定。他在法律上保障了以「禮拜的公共性」為中心的宗教自由，同時為了「保障宗教多元性」以及「不干涉各宗派的禮拜形式」，也建立了對應的監控和保護措施。在公認宗教體制之下，行政、警察與神職人員組成人員網絡，執行監控和保護任務，成為一個整體系統。為此，該網絡成為帶有雙向性的強韌紐帶，長期並穩固地將國家和各宗教連結在一起。一八〇八年，猶太教也被納入公認宗教的範圍內。由拿破崙所確立的公認宗教體制一直延續至一九〇五年被第三共和廢除為止，在超過百年的時間裡，持續保障著法國人民平穩的日常宗教實踐。

* Coup d'État du 18 Brumaire，霧月即大革命時期採用的共和曆第二個月，為十月二十二日至十一月二十日。

† *La loi du 18 germinal an X*，芽月（Germinal）為法國共和曆的七月，為三月二十一日至四月九日。

「支配性宗教」與知性追求

絕對君主制時期的「支配性宗教」，也深深影響了學術和藝術層面。伏爾泰（Voltaire）等人的啟蒙思想，以及狄德羅（Denis Diderot）、達朗貝爾（Jean le Rond d'Alembert）百科全書派的知識，都試圖以理性和知識掌握世界，是先驅性的知性追求。其本質是針對天主教以神為中心的教義提出異論，因此這類著作常被政府機關列為禁書。然而他們不但沒有被迫害，反而受到像是龐巴度夫人（Madame de Pompadour）等位居國家權力中樞的有力人士保護，成為喜愛先進學術知識和新思想的貴婦沙龍裡的常客，大剌剌地闡述自己的理論。如此「脫序」的行為，在統治階層休閒享樂的場合上，往往會寬容看待。

在天主教神職人員團體內部，不管是當時還是今日，對於科學的態度並不一致。曾有神父從以神為本的基本教義式思想出發，發下豪語表示「人類應知道的事情已全部寫在聖經裡」，否定人類追求知識的意義。不過，羅馬教廷的看法則大不相同。正如同一九六五年梵蒂岡第二屆大公會議決議《論教會在現代世界牧職憲章・喜悅與希望》（*Constitutio Pastoralis De Ecclesia In Mundo Huius Temporis. Gaudium et Spes*）中所明文記載的那般，只要不是否定神的存在，試圖證明無神論，那麼科學研究就是自由的。

從近世到近代，也出現過不少從事先驅科學研究的神職人員。神創造了這個世界，他們點燃心中的熱情，試圖解開這個世界所遵循的「由神訂下的祕密規則」。其中代表性的例子，就是多明尼哥

圖 1-3　天主教會的中心，羅馬聖彼得大教堂
建造在聖彼得墳墓遺跡之上，也是教宗權威的泉源。

會士布魯諾（Giordano Bruno）。在文藝復興時期的羅馬，他被宗教法庭傳喚，因拒絕撤回自己被定罪的學說，也就是以地動說為中心的研究成果，最後被處以火刑，堅持自身科學家的信念而犧牲生命。

在存在著「支配性宗教」的國家，挑戰教會權威的科學家們，往往逃不掉遭受宗教法庭問罪的危險。教會握有對提倡異端教義、褻瀆、背教等罪行的裁罰權。就算在宗教法庭或異端審問庭上未被定罪，他們的日常生活還是危機四伏。向神父告解也無法被赦免、死後被視為異端，無法埋葬在教會墓地等等，這些恐懼都讓他們戰戰兢兢、如履薄冰。雖然在「支配性宗教」下仍可能研究科學，但那並非教會權力所給予的自由。

當然，解剖學和進化論等以生命為對象的學術知識，在大革命以後迎來了發展期。

法國大革命打倒了「支配性宗教」，拿破崙的公認宗教體制確保了支配性宗教不會東山再起後，這類科學總算出現了大幅度進步。公認宗教體制保障宗教意見的多樣性，因此在該體制確立後，即使提倡和天主教教會教義不一致的學說，也不再需要害怕遭到宗教法庭審判。因此，在公認宗教體制成立的一八〇二年以後，菲利普．皮內爾（Philippe Pinel）和比夏（Marie Francois Xavier Bichat）的解剖學研究、拉馬克（Jean-Baptiste de Monet, Chevalier de Lamarck）的進化論等超越聖經「創世論」的科學史重大成果，便接二連三地公開發表。

雖然一般認為科學革命始於十六世紀，但是在研究成果的發表和傳播上，「支配性宗教」的存在成為巨大的障礙。布魯諾和伽利略遭到宗教法庭審判，被強迫撤回自己的學說，就是因為當時的羅馬在「支配性宗教」之下，無法允許與教會意見相左的觀點和說法。透過市民革命而排除「支配性宗教」，是近代科學誕生不可或缺的前提。

由於研究環境從這段時期開始好轉，加上先驅者們的成功，一八七〇年代以降的醫學也出現了飛躍性的進步。其轉機便是路易．巴斯德（Louis Pasteur）和羅伯．柯霍（Heinrich Hermann Robert Koch）確立近代細菌學，證明了許多疾病是由細菌所引起。在近代細菌學確立之前的歐洲，宗教思維占據主導性地位，疾病被視為病人犯下宗教罪行而招致的神罰。無法辨明病因的醫生多半只能採取放血或對症治療，幾乎沒有什麼效果。因此，瀕死的病人會前往教會而非醫院，本人和家屬誠心祈禱，向神父祈求神的慈悲與赦免。這種「以神為本」的處理方式有其一定的道理。在人類生死的問題上，相較於全面信賴醫學的現代，近代與將病人委託於神的近世之間，有著更加明顯的連續性。

「支配性宗教」與繪畫藝術

文藝復興時期以來，出現許多以古典神話為靈感的異教題材畫作。波提且利（Sandro Botticelli）的〈維納斯的誕生〉（The Birth of Venus），打從繪製當時就是幅名聞遐邇的傑作。卡拉瓦喬（Michelangelo Merisi da Caravaggio）和米開朗基羅（Michelangelo di Lodovico Buonarroti Simoni）等文藝復興時期代表藝術家在羅馬以古典時期題材創作時，向他們下訂單的大多是以教宗為中心的天主教會重要人士。這類作品在法國也非常受歡迎。由皇家繪畫與雕塑學院（Académie royale de peinture et de sculpture）所主辦的官方展覽會，也展出了各種古羅馬畫作。即便是在「支配性宗教」的環境下，鑑賞描繪異教神祇的藝術作品仍受到相當寬容，當時已存在共同認知：這些並不是異教的聖像畫，而是與信仰無關、專供人們鑑賞的藝術品。

同時，官方展覽會上亦展示了許多以基督教為主題的宗教畫，但同樣沒有被視為是「應當禮拜崇敬的對象」。與世俗或異教主題畫作相同，它們都被視為是一種繪畫藝術。而聖像畫做為信仰對象受到崇拜的功能，也因為在官方展覽會展示之由而暫時停止。儘管如此，聖像畫功能的停止並不是肉眼直接可見的現象，要理解箇中差異並非易事。以近年東京國立博物館國寶展中展出的阿彌陀如來佛像為例，應該有助於理解。僧侶將如來像從寺廟中移出之際，舉行了移除「佛魂」的儀式，將佛像化為非信仰對象，以供展覽。然而前來國寶展參觀的信徒們，仍舊在如來佛像前供奉香油錢、念經祈禱。

圖 1-4　孔代親王（Princes of Condé）宅邸尚蒂伊城堡（Château de Chantilly）的畫室
雖然是十九世紀奧馬利公爵（Duc d'Aumale）修復後的模樣，但仍保留了與現代大不相同、近世以來傳統的繪畫展示方法。

日本歷史學者服部春彥在《文化財產的合併》一書中，以「博物館藏品的世俗化功能」來說明此問題。法國大革命初期的議會在討論設立羅浮宮美術館時提倡此概念，這是為了從高舉反封建、反教權革命家的蓄意破壞（vadalism），亦即文化資產破壞運動中守護教會貴重的藝術品而想出的辦法，同時也是近代博物館的基本理念。換言之，這個概念認為宗教畫和聖像畫在被博物館收藏的瞬間即世俗化，成為一項文化資產，以藝術品的性質公開展示在參觀者面前。假如缺乏這個概念，那麼要讓非神職人員的世俗博物館員收藏、管理並展示這些帶有宗教性質的文化財產，將會相當困難。博物館的世俗化功能概念並不是法國大革命的發明，其部分概念源自絕對君主制時期對宗教主題繪畫的藝術鑑賞。

然而，無論是上述所提及的哪一個事例，能享受絕對君主制時期學術和藝術成果的，都僅限於特權階層。啟蒙思想家參與其中的社交場合沙龍具有一定程度的公共性，不是完全封閉的私人領域。但是在沙龍中分享的情報，並不會以開放的形式存在於公共領域，也不會在社會上廣泛流傳。至於由皇家繪畫與雕塑學院所主辦的官方展覽會，這種美術鑑賞在當時並非一般普遍行為，展覽會場也不是民眾可以自由出入的公共場所。在絕對君主制時期，能夠汲取先進學術知識和藝術的成果，也是立基於身分制才有的特權。

法國大革命與美術館的成立

受到啟蒙主義影響，法國打算有效利用波旁王朝晚期的皇室收藏，這成為設立美術館的契機。自一七九二年革命戰爭開打後，美術館的成立也逐漸具體。法國軍隊向列強同盟軍展開反擊、擴大占領地區的同時，也在政府的命令下有組織地奪取各地著名藝術品，做為戰利品。共和國中央美術館，也就是後來的羅浮宮，成為這些傑作運往巴黎後展示的設施。

拿破崙內心深知藝術品所擁有的社會影響力，以及中央美術館的功能。他在一七九六年第一次遠征義大利，擊潰了加入反法同盟的各個城市國家和羅馬教宗的部隊。他要求戰敗者讓渡文藝復興時期的傑作做為賠償，許多收藏品被送往巴黎。緊接著在一七九九年，拿破崙透過軍事政變掌握了最高權力，不久後便率領軍隊展開第二次義大利遠征。節節勝利之下，確保及沒收各占領地知名美術品和珍貴書籍的委員與遠征隊伍同行。他們將名聞天下的義大利藝術傑作接二連三地送往巴黎。足以將拿破崙的大勝利視覺化的戰利品，在盛大的遊行中展示在市民面前，接受熱烈的歡迎。隨後，拿破崙將中央美術館改名為拿破崙美術館，並下令擴充。

在拿破崙體制下，負責整合美術行政的多明尼克韋馮・德儂（Dominique-Vivant Denon）是拿破崙美術館的館長。他不只是打算將該美術館成為展示戰利品的設施，他的夢想是打造出一座世界第一，並且可以培育藝術家的美術館，能從實際的傑作中學習歐洲美術史直至該時代的藝術。為了實現夢想，德儂運用拿破崙的政治力與軍事力，希望網羅所有必要且不朽的名作。他也身先士卒親自前往戰地，帶頭確認作品，判斷為必要後便沒收並送往巴黎。

關於拿破崙美術館，德儂鎖定的主要利用階層並不是應該啟蒙的本國民眾。拿破崙美術館開放讓所有人參觀的開館日十分有限；相對地，若是本國學畫的學生或外國前來的參訪者，即便是休館日也可入內參觀。這是因為拿破崙美術館認為，向追求藝術高度的人們展示何謂一流藝術，是該美術館的任務。

當拿破崙在滑鐵盧之役吃下決定性的敗仗後，德儂的夢想也粉碎了。過去被奪走藝術作品的同盟國紛紛派遣使節至巴黎，迅速地回收本國作品。然而，許多列強並未將回收的作品送回原本的教會或貴族宅第，而是在首都新設國立中央美術館，並展示其中。在以民族主義做為國民統合核心的近代世界，這些新設立的國立美術館被賦予任務，即是向國民大肆推廣宣傳本國藝術發展的燦爛歷史。各國迎來了透過美術鑑賞形體化民族意識、以滋養民眾愛國心的時代潮流。

4　因法國大革命而起的教育政策

絕對君主制下的教育

在大革命以前的法國，除了貴族和富裕的資產階級所聘僱的家庭教師外，教育工作都是由教會負責。絕對君主制與提出王權神授說的「支配性宗教」互為一體，將擔負教化與規訓民眾的初等及中等教育事業，委託給教會神職人員。堂區教會的神父在主日學使用教會為傳教所編定的教理問答做為教科書。更具組織性的中等教育，主要機構則是由耶穌會和祈禱會*等教育性質修道院所經營

* 法國靈性學派創始人皮埃爾．貝呂勒（Pierre de Bérulle）於一六一一年效仿義大利祈禱會（Congregation of the Oratory）在巴黎創辦了 Société de l'Oratoire，又稱為法國祈禱會，祈願專念於神父職務，後來也投入教育工作。

的四年初中（collège）。四年初中主要教授法文讀寫和計算，此外也教授人文學科和古典文法。

另外，也存在世俗的高等教育機構。在法國絕對君主制下，培育技術官僚的學校，是讓社會地位向上流動、以國家菁英身分加入統治體制的路徑。以造橋鋪路為主的土木工程需要結構分析計算能力，路易十五（Louis XV）承認培育這樣的專門技術人員有其必要性，遂於一七四七年設立皇家路橋學院（École Royale des Ponts et Chaussées）。路易十六也在一七八三年設立皇家礦業學院（École royale des Mines），以需要高度專業知識和技術的坑道建設為主，設立目的是為了更有效率地經營礦山事業。這兩間培育國家菁英技術官僚的學院延續至今日，培養出許多專業技術人材。

絕對君主制團體教育機關的解體

在近代公立教育的成立上，一七八九年是一個轉捩點：法國大革命瓦解了不平等的象徵——舊體制的團體，其中也包含經營四年初中的教育性質修道院。至於帶有中世紀以來的傳統、教授和學生所屬的舊制大學，是他們學習和生活場域所形成的基爾特（guild），也是必須解散的團體。一七九一年之後，法國陸續廢除各大學組織，以悠久傳統為傲的舊制巴黎大學也在一七九三年結束。

在大革命時期的法國，為了將握有主權的國民從神職人員的影響力中解放出來，因此極力主張世俗教育的必要性。根據竹中幸史的說法，世俗的初等公立教育籌備事務在議會中熱烈討論，雖然制定了不少相關法律，但資金、人材和設備卻是嚴重匱乏。正如上垣豐所述，法國要到十九世紀下半葉才有能力進行初等公立教育的籌備工作。至於中等教育則如前田更子所示，督政府（一七九五～一七九九年）命令各省成立省級中央學校，推進整備工作。中央學校達到一定的成果後由拿破崙改組為高級中學（lycée），並延續至今。

設立國家菁英養成學院——理工學院與師範學校

為了充實教育環境，督政府培育可從事實務工作，支撐國家的技術官僚人員，故亦著手籌備高等公立教育。此時訂定的基本方針，也就是今日以高等學院（grande école，培養國家菁英的學校）為主的國家人材養成政策之發軔。

法國共和曆共和二年熱月九日（一七九四年七月二十七日），國民公會鎮壓了羅伯斯比（Maximilien de Robespierre）派策劃的熱月政變，終結恐怖統治，之後在共和三年葡月一日（一七九四年九月二十二日）推動高等公立教育的準備工作。同月七日（九月二十八日），知名數學家議員加斯帕·蒙日（Gaspard Monge），與同樣以數學家身分聞名、在革命戰爭的後勤供應鏈管理上大刀闊斧，有「勝利的組織者」別稱的議員拉札爾·卡諾（Lazare Nicolas Marguerite Carnot）為代表，提案成立中央公共工程學院，目的是培養土木技術人員，獲得通過。這所學校在共和三年果月十五日（一七九五年九月一日）改組為「綜合理工學院」(École Polytechnique)，並按其新校名中的「poly=複數的、並行」、「technique=技術教育」，重新安排相關課程。該校的學生必須同時修習不同領域的技術；想要順利畢業，就必須埋頭苦讀、下足功夫才行。

圖 1-5　舊制巴黎大學索邦（Sorbonne）校區
現在由相當於日本學院規模的巴黎第一、第三、第四大學共同使用。

綜合理工學院之後又在共和十二年穫月二十七日（一八〇四年七月十六日）由第一執政拿破崙加以改革。他將該校納入軍方管轄，轉為培養軍事將校的學校。在課程上同樣強調數學，內容上也反映出軍事將校須具備的數學程度。同時，也準備了拉丁區（Quartier latin）一帶的聖日內維耶之丘（Montagne Sainte-Geneviève）做為校址，這是傳統法國高等教育機關設置的場所。綜合理工學院不僅負責培育率領軍隊的人材，也為該校畢業生安排了不囿限於軍方的國家菁英路線，這些特色盡皆展現在拿破崙所挑選的校址上。

將時代稍稍往前追溯，國民公會因為共和三年霧月九日（一七九四年十月三十日）的政變，決定設置師範學校（École normale）。這便是世界上屈指可數、著名國家菁英培育機關——巴黎高等師範學院（École normale supérieure）的起源。其設立政策包含多個面向，期盼能將革命的成果推廣至社會，並改良社會。師範學校的學生修習哲學和科學為主的課程，從當代一流學者身上習得最先進的學術知識，並同時學習將這些知識傳授並散布給年輕世代的技術，在畢業後分散至法國各地，成為指導地方教師的人士。換言之，師範學校的構想是培育足以成為下一個世代法國國民典範的年輕人；畢業生被賦予了削弱神職人員對地域社會影響力的任務，也可說是法國大革命下「習俗革命化」的先鋒。然而事與願違，準備的工作跟不上雄心壯志，師範學校在自然科學博物館階梯教室的授課，只在一七九五年維持了半年多的時間，就宣告結束。

後來，稱帝的拿破崙看上了曾受挫的師範學校的潛力。為了完善帝國公立教育，他決定復興師

圖 1-6　綜合理工學院的正門
綜合理工學院遷址後仍留在拿破崙所選校址上的正門。門上的裝飾顯示出該校著重軍事與技術任務。

圖 1-7　巴黎高等師範學院
師範學校的後身，於一八四七年遷至現址之際，在正面玄關設置了紀念設立於共和三年的裝飾。

範學校。一八〇八年三月十七日拿破崙發布詔令，將設立小規模招生的師範寄宿學校、培育負責指導教育行政人員的人材，追加列為帝國大學*的任務。從全國選拔出來的少數精銳學生們，被要求遵循軍隊般的嚴格共同生活紀律，穿著類同軍服設計的制服，勤奮不懈的學習。對應嚴格的標準與要求，教授則是網羅當代一流學者前來擔任，這也成為該校傳統。校址則是選定在聖日內維耶之丘的先賢祠（Panthéon）一帶，鄰近較早成立的綜合理工學院，同時也與索邦校區位於同一地區。索邦校區是今日新制巴黎大學前身，其文學、理學及神學各學院於一八〇六年再次開始活動。

一八〇八年三月十七日，拿破崙同時重整了公立教育制度與公認宗教體制。首先，他將猶太教追加到公認宗教體制，承認其「禮拜的公共性」，允許猶太教徒在公共領域禮拜等等，以法律保障猶太教徒的地位。實際上，這是為了補充陸軍新兵的不足，決定將年輕猶太教徒列入徵兵對象，因而賦予猶太教徒的回饋條件。禮遇猶太教的措施，勢必會引起天主教會保守派及法國東部許多貧農的抗議和不滿。天主教會保守派向來認為，耶穌基督受難以及被釘死於十字架是猶太教徒的責任，因此敵視、蔑視猶太教徒；而法國東部的貧農則是深受猶太教徒放高利貸的債務所苦。同日發布設立師範寄宿學校的決定，目的也是為了與天主教會勢力在教育上抗衡。拿破崙對國內的反對聲浪早就做好了對應準備：在這一天，他決定從天主教神職人員中選出帝國大學的教育總長（grand maître），負責統合全國公立教育；此外又對東部的猶太教徒設下為期十年的限時法，將禁止移居等歧視法案明文列入。就這樣，拿破崙不顧國內反對，執意強化公認宗教體制和充實世俗高等教育，

* Université impériale，拿破崙稱帝後下令創設，為具備整合全國教育機構功能的中央教育行政機關兼教師團體組織。

這也加深了與教宗庇護七世的對立。到了翌年，事態更加惡化，教宗宣布開除拿破崙皇帝的教籍。這也是讓拿破崙墜入毀滅，走向衰敗的開端。

拿破崙沒落後的國家菁英培育政策

拿破崙在一八一五年百日王朝（Cent-Jours）失敗後離開法國，回到巴黎的復辟王朝也正式整備統治體制。一八二二年，被任命為帝國大學教育總長，同時也是赫爾莫波利斯領銜主教（Bispo Titular de Hermópolis）的德尼・弗雷西努（Denis Frayssinous）關閉了師範寄宿學校，因為他認為這個孕育出眾多支撐著拿破崙體制的人材、重視數理教育的師範寄宿學校，是一個大問題。然而該校所培育出的人材，對於復辟王朝的統治而言卻也是不可或缺。同時，國家菁英培育學校只要通過考試就能獲得入學資格，向廣大國民提供了向上晉升的保證，發揮了安定社會的機能。無論這條陡道多麼艱險，對於仰望著它的年輕人而言，這都是一條通往燦爛明日的道路；對那些貧困家庭的父母而言，上學也成讓小孩不去工作的理由。復辟王朝於一八二六年體認到關閉學校的錯誤，之後便以預科學校之名，在索邦校區旁路易大帝學校（Collège de Louis le Grand）的舊校舍內復校。

如此果敢迅速地迎接轉變，還能取得出色平衡，正是復辟王朝的優點之一。雖然復辟王朝是以復興波旁王朝絕對君主制為主要目標，但在實際施政上卻沒有十分堅持。復辟王朝在拿破崙失敗後與教廷再次交涉，嘗試廢除公認宗教體制。一八一七年，雙方的全權代表團達成共識，簽訂新的政教協定。但是這份協定的內容，卻是恢復一五一六年政教協定這種與時代脫節的決定。面對如此慘不忍睹的結果，復辟王朝遲不批准新政教協定，而庇護七世的教廷也採取同樣做法，最後這項政教協定未能生效，無疾而終。正因為復辟王朝擁有這種彈性，才能讓被革命和拿破崙戰爭重創的法國迅速重建秩序，並再次統合已經分裂的國民。

本篤會大修道院因大革命被廢止，位於教堂左側的大型建築後來移作高中校舍。

儘管如此，以反革命做為基本政策的復辟王朝，卻無法對應工業化趨勢下帶來的社會結構變化。農民湧入工業城市尋求工作機會形成貧民窟，而住在貧民窟的民眾起身要求參政權時，復辟王朝採取鎮壓而引發七月革命。在這場革命中，復辟王朝被擊潰，奧爾良公爵路易菲利普一世（Louis Philippe I）即位，成為新國王。天主教會是復辟王朝在宗教上的建制派（The Establishment，維護現有體制的政治勢力），新國王接連制定一連串敵視天主教會的政策。預科學校改名為師範學校，也是刻意改成讓人憶起大革命的共和三年舊稱。一八四五年再次改名為「高等師範學校」（École normale supérieure），並在一八四七年遷至今日校址、聖女日南斐法之丘北側的斜坡。

近代法國公立教育的整備，和以國立菁英培育學校為中心的少數菁英主義人材育成制度，兩者合為一體，向前推進。政府向社會廣納人材的態度，在國民腦海中留下印象，確保了社會流動，也對社會安定盡一份力。實際上，許多諾貝爾得獎者、官至大臣的政治家、高級官僚和大企業的經營者都是從菁英學校畢業，讓許多國民願意在世俗教育機構學校就學。過去日本也存在著以「高等師範學校」為名的學校，但日本的高等師範學校是大量培育中等學校教師的機構。日本和法國在構想上的差異甚大，應當留意避免誤解。

從近世走向近代——這段轉換期的成就

法國大革命瓦解了「支配性宗教」，並將這項成果定為不可逆轉的公認宗教體制，其所帶來的影響並不只是禮拜場所的安定而已。社會全體從教會裁判的恐懼中解放，這造成了廣泛影響。除了過去被視為「異端」的少數派信仰獲得保護，學術研究和藝術活動也變得自由開放，必須接受神職人員「宗教正確」的教育時代已告終結。與短短數年間便能達成的政治及制度變化不同，社會的變化需要時間醞釀，一直要到一八七〇年代才能結出豐碩果實。到了那個時候，始於一七八九年、由近世邁向下一個時代的過渡期結束，法國社會迎來了嶄新的開花期。

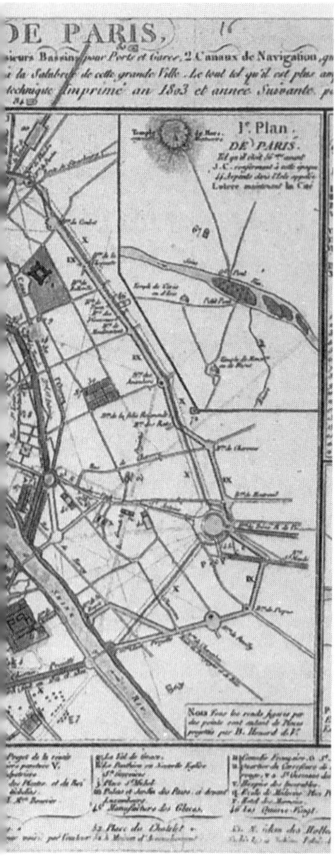

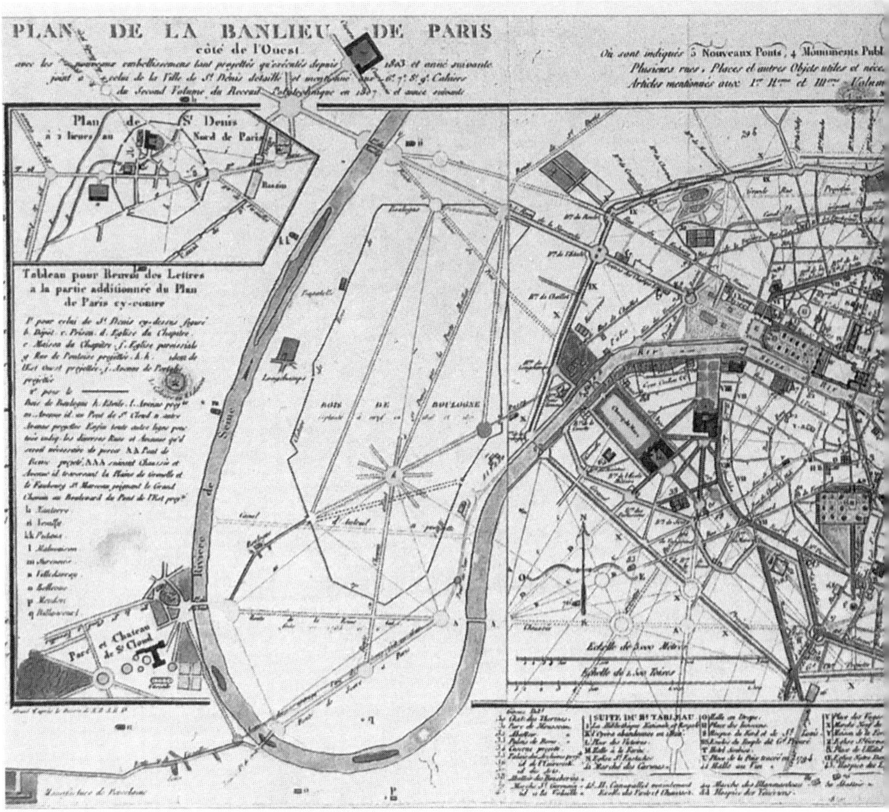

圖 1-8　巴黎（一八〇四年）

地圖左側塞納河畔可以看見霧月政變的舞台——聖克盧（Saint-Cloud）宮。學術中心聖日內維耶之丘則位於巴黎中心西堤島（Île de la Cité）南方、盧森堡公園（Jardin du Luxembourg）東方，上方的先賢祠為顯著地標。軍事機關集中在西方，地圖上可以看到練兵場戰神廣場（Champ-de-Mars）、傷兵院（L'hôtel des Invalides）、陸軍士官學校。政治中樞位於兩者之間，有官邸（杜樂麗宮，Palais des Tuileries）、護民院（巴黎皇家宮殿，Palais-Royal）、立法院（波旁宮，Palais Bourbon）、元老院（盧森堡宮，Palais de Luxembourg）。外圍殘留著城牆，市街廣闊但內側狹窄，因為尚未出現法蘭西第二帝國時期巴黎改造（Transformations de Paris sous le Second Empire，又稱為奧斯曼工程，Travaux haussmanniens）時打造的里沃利路（Rue de Rivoli）等幹線，與今日的巴黎大不相同。

圖 1-9　沙特爾市（Chartres）的本篤會（Benedictines）大修道院
本篤會大修道院因大革命被廢止，位於教堂左側的大型建築後來移作高中校舍。

5 法國大革命時期行政史料的實地調查

公文書的保存，以及在檔案館公開

在十九世紀末至二十世紀初這段期間，法國有群人正著手整理和保存史料。他們藉由公權力行使，確保檔案館預算，從行政單位移交並管理舊文件檔案，展開蒐集和歸檔工作。他們的工作內容包括將取得的文書加以分類整理，加上史料編號，再把編號和史料概要記錄在史料目錄上，然後將整理好的資料陸續開放查閱，高重要性的手稿史料則在解讀後出版，作業單調且數量龐大，需要非常多人力。正如渡邊和行所指出，這項運動在二十世紀初促成了許多檔案館成立，也讓眾多史料得以付梓。

今日，只要實地走一趟法國檔案館，就能明白我們這些研究法國大革命時期的歷史學家，為什麼會被研究其他時代和領域的歷史學家投以欣羨眼光。首先是用紙和筆記法的問題。若往前追溯，中世紀手抄本使用的並非紙張，而是羊皮紙，除了難以處理之外，也有不少抄本被列為稀有珍本，有閱覽限制。即使到了近世，年代愈古老的文書愈多是以拉丁文書寫；就算是法文書寫，但不只文法，甚至連字母的書寫方式都與今日不同。十九世紀中葉左右第二帝國時期的文書，使用的字體既工整又易讀，紙筆是工業製品，品質上提高不少，用紙的大小也幾乎統一；但在紙質上，使用的是較難長期保存的酸性紙，即使保存在同樣的史料箱中也能馬上能辨認出來。輕薄光滑的酸性紙一旦酸化，就會劣化成褐鏽色，飄散出獨特的臭味，紙張邊角處也會以幾公釐的速度逐漸粉碎破損。年代較遠的絕對君主制和拿破崙體制時期文書，使用強韌的手工紙，經過長年累月之後還是非常完整；相較之下，使用酸性紙的史料壽命明顯短了許多。

其次，在史料保存上，大革命時期以後的史料也略勝一籌。革命政府推動中央集權，為了整備地方政府，會將行政文書的正本和複本系統化保存在首都和各地。中央政府的部會權限也十分明確，查找上也非常方便。

此外，近代檔案館制度確立後，在法國檔案管理專家的努力之下，編彙出條目清晰的近代史史料目錄。因此先撇開鄉鎮的檔案館不說，至少在省級檔案館，法國近代史的研究者們必定能夠閱覽到有條不紊的史料。

綜合上述，法國近代史研究者們在歷史研究上所使用的史料本身，也可以看出「近代」這一個時代的特性。現在，就來介紹近代史的史料——一份大革命時期的公文，希望能夠將解讀史料的喜悅和樂趣傳遞給讀者分享。

從史料看法國大革命沒收的教會財產

西洋史學者大多會親自前往各國檔案館調查資料，圖書館也是其中之一。在歐洲，國立圖書館收藏的不只印刷品，同時也會收藏和公開文豪手稿、政治家日記等後世眾多研究者希望閱覽的重要手寫文件。位於法國國家圖書館舊館黎希留分館的西洋手稿史料部，幾乎成為歷史學家的工作場所，裡面收藏的史料包括行政文書。以下將介紹的史料編號 FR7794 檔案，就是法國大革命時期巴黎鑄幣局的文書，由國家圖書館整理典藏。

收入檔案內的史料，包含下面幾種原始文件：各地方政府運往巴黎鑄幣局的銅製品清單、由地方鑄幣局提出的作業報告書，以及巴黎鑄幣局根據上述文件統計製作的每月、各省數值一覽表。至於紀錄對象銅製品，有沒收自教會、也有沒收自流亡貴族的；就數量而言，前者占了大部分比例。

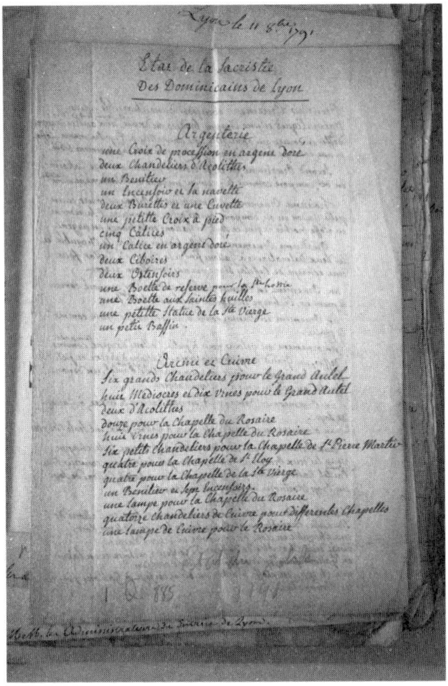
Lyon le 11 8bre 1791
Etat de la Sacristie
Des Dominicains de Lyon
Argenterie
une Croix de procession en argent doré
deux Chandeliers d'Acolittes
un Benitier
un Encensoir et la navette
deux Burettes et une Cuvette
une petitte Croix à pied
cinq Calices
un Calice en argent doré
deux Ciboires
deux Ostensoirs
une Boette de reserve pour la Ste hostie
une Boette aux Saintes huilles
une petitte Statue de la Ste Vierge
un petit Bassin
Airain et Cuivre
Six grands Chandeliers pour le Grand Autel
huit Mediocres et dix [illegible] pour le Grand Autel
deux d'Acolittes
douze pour la Chapelle du Rosaire
huit [illegible] pour la Chapelle du Rosaire
Six petits chandeliers pour la Chapelle de St Pierre Martir
quatre pour la Chapelle de St Eloy
quatre pour la Chapelle de la Ste Vierge
un Benitier et son encensoir
une lampe pour la Chapelle du Rosaire
quatorze chandeliers de Cuivre pour differentes Chapelles
une lampe de Cuivre pour le Rosaire

圖 1-10　國家圖書館禁止攝影，故此為攝自隆河省（Rhône）檔案館所藏、格式相似的報告書。這是一七九〇年六月十七日，從里昂道明會修道院沒收的物品目錄。

這些史料的成書時間約從一七九三年一月至一七九四年四月為止。接下來介紹的是史料編號51、52、53，三份一組的文書。

大革命時期從教會沒收財產的金屬製品，可分為貴金屬類（precious metal），以及包含銅製品在內的賤金屬類（base metal）。貴金屬大多是用於禮拜的聖杯、聖體光（monstrance）等聖器。這些貴金屬被聚集起來，在巴黎鑄幣局溶解為金條銀條，彌補國庫收入的不足。而賤金屬之中，銅製品基本上被集中在地方鑄幣局，熔解成銅塊或鑄成銅幣。依照銅合金成分的不同，又可分為三種：赤銅、黃銅、青銅。黃銅器是由銅和鋅的合金所製成的，在銅和鋅外又添加了鎳的鎳銀合金（白銅）製品，也被歸類到這個類別。部分黃銅器被鍍上金銀，為了取出這層貴金屬，又或者是外觀上難以和金銀製品區別，它們都與貴金屬一同送往巴黎。

這份史料的特色在於，裡面不只有鑄幣局所製成的一覽表，還收錄了用來製表的個別報告，包括接下來要介紹的文書。事實上，鑄幣局製作的一覽表，途中在記錄人員經手後加法錯誤百出，而且這些錯誤的總計數值從未被修正，同一個月還會再次出錯，繼續往下加。資料最後的數值與原本應有的正確數字有相當大的出入。因此，來自各省記錄了原始數字的文書，也就更具有參考價值。

從現代的角度來思考，像巴黎鑄幣局這種重視正確數字的組織，居然會配置連簡單加法都不會的記錄人員，實在是不可思議。然而，當時公立教育尚未普及的法國，記錄人員的錄取條件是能夠寫出可讀文字；要想找到識字又懂加法的人材，大概非常困難。應該說，負責人竟然也沒核對驗算，這點才令人難以置信。

鑄幣局製作一覽表時，如果是鐘，便按規定依固定格式記錄數量和總重量，而赤銅器和黃銅器則只記錄所有沒收品的總重量。換句話說，由於現存史料的限制，想要知道在大革命時期從教會和修道院沒收的銅製品數量及種類，藉此推知它們過去使用什麼樣的銅製品，實在相當困難。大革命時期推行的教會財產國有化，幾乎可說是短時間內對全國教會和修道院備用物品的一次清查。這次介紹的文書裡個別列舉出了被沒收的項目，讓我們研究者可以透過數字知悉當時神職人員的日常片段，是非常珍貴的史料。

以下介紹的史料，紀錄者是法國南部埃羅省（Hérault）蒙彼利埃行政區（Montpellier district）的行政官，日期為一七九二年十二月十八日。這裡的「行政區」是一七九〇年施行省級制度之際，位於省和市鎮間的地方層級。一七九五年廢止後改置為「區」（arrondissement），直至今日。這份文書的製成時期約於國民公會宣布成立法蘭西第一共和後三個月，文書中使用的稱呼也還不是「公民」，而是使用舊體制的「閣下」。

【史料介紹】

一七九一年八月二十六＝二十九日法（關於來自廢止修道院、教堂、堂區的銅與青銅器、財產、器具法）

埃羅省蒙彼利埃行政區
被廢止的修道院及信心會的古銅器
送至巴黎鑄幣局及其移交明細

我們蒙彼利埃行政區執行部的行政官，前往市鑄幣局，與蒙彼利埃鑄幣局長巴西萊閣下，一同確認、測量來自被廢止修道院以及信心會的古銅製與黃銅製各式物品。同時，遵循先前一七九一年八月十六日法（國庫編制法）之規定，製成以下列出明細的報告書。

記

【記載凡例】

修道院及信心會的名稱

銅器品名（以下以「**銅器**」表示）與數量：詳細內容

黃銅器品名（以下以「**黃銅器**」表示）與數量：詳細內容

小型鐘、鈴（以下以「**鐘**」表示）與數量：詳細內容

聖加大利那（Santa Caterina）道明會女子修道院

銅器7件：塔模1個及蓋子1個、醬鍋1個、可懸吊大鍋1個、單手鍋2個、蛋黃用小醬鍋1個、甜點模具1個。

黃銅器25件：枝狀裝飾燭台1組共計2個、燈1個、聖水缽1個、房間用燭台6個、祭壇用燭台16個。

鐘4件：鈴3個、彌撒用小鈴1個。

隱居的聖母女子修道院

銅器16件：烤肉用底盤2個、可懸吊鍋3個、附蓋雙耳鍋2個（交由軍事委員不計）、碗3個、單手鍋1個、塔模4個、鄉村風烤爐1個及其蓋2個〔與荷蘭鍋（Dutch oven）同類型的金屬鍋〕。

黃銅器7件：祭壇用白銅燭台6個以及附屬的十字架1個。

聖母訪問女子修道院

銅器22件：大型塔模3個及其蓋2個、小型塔模8個、附蓋雙耳鍋3個（交由軍事委員不計）、單手鍋1個、懸掛香爐1個、可懸吊鍋2個及其蓋1個、烘烤用烤爐1個、蝴蝶結形狀小器具1個、暖爐2個。

黃銅器59件：祭壇用白銅燭台18個、祭壇用白銅小燭台14個、壺20個、枝狀裝飾燭台2組共計4個、小澆水器1個、醫務室用小燭台2個。鐘8件：彌撒用小鈴4個、門鈴及共同寢室用之呼叫鈴4個。

威紐固修道院

銅器12件：單手鍋8個、醬鍋2個、雙耳鍋1個、魚料理細長鍋1個。
黃銅器16件：室內用燭台8個、祭壇用白銅燭台4個、祭壇用非白銅燭台4個。
鐘1件：彌撒用小鈴1個。

聖夏魯魯修道院

銅器10件：（備註：銅製大小雙耳鍋合計6個，依據軍事大臣命令列為徵收用品後，交由軍事委員不計）可懸吊鍋3個、鄉村風烤爐3個及其蓋1個、醬鍋1個、碗一個、小型保溫用火桶1個。
黃銅器21件：祭壇用燭台12個、室內用燭台7個、黃銅燭台2個。
鐘3件：呼叫鈴3個。

攝理修道院

銅器12件：碗2個、塔模1個及其蓋2個、臉盆1個、雙耳鍋及其蓋2組（交由軍事委員不計）、小醬鍋1個、懸掛香爐1個、可懸吊鍋2個、特大湯匙1個、烘烤用烤爐1個。

黃銅器10件：燈用燭台1個、祭壇用燭台4個、聖歌隊用燈1個、聖水缽1個、懸掛香爐及其附屬的船型香盤與香匙共計3個。

鐘1件：彌撒用小鈴1個。

聖烏魯斯拉修道院

銅器25個：（備註：雙耳鍋3個、醬鍋2個、蒸餾器1個、小秤2個由軍事委員保管不計）醬鍋2個、鄉村風烤爐下方容器1個、塔模3個、臉盆5個、單手鍋5個、可懸吊鍋5個、長柄暖爐4個。

黃銅器27個：長柄單手鍋3個、研磨小缽1個、燭台4個、火爐零件4個、教會用燭台4個、聖水缽1個、祭壇用白銅燭台12個、基督受難像2個。

鐘2個：鐘或是呼叫鈴2個

祈禱會的祈禱單願修道院

銅器11件：單手鍋6個、塔模2個、碗2個、鄉村風烤爐用鍋墊1個、雙耳鍋1個（備註：

此項預定交由軍事委員保管，不計）。

黃銅器２４件：房間用燭台３個、基督受難白銅像１個、白銅燭台６個、非白銅燭台８個、懸掛香爐及附屬的船型香盤與香匙共計３個、宗教隊伍用十字架下方的零件１個、燈２個。

鐘３件：鐘或呼叫鈴２個、彌撒用的鐘或呼叫鈴１個。

神學院宿舍

銅器３５件：可懸吊鍋２個、大碗３個、雙耳鍋及其蓋６組共計１２個、過濾器２個、柄杓１個、醬鍋１個、塔模３個、單手鍋６個及其蓋１個、烤肉用底盤１個、壺用湯匙２個、附蓋橢圓形單手鍋１個。

黃銅器１７件：祭壇用燭台１０個、小十字架１個、懸掛香爐及其附屬的船型香盤２個及香匙１個共計５個、燈１個。

鐘４件：彌撒用小鐘２個、玄關門及宿舍餐廳用小鐘２個。

黑衣修女的女子單願修道院

銅器１４件：可懸吊鍋３個、臉盆２個、單手鍋２個、圓盆３個、塔模２個、單手鍋１組、洗衣桶１個、塔模１個。雙耳鍋４個（備註：預定由軍事委員保管，不計）。

黃銅器１５件：白銅燭台６個、白銅十字架１個、白銅燈１個、祭壇用黃銅十字架１個以及附屬小燭台6個。
鐘6件：彌撒用鈴2個、於屋內被取下的呼叫鈴4個。

白衣苦行信心會

銅器：無。
黃銅器33件：祭壇用白銀大燭台6個、白銀懸掛香爐15個、白銀船型香盤4個、枝狀裝飾白銀燭台2個、黃銅燭台6個。
鐘：無。

青衣苦行信心會，以及被廢止的赤腳加爾默（Carmelites）教堂中的聖克勞德禮拜堂（該禮拜堂隸屬於青衣苦行信心會）

銅器10件：銅製10個零件所組成的書套共10個。
黃銅器51件：祭壇用白銅燭台12個、侍祭用燭台2個、懸掛香爐15個、聖水盤1個及附屬的聖水缽1個、黃銅燭台14個、基督受難像2個、枝狀裝飾燭台2個、攜帶用燭台及其附屬的蠟盤2個。聖克勞德禮拜堂的祭壇用燭台6個。
鐘3件：白色彌撒用小鈴1個、其他零件2個。

合計銅器176件、黃銅器316件、鐘35件。

上述，１７６個銅製品、３１６個黃銅製品、３５個鐘。３１６個黃銅製品中，行政區取走的黃銅製品為５１個，剩下２６５個。

記

上述的５１個黃銅製品包含了鍍銀燭台３６個，以及同樣鍍銀的祭壇用燭台２個、懸掛香爐１２個及附屬的船型香盤１個。這些物品為了與行政區內各堂區的黃銅製品交換，已全數不計入。因為它們較為高價，比上述記載的物品更有用處。殘餘的２６５件，重量高達９６０ livre de table＊乃至 livre petit poids。如換算成 poids de marc，則是８１３里弗爾８盎司（３９８公斤又２０８．２５公克）。

１７６件的銅製品按照同樣方式測量，重量高達５９７ livre petit poids，換算成 poids de marc 則是４９７里弗爾８盎司（２４３公斤又５２６．２５公克）。

最後測量３５件鐘和呼叫鈴，重量為１５７ livre de table，換算成 poids de marc 則是１３０里弗爾１４盎司（６４公斤又６３３．１２公克）。

三者合計總重量為１４公擔（quintal）４１里弗爾１４盎司（７０５公斤又７９７．８１公克）。

於蒙彼利埃，一七九二年，法蘭西共和國元年十二月十八日

受蒙彼利埃行政區的行政執行委員，包含我方成員在內的行政區成員之委託，署名：F．譚波

議長、邦卡司、路易．喬貝爾、邦貝爾、路易．帕維、修普書記

可從這份史料中得知之事

法國大革命期間的教會財產沒收，第一步是一七八九年十一月二日，革命政府宣布天主教會的所有財產收歸國有。根據國家檔案館的史料紀錄，各地的革命勢力很早便自動自發前往教堂，開始製作財產目錄並沒收物品。接著，一七九〇年二月宣布關閉所有修道院；同年七月，被認為信徒人數過多的教會也關閉。這次介紹的史料所依據的是一七九一年八月二十六＝二十九日法，其中明定關於關閉修道院、教堂、堂區的銅與青銅器、資產及用具的處理規則。其後，根據一七九二年九月十日法，革命政府訂定了地方政府沒收教會財產的作業程序，並催促執行。

被沒收的教會財產金屬器具當中，紀錄保存狀況最不理想且研究困難的，主要是從修道院沒收的銅器類。這些大多是銅製的生活用品，價值比不上金銀，所以沒收時也不會詳細登記成冊，通常是在集中後測量總重量。因此，詳細記載當時沒收物品數量和內容的史料，實在是非常少見。

* livre de table、livre petit poids、poids de marc 皆為法國舊體制的重量單位。其中 livre 常譯為里弗爾，相當於英制中的磅，但各地重量不一，別名眾多，也反映出當時度量衡系統的混亂。

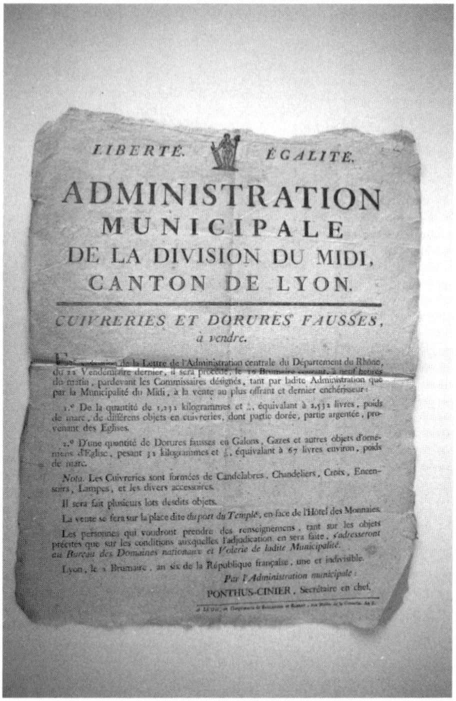
LIBERTÉ. ÉGALITÉ.

ADMINISTRATION
MUNICIPALE
DE LA DIVISION DU MIDI,
CANTON DE LYON.

CUIVRERIES ET DORURES FAUSSES,
à vendre.

E[illegible] de la Lettre de l'Administration centrale du Département du Rhône, du 22 Vendémiaire dernier, il sera procédé, le 10 Brumaire courant, à neuf heures du matin, pardevant les Commissaires désignés, tant par ladite Administration que par la Municipalité du Midi, à la vente au plus offrant et dernier enchérisseur :

1.° De la quantité de 1,232 kilogrammes et [illegible], équivalant à 2,532 livres, poids de marc, de différens objets en cuivreries, dont partie dorée, partie argentée, provenant des Eglises.

2.° D'une quantité de Dorures fausses en Galons, Gazes et autres objets d'ornemens d'Eglise, pesant 32 kilogrammes et [illegible], équivalant à 67 livres environ, poids de marc.

Nota. Les Cuivreries sont formées de Candelabres, Chandeliers, Croix, Encensoirs, Lampes, et les divers accessoires.

Il sera fait plusieurs lots desdits objets.

La vente se fera sur la place dite *du port du Temple*, en face de l'Hôtel des Monnaies.

Les personnes qui voudront prendre des renseignemens, tant sur les objets précités que sur les conditions auxquelles l'adjudication en sera faite, *s'adresseront au Bureau des Domaines nationaux et Volerie de ladite Municipalité.*

Lyon, le 2 Brumaire, an six de la République française, une et indivisible.

Par l'Administration municipale :
PONTHUS-CINIER, Secrétaire en chef.

圖 1-11　在里昂出售教會沒收銅製聖具的布告
日期為共和六年霧月二日（一七九七年十月二十三日）

法國大革命時期，處理教會金屬器具的鑄幣局文書，多數共通點是將沒收品歸類為「國民義務稅」（contribution）。既然是稅收記錄，就會要求數字的正確度。稅收紀錄的工作細膩度和副本數量之多，在行政文書裡也是非常顯著。其實，要向鑄幣局報告的，只需箱內金屬的素材和重量數值即可，且需要報告數量的僅有鐘類物品。既然都要熔解精煉了，重要的就不是物品的個數，而是重量。儘管如此，包含此次所介紹的史料在內，實際處理沒收事務的地方行政官們，往好的方面來說，很多人並未遵循不需詳細報告個數和內容的規定，而是用心記下了詳細清單。

圖 1-12　位於沙特爾市（Chartres）聖艾尼昂（Saint-Aignan）教會的主祭壇
在中央塔型聖髑箱周圍裝飾著許多黃銅燭台。玻璃櫃中的聖髑被太陽設計圖樣的布料覆蓋著。

那麼，從這份文書中，我們可以讀取到什麼訊息呢？

第一，被沒收的銅製品，皆以全數熔解精煉後再利用為原則。話雖如此，還是有例外存在。如雙耳鍋便被收到軍事大臣命令的軍事委員取出，自送往鑄幣局的物品中剔除。我們可以很容易地推測，在當時物資不足的法國陸軍軍隊中，這類大型鍋具可以直接利用做為兵士們炊事的用鍋。

第二，從各修道院沒收來的銅製品，大半屬於生活用品。雖然文書中並未包括大修道院的紀錄這點也有影響，但各修道院之間並沒有太過顯著的差異。因此，這份史料可以讓我們在一定程度上想像當時南法修士修女們的生活，特別是飲食生活樣貌。

第三，可以得知他們的料理方法，主要是鍋類燉煮和燒烤，也能吃到用烤箱烘烤的派，以及淋上醬料食用的料理。不過，史料中不管是從哪一個修道院沒收的烹飪器具，裡面都沒有平底鍋，這在一般烹飪方法為煸炒（sauté）和奶油香煎（meunière）的當時，確實令人感到意外。儘管如此，也不能因為這份史料沒有記錄，就斷定埃羅省的修道院內沒有平底鍋。首先是史料的性質，若平底鍋是鐵製品，便不會出現在這份清單上；其次，負責沒收和造冊的是有社經地位的男性，他們也可能無法正確的分辨生活用品。

第四，大部分的黃銅器是燭台，各修道院燭台的個數和種類皆有很大的差異。此外，這份史料中記錄的基督受難像都是黃銅製或鎳銀合金製，並未鍍上金銀，較為樸素。過去曾基於這份史料，認定基督受難像主要為黃銅製，但根據近年在各省檔案館調查研究的結果，從財政較為富裕的教會沒收送往鑄幣局的受難像裡，也有貴金屬或是鍍金、鍍銀的製品。各修道院、教會及背後支持的地域社會力量能負擔的受難像金額各有不同，因此各地區所記錄的沒收品內容也是大不相同。

第五，阿蘭・柯爾本（Alain Corbin）在《大地的鐘聲》（*Le cloches de la terre: Paysage sonore et culture sensible dans les campagnes au XIXe siècle*）中提到的交換行為，也就是將教會沒收物品中的優等品，與自己所持有的劣等品交換的行為，這份史料也有紀錄。由於被沒收的金屬器將會熔解精煉，當時有些法國人認為，只要能提供同樣重量的金屬器具做為交換，換出清單裡原本的優等品，就是可允許的。若是鐘的話，該交換的應當是音質優美的鐘，但在這份史料中，被換出來的是鍍銀且外觀精美華麗的鐘。沒收的物品應為國有財產，本來並不容許地方政府擅自交換，再加上鍍銀物品就算只是銅器和黃銅器，也都必須送到巴黎鑄幣局。或許是親眼目睹了軍事委員取走雙耳鍋，久而久之，蒙彼利埃行政區的行政官也覺得稍稍違反規定無傷大雅。雖然無法得知巴黎鑄幣局如何處理這類行為，但史料上並未留下咎責的紀錄。這個例子也正好展現了國民接受政府訂下的法律和規則時如何偷天換日，按著對自己有利的方向加以理解。

奉革命政府命令處理銅製品的蒙彼利埃人，這群新法蘭西共和國的主權者，積極完成了這項任務。他們的自豪反映在文件優秀的完成度之上。正因現存的手稿史料可顯示出作者的道德感、意向，甚至是生活和教育水準程度，因此也必定會展現出該史料時代的特色。這份文書來自從近世走向近代的轉換期，希望透過上述的介紹文字，能傳達出這個時代的色彩。

第二章　毛皮連結起的太平洋世界

森永貴子

1　俄羅斯的毛皮事業和進出西伯利亞

從近世走向近代的轉變

一般而言，法國大革命被視為是歐洲歷史從近世走向近代的轉捩點。法國大革命的衝擊促使歐洲各國的反革命行動，組成反法同盟，並產生思想、政治及軍事上的衝突。但是，隱藏在大革命這起重大事件背後容易被忽略的是，這個時代在經濟、情報、知識體系等各式各樣的範疇上也出現了重大變動。英國工業革命是歐洲經濟變化的典型現象，但在同一時代並不是只有英國如此。十八世紀下半葉，歐洲各國派遣船隻前往太平洋，此舉為歐洲地理學界帶來了地理、自然、族群及資源等全新情報。地理大發現的衝擊以及對資源的欲望，更進一步促進太平洋探險事業，而在知識上對於新發現未知地域文化的好奇，也刺激了重視理性與科學的啟蒙思想家。倘若以此種角度，從歐洲和亞洲兩個面向來觀看十八世紀的世界，這可說是一個發現太平洋的時代，也是隔著太平洋的歐洲和亞洲兩地彼此正式靠近的時代。

本章分析的歷史主題是俄羅斯、英國、法國、美國等國進出太平洋世界的因素之一，也就是毛皮交易。毛皮從中世紀開始一直到十九世紀初為止，都是世界貿易商品中的奢侈品，之後由於動物濫捕造成數量銳減，以及棉紡織業成長造成歐洲時尚流行的變化等原因，毛皮做為主要商品的地位於一八三〇年代左右告終。儘管如此，歐洲各國船隻進出太平洋，謀求與中國貿易，並積極參與環太平洋的領土割據，這些行動背後都跟該區豐富的毛皮資源有關。毛皮業者*擴大控制未開拓的土地與原住民，一面參與中國貿易，一面追求自由貿易利益。此外，無論是毛皮事業的擴張，還是太平洋地區貿易與國際秩序的重整，在各種意義上，法國大革命前後都是重要的轉捩點。因此本章以俄羅斯和北美地區的毛皮事業為主軸，探討自十八世紀起至阿拉斯加購地案（Alaska Purchase，一八六七年）為止太平洋世界的變動，以及歐洲各國、美國如何參與其中。

謀求毛皮的人們

俄羅斯從十六世紀開始往西伯利亞發展，約莫是伊凡四世（Ivan IV Vasilyevich，又稱伊凡雷帝〔Ivan Grozny〕，一五三三～一五八四年在位）的時代。俄羅斯於一五五二年合併了喀山汗國（Khanate of Kazan），俄羅斯殖民者因此可以進出烏拉山脈（Ural Mountain）。在北俄羅斯以製鹽業和毛皮交易著稱的斯特羅加諾夫家族（Stroganov family）便以殖民者的身分，獲得了發源於烏拉山脈的丘索瓦亞河（Chusovaya）至卡馬河（Kama）流域一帶的開拓許可。他們被允許武裝行動，雇用哥薩克人（Cossacks），向當地原住民徵收毛皮稅（yasak，突厥語的「貢品」），拓展俄羅斯人的殖民事業。

在斯特羅加諾夫家族開始發展殖民事業前，喀山汗國的屬國西伯利亞汗國（Khanate of Sibir）曾向俄羅斯投誠，宣示繳納毛皮稅。但是這個後來成為「西伯利亞（俄語為 Сибирское）」一詞語源的汗國，不久後便反抗俄羅斯，統治者庫楚汗（Kuchum Khan）於一五六三年發動政變，自稱「西伯利亞皇帝」。斯特羅加諾夫家族一面應付庫楚汗的攻擊，一面繼續經營殖民事業。這個時期，出現在斯特羅加諾夫家族殖民地的人物，是哥薩克人「阿塔曼」（Ataman，首領）葉爾馬克·齊莫菲葉維奇（Yermak Timofeyevich，?～一五八五年）。

「哥薩克」原是指那些擅自離開鄂圖曼帝國正規軍隊、出現在基輔（Kiev）周邊的「自由戰士」。但自十四世紀左右起，因沉重賦稅和宗教打壓而逃出波蘭、立陶宛，移居俄羅斯南方（今烏克蘭）的斯拉夫逃亡農奴們，便組成了新的哥薩克共同體。他們與韃靼人（Tatar）和伊朗人通婚，平時勤於農耕之際也保留了韃靼人的騎射技術和風俗習慣，此外也是虔誠的東正教教徒。

哥薩克共同體在近河川一帶各自形成團體，而後成長為侵略鄂圖曼帝國、克里米亞汗國（Crimean Khanate）的強大軍事集團，他們的軍事力量受俄羅斯和波蘭所用，哥薩克也和這些大國

---

* 俄語稱這群人為 Promyshlenniki，意指參與毛皮貿易的自由個體經營戶或小狩獵團體。之後有些人也會與大型毛皮貿易公司簽約合作。

展開政治交涉。哥薩克人的阿塔曼想必是經由選舉選出擁有優秀領導能力、能夠讀寫的一號人物。而葉爾馬克雖然也是阿塔曼，但傳聞他在窩瓦河（Volga）一帶大肆劫掠，之後才與同伴一同逃到斯特羅加諾夫家族的領地。

在《斯特羅加諾夫編年史》的紀錄中，葉爾馬克等人於一五八一年開始遠征，並征服了西伯利亞汗國。雖然有說法表示，擔心原住民叛亂的伊凡四世曾送出斥責斯特羅加諾夫家族軍事行動的書信，但根據後世由伊凡·西切戈羅夫（Ivan Vasilyevich Shcheglov）編纂的《西伯利亞編年史》（*Chronological list of the most important data from the history of Siberia. 1032-1882*，一八八三年），作者參照《艾西波夫編年史》的內容，記載了葉爾馬克的部下被派遣到莫斯科時，受到伊凡四世盛情迎接：

〔在編年史記敘中完成「西伯利亞征服」的一五八二年〕受葉爾馬克之令被派遣來的阿塔曼，伊凡·科立佐帶了五十名哥薩克抵達莫斯科，將「西伯利亞帝國」做為禮物送給皇帝。科立佐還帶了毛皮稅（二千四百張黑貂皮、二十張黑狐皮、五十張河狸皮）和葉爾馬克的信件。葉爾馬克的信件如下：哥薩克占領西伯利亞帝國，戰勝庫楚汗及其軍隊，將韃靼人、奧斯恰克人（Ostyak）、沃古爾人（Voguly）等許多異民族納入陛下統治。在神的允許下，讓他們以自己的信仰儀式立下誓約，永遠服從於陛下的權力，向陛下繳交毛皮稅。他們不會危害俄羅斯人，願為陛下服務者將直接侍奉陛下，在神的幫助下，絕不讓敵人入侵；他們會絕對忠誠，不讓庫楚汗

圖 2-1　《葉爾馬克征服西伯利亞》，瓦西里・蘇里科夫（Vasily Ivanovich Surikov）繪製（一八五九年）
描繪了揭舉著東正教旗幟的葉爾馬克軍隊，以及西伯利亞汗國軍隊。

與他的部族進入村落，對所有的俄羅斯人皆不會懷抱惡意，無論何事總是站在正確的立場上等等。

伊凡四世賞賜了科立佐等人，還將自己身上穿的高貴毛皮大衣賜給葉爾馬克。莫斯科敲響了祈禱之鐘，感謝西伯利亞的征服。雖然葉爾馬克透過科立佐傳達請求「派遣皇帝軍隊」，但中央只派出了軍政官（兼任軍人與行政官的公吏），並未派遣軍隊。葉爾馬克本人則受韃靼人等的反擊，於一五八五年戰死。

葉爾馬克征服西伯利亞的這起事件，明確顯示出俄羅斯吞併西伯利亞的征服結構。哥薩克征服烏拉山脈以東的原住民，徵收以黑貂為首的毛皮稅，並向皇帝報告。哥薩克與原住民的武裝衝突，事實上是出自哥薩克的意志，而非奉皇帝之命；之後再由中央派遣軍政官等前往哥薩克征服地進行統治，確認該土地併入俄羅斯版圖。

促使哥薩克進出西伯利亞的原因，是徵收自原住民的毛皮。被徵收的毛皮做為毛皮稅收歸俄羅斯國庫，但哥薩克卻向原住民徵收了超出規定數量的毛皮，再轉賣給商人。特別在十七世紀，如此的不當行為相當嚴重，中央的管束無法遠及尚未確立行政制度的西伯利亞。另外，哥薩克的征服活動也讓西伯利亞的毛皮貿易轉趨蓬勃，毛皮業者、獵人和商人們也緊跟著哥薩克的腳步，前往西伯利亞發展。「自由的」哥薩克首先利用河川水路前進北極海沿岸與內陸，推進至托博爾斯克（Tobolsk，一五八七年）、托木斯克（Tomsk，一六〇四年）、葉尼塞斯克（Yeniseysk，一六一九年）、亞庫次克（Yakutsk，一六三二年）、伊爾庫次克（Irkutsk，一六五二年）等地建設主要城市，加快征服腳步。特別是東西伯利亞至遠東一帶的哥薩克遠征，除了謀求毛皮，還包括尋找金礦和開發廣大可耕地，屬於積極的「企業活動」。一六四三年，由亞庫次克軍政官派遣的瓦西里・波亞爾科夫（Vassili Danilovich Poyarkov）等人，是首次抵達阿穆爾河（Amur River，又稱黑龍江）的俄羅斯人。他們一行人於一六四五年自阿穆爾河河口進入鄂霍次克海（Sea of Okhotsk），向北航行至烏利亞河（Ulya River），後來被認為曾抵達過鄂霍特河（Okhota River）河口（今鄂霍次克市）。一六四七年再派出謝苗・迭日涅夫（Semyon Ivanovich Dezhnev）一行人，翌年繞過楚科奇半島（Chukchi Peninsula），抵達阿納德爾河（Anadyr River）。一六四九年，葉羅費・哈巴羅夫（Yerofey Pavlovich Khabarov）自己出資遠征阿穆爾河，占領中國清朝的雅克薩據點，將其稱為「阿爾巴津」（Albazin），並從原住民手上奪取毛皮。這件事後來發展為俄羅斯和清朝的國境問題，成為引發俄清邊境衝突（一六八三～一六八九年，又稱雅克薩戰役）的重要起因。至此，自葉爾馬克遠征過後約七十年的時間，俄羅斯完全征服了西伯利亞。哥薩克所建設的村落，成為追求毛皮利益的人們移居西伯利亞的據點。

恰克圖貿易與伊爾庫次克商人

十七世紀末至十八世紀上半葉，哥薩克展開由堪察加半島（Kamchatka Peninsula）往千島群島（Kuril Islands，又稱庫里爾群島）的探險活動（請參照第一一二頁至第一一八頁），與此同時，中俄也在西伯利亞展開貿易。《尼布楚條約》（一六八九年）簽訂後，俄羅斯派遣貿易商隊（caravan）至北京，毛皮對清朝的出口收益全歸國庫。這份條約的簽訂，是清朝對進出阿穆爾河一帶的俄羅斯人發動防衛戰爭的結果。皇帝彼得一世〔Peter I，又稱彼得大帝，一六八二年～一七二五年在位〕期盼能「與中國自由貿易」，但官方與北京的貿易卻是朝貢貿易體系；而中俄邊界附近的庫倫（今烏蘭巴托），俄羅斯人、蒙古人與漢人等民間商人私下交易毛皮，供給過多導致毛皮價格暴跌，使得清朝認為沒有必要與俄羅斯進行貿易，遂於一七二二年停止商隊入境。然而，在康熙皇帝逝世（一七二二年）與彼得一世逝世（一七二五年）後，以新皇帝登基為契機，兩國重新交涉，簽訂了《布連斯奇條約》（一七二七年）及《恰克圖條約》（一七二八年）。條約中訂定了俄羅斯期

圖 2-2　恰克圖全景（十九世紀照片）
此時定居恰克圖的商人聚落已經形成。

望的北京貿易，並在邊界的恰克圖開設交易據點，展開「免稅與實物交易（barter）」的民間自由貿易。

俄羅斯政府之所以強烈期盼再次與北京貿易，是由於十七世紀中葉以降對歐洲的毛皮出口量減少，而清朝成為巨大的毛皮消費市場。黑貂皮於明朝萬曆（一五七二～一六二〇年在位）年間開始流行，進入清代後更普及至一般民眾階層。在清代除了黑貂之外，也會視用途而購買狐狸、松鼠、河狸等西伯利亞產的毛皮。因此，北京貿易被認為是「俄羅斯為了向清朝出口毛皮的貿易」，初期還禁止俄羅斯人在恰克圖將毛皮賣給中國人，但北京貿易再次開始後不久便轉趨衰退。這是因為在恰克圖從事買賣的民間商人走私毛皮，而壓縮了北京貿易。有一種說法是，一七三九年包含走私在內的民間交易量高達北京貿易的三倍以上，於是一七五四年招募北京貿易參加者時，前來報名的商人數量不足，北京貿易已實質消滅。翌年（一七五五年）俄羅斯官方公布新的關稅規定，向參與恰克圖貿易的商人徵收關稅，一七六二年也全面開放毛皮出口。這讓過去從恰克圖出口毛織品至清朝的俄羅斯商人可藉由向政府繳交關稅，公開從事毛皮出口。

清政府方面，因為①俄羅斯方面課徵關稅，與②越境逃亡者的移交問題，屢次中止恰克圖貿易；儘管如此，俄羅斯的毛皮出口值依舊順利成長。恰克圖貿易也促進了成為毛皮商品集散地的貿易腹地——伊爾庫次克的急速成長。十八世紀的恰克圖是貿易用的小型集市，無人定居，只是男性商人與商品的短期停留地點，要到十九世紀之後，恰克圖才成長為聚落。因此，從事恰克圖交易的商人們會聚集在連結安加拉河（Angara River）、貝加爾湖（Lake Baikal）水運的伊爾庫次克。

包含莫斯科商人在內，從事恰克圖貿易的商人來自歐洲的俄羅斯、西西伯利亞、東西伯利亞等俄羅斯帝國各地。但是，十七世紀末到十八世紀間為了謀求毛皮而移居西伯利亞、順流至伊爾庫次克的人們存在著共通之處。根據彼得一世時代開始的全國人口調查顯示，伊爾庫次克的居民大多來自阿爾漢格爾斯克（Arkhangelsk）、索里維切戈茨斯克（Solvychegodsk）、大烏斯秋格（Veliky Ustyrg）等北俄羅斯河川商業城市及其周邊。阿爾漢格爾斯克是在伊凡四世時代為了英國貿易的便利性而開設的港口，在注入該港口的北德維納河（Northern Dvina）沿岸，人們從事對英國（後來是荷蘭）貿易商品運輸；而阿爾漢格爾斯克的主要出口商品是毛皮。至於葉爾馬克的雇主、斯特羅加諾夫家族的事業則以索里維切戈茨斯克為起點，北俄羅斯居民與西伯利亞毛皮事業有著地域上的關聯性。這份聯繫在十七世紀末葉至十八世紀期間，孕育出北俄羅斯與伊爾庫次克居民的地緣關係。

十八世紀的伊爾庫次克商人大多是中小型商人，資金不若莫斯科商人充裕；恰克圖貿易的主角，就是來自歐洲俄羅斯地區資金雄厚的莫斯科等地商人。不過，進出太平洋、成為伊爾庫次克商人核心的毛皮業者，則是來自北俄羅斯的移民及其後代，他們在俄羅斯首間特許公司*——俄美公司（Russian-American Company）中占有重要地位。

2 啟蒙主義時代的太平洋探險

哥薩克的千島群島探險

在西班牙王室的資助下，麥哲倫（Ferdinand Magellan）船隊向西航行，於一五二〇年抵達太平洋。之後西班牙以菲律賓為據點，展開與美洲大陸墨西哥殖民地之間的加雷翁大帆船貿易。一五四三年，日本的種子島出現葡萄牙船隻，一六〇〇年荷蘭船隻首次造訪日本。不過，這些歐洲船隻主要是以印度洋及南海為中心，航行在日本列島或亞洲各國沿岸；他們礙於航海技術問題，還無法在太平洋上自由航行。特別是西班牙及荷蘭都將地理情報視為機密，直至十八世紀為止，多數太平洋區域對歐洲地理學界來說仍是一片空白。歐洲各國在地理上真正對太平洋有所發現，是在十八世紀啟蒙主義時代。不過在此之前，俄羅斯的哥薩克及毛皮業者早就從迥異於歐洲諸國的「北來」路徑，進出太平洋。

正如前述，哥薩克的探險事業並不僅限於陸地上的西伯利亞。他們在十七世紀中葉航向西伯利亞東北部的楚科奇半島，其中謝苗·迭日涅夫據稱是沿著東北亞海岸回航。但根據現存紀錄，聽聞當地有豐富毛皮物產的哥薩克軍隊首領弗拉基米爾·阿特拉索夫（Vladimir Vasilyevich Atlasov）派遣部下征服堪察加北部的科里亞克（Koryak）一事，要到一六九六年才會發生。堪察加半島探險行動之所以會推遲到十七世紀末，是由於楚科奇人、堪察加人、科里亞克人原住民激烈抵抗，使得俄羅斯人無法從楚科奇半島南下。阿特拉索夫也走別的路線前往堪察加半島探險，調查地理情報，並在當地遇見庫里爾人（庫里爾阿伊努），發現他們持有陶瓷器、棉織品、漆器等物品。庫里爾人雖然答不出這些商品是怎麼被運過來的，但他們向阿特拉索夫表示：每年都有來自海洋彼端的異國船隻，「從庫里爾人蒐集海豹和河狸的油脂」。因此推測，陶瓷器等物品可能是庫里爾人向日本船或是中國船交易而得。

繼續探險行動的阿特拉索夫，在堪察加半島西岸發現了一位堪察加人俘虜的日本漂流民「船

＊ Chartered company，獲得王室或政府當局頒發特別許可（特許狀），以貿易、探險和殖民為目的建立的公司，為現代公司的前身。英國與荷蘭東印度公司即屬此類。

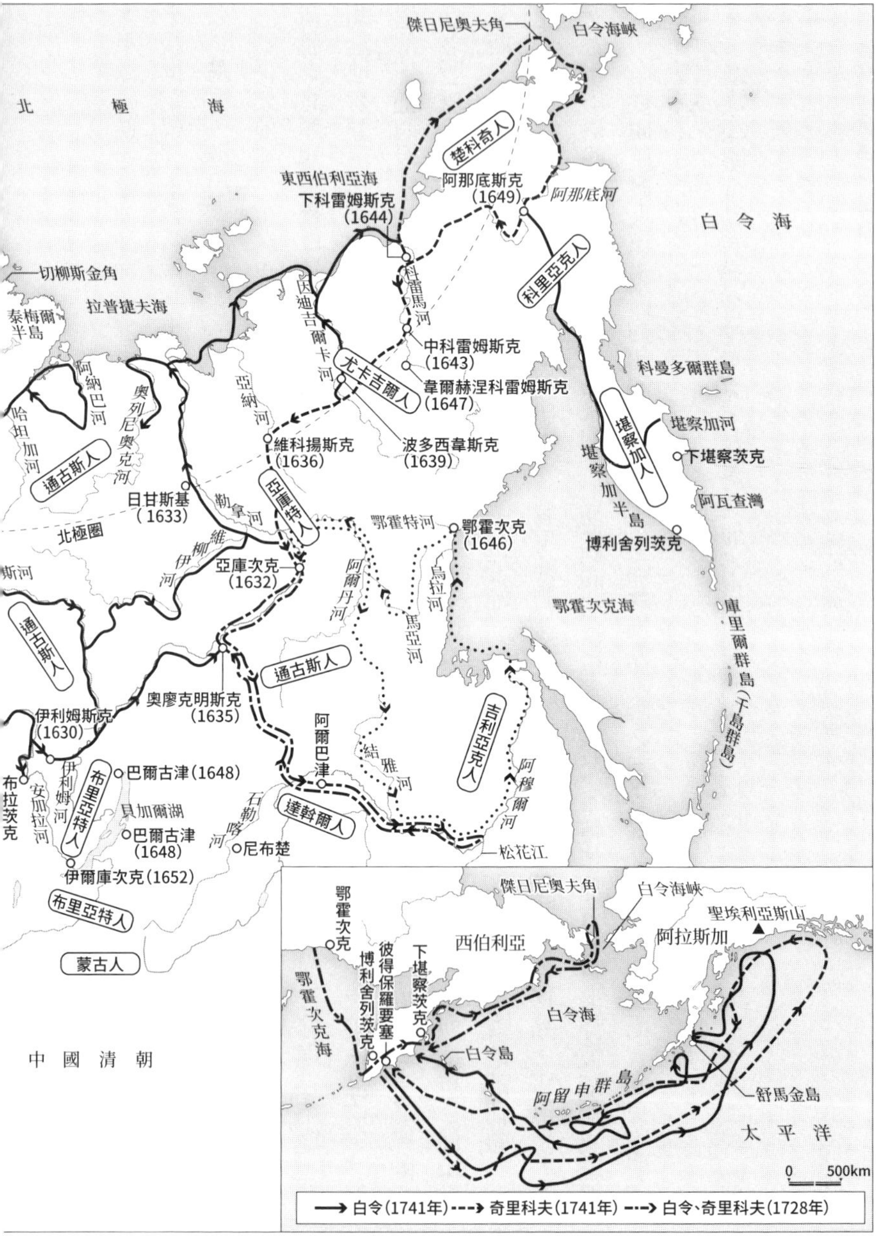
北極海
白令海峽
傑日尼奧夫角
楚科奇人
東西伯利亞海
阿那底斯克
(1649)
阿那底河
下科雷姆斯克
(1644)
白令海
切柳斯金角
拉普捷夫海
泰梅爾半島
科雷馬河
因迪吉爾卡河
科里亞克人
中科雷姆斯克
(1643)
韋爾赫涅科雷姆斯克
(1647)
科曼多爾群島
阿納巴河
奧列尼奧克河
尤卡吉爾人
亞納河
波多西韋斯克
(1639)
堪察加人
堪察加河
下堪察茨克
哈坦加河
通古斯人
維科揚斯克
(1636)
堪察加半島
日甘斯基
(1633)
亞庫特人
勒拿河
阿瓦查灣
北極圈
鄂霍特河
鄂霍次克
(1646)
博利舍列茨克
維柳伊河
亞庫次克
(1632)
斯河
阿爾丹河
烏拉河
鄂霍次克海
庫里爾群島
(千島群島)
馬亞河
通古斯人
奧廖克明斯克
(1635)
伊利姆斯克
(1630)
吉利亞克人
阿爾巴津
結雅河
阿穆爾河
布拉茨克
伊利姆河
布里亞特人
巴爾古津(1648)
安加拉河
貝加爾湖
巴爾古津
(1648)
石勒喀河
尼布楚
達斡爾人
松花江
伊爾庫次克(1652)
布里亞特人
蒙古人
中國清朝
傑日尼奧夫角
白令海峽
鄂霍次克
聖埃利亞斯山
西伯利亞
阿拉斯加
鄂霍次克海
彼得保羅要塞
博利舍列茨克
下堪察茨克
白令海
白令島
阿留申群島
舒馬金島
太平洋
0 500km
白令(1741年)
奇里科夫(1741年)
白令、奇里科夫(1728年)

0
1000km
瑞典
芬蘭
巴倫支海
新地島
喀拉海
白海
亞馬爾半島
大諾夫哥羅德
阿爾漢格爾斯克
(1584)
北德維納河
皮涅加河
伯朝拉河
薩莫耶德人
特維爾
莫斯科
羅斯托夫
蘇茲達爾
索里維切戈茨斯克
大烏斯秋格
別廖佐夫
(1593)
鄂畢河
塔茲河
曼卡則亞
(1601)
圖魯漢斯克
(1607)
烏拉山脈
沃古爾人
奧斯恰克人
巴什基爾人
歐夫斯基・哥羅多克
(1585)
維爾霍圖里耶
(1598)
蘇爾古特
(1594)
通古斯人
圖們
(1586)
托波爾斯克
(1587)
奧斯恰克人
葉尼塞斯克
(1619)
韃靼人
喀什里克
納魯姆
(1596)
克季河
托木斯克(1604)
克拉斯諾亞爾斯克
(1618)
韃靼人
額爾濟斯河
庫茲涅茨克
(1618)
吉爾吉斯人
哈薩克人
蒙古人
卡爾梅克人
吉爾吉斯人
波亞爾科夫探險路線(1643～46年)
迭日涅夫探險路線(1647～54年)
哈巴羅夫探險路線(1649年)
其他探險家的主要路線

俄羅斯征服西伯利亞與白令探險

兵衛」（記為Denbei）。傳兵衛是一位大坂*商人，他在一六九五（元祿八）年十一月由大坂前往江戶，途中碰上船難，漂流至堪察加半島。自海難生還的漂流民被原住民襲擊，船隻遭到破壞和掠奪，幸運生存下來的三名日本人被帶到堪察加人的部落。阿特拉索夫一行人到達時，還活著的漂流民只剩下傳兵衛一人。阿特拉索夫解放了傳兵衛，並與他一同生活了兩年多，一七〇一年年底將傳兵衛帶回莫斯科。當時無法判斷「長得很像希臘人」的傳兵衛是什麼人種，也聽不懂他所說的語言，阿特拉索夫在西伯利亞事務局詢問下，報告傳兵衛是「印度帝國的 Uzaka（與大坂 Osaka 的讀音相近）人」。其後在西伯利亞事務局仔細調查下，才得知傳兵衛是日本人。傳兵衛成為俄羅斯首位活生生的日本情報者。

一七〇二年一月，傳兵衛謁見彼得一世，說了有關日本的商業等事。當時彼得一世正推進殖產興業†等政策，著手推行俄羅斯的大改革，同時也由於與瑞典的北方戰爭，正拚命地設法調度戰爭經費。因此，彼得一世對於傳兵衛情報中的日本產金銀展現了強烈興趣。在十七世紀俄羅斯的統治階層中，透過來做生意的荷蘭商人口中得知的日本情報大多是模糊且不確定的。彼得一世在一六九七年至一六九八年加入前往歐洲的大使節團，造訪阿姆斯特丹（Amsterdam）之際，詢問了關於日荷貿易之事。傳兵衛的一番話，讓彼得一世思考和日本貿易的可能性，遂下令「教傳兵衛俄語，並派三至四位俄羅斯子弟跟傳兵衛學習日語讀寫」。此外他也派遣分隊前往堪察加半島，命令開始與日本交易。其敕令文字如下記載：

中國人與俄羅斯人貿易，從陛下所在的莫斯科派出攜帶商品的商人。為了比照與中國的交易，讓日本國與俄羅斯展開熱絡的貿易，並在新的交易中充實陛下的國庫，故從莫斯科內膳官中派遣了隊長。隊長必定要運用各種手段，並確認在日本國可獲得的紡織品種類，以及俄羅斯商品在這個國家的需求程度、何種商品的買賣最為熱絡、日本人是否希望與俄羅斯人交易等問題。

敕令中提及「與日本的交易」，連綿地留在十八世紀哥薩克和毛皮業者的記憶裡。從堪察加半島往下走就是日本，這項情報成為哥薩克前進千島群島（庫里爾群島）的根據。例如一七一一年，丹尼拉・安季費洛夫（Danila Yakovlevich Antsiferov）和伊凡・科濟列夫斯基（Ivan Petrovič Kozyrevskij）率領哥薩克在堪察加半島掀起叛亂，殺害三名包含阿特拉索夫在內的隊長，同時向亞庫次克請願，表示自身叛亂的動機是起於隊長的專制，並承諾為了贖罪，將會鎮壓堪察加的原住民，以及「訪問日本」。在這件事發生的前一年，他們從堪察加人手中救出日本漂流民早苗門（Sanima, Sanaemon），取得日本情報。他們以這項情報為基礎，從堪察加半島的洛帕特卡角（Cape

＊　過去日本的古文書使用「坂」字，直到明治時代才普遍寫為「大阪」。在此遵照日文原文，採用「坂」字。

†　日本明治維新時期三大政策之一，主要指推動工商業和交通建設的近代化以對抗西方國家的各措施。在此指彼得大帝引進西歐技術的「歐洲化」政策。

Lopatka）橫越海峽，抵達千島群島的第一島——占守島*，成為最早抵達千島群島的俄羅斯人。

一七一三年，沙皇再次發出敕令，下令探訪「海峽彼岸的諸島及日本國」，伊凡・科濟列夫斯基再次被任命為探險隊長。他帶著早苗門同行，航行至第二島——幌筵島†，透過庫里爾的阿伊努人得知了來自日本的交易商品，以及主要島嶼名稱等資訊。這項調查之後彙整為《北海道（matsmai）為止的全島地圖》報告，上交至亞庫次克當局。一七一九年，彼得一世親自下令探險調查堪察加半島以南地區，測量技師艾弗雷伊諾夫與路金探險至幌筵島。敕令中指示「不僅要仔細調查南北方向，還有東西兩側，以確認美洲與亞洲是否相連，並將所有調查結果記錄在地圖上」。

海軍士官馬丁・斯龐貝里（Martin Spangberg）的探險隊（一七三八～一七四三年）是下一節將提到的白令探險的計畫分隊，則是俄羅斯首次由北千島群島航行至南千島群島。斯龐貝里的船隊之後沿著日本太平洋沿岸南下，一七三九年六月（元文四年五月）在奧州仙台領牡鹿郡登陸，碰見日本居民。在這趟航行中，斯龐貝里探險隊未能調查除了千島群島以外的蝦夷地，也沒有測量日本沿岸，因而無法製成正確的地圖。儘管如此，探險隊開拓出經由千島群島抵達日本的路線，成為日後俄羅斯毛皮業者前往千島群島的重要開端。

白令探險與發現海獺的衝擊

俄羅斯人的太平洋探險與歐洲各國的地理大發現，是一體兩面的。雖然西班牙開拓了菲律賓航

圖 2-3　維圖斯・白令

線，但太平洋本身仍未詳細調查，因此十八世紀初的歐洲尚未握有日本與千島群島的地理情報。另外，在這個時期美洲大陸內部的地理資訊尚屬不明，找出從大西洋穿越大陸、通往太平洋的「西北航道」（Northwest Passage）是歐洲地理學界的重要問題。德意志哲學家哥特佛萊德・萊布尼茲（Gottfried Wilhelm Leibniz）在手記中列出俄羅斯急需探索的科學課題，其中之一就是「查明亞洲與美洲是連結在一起，還是有海峽分隔」。他請求認識的人告訴他那些在彼得一世命令下前往「冰之岬」（楚科奇半島）者的消息，並表示除了彼得一世之外，無人可以解決這個問題。萊布尼茲在一七一一年謁見彼得一世時，也提議設立俄羅斯的科學院等機構。

萊布尼茲的提議究竟影響了彼得一世多少，我們不得而知，但據說彼得一世曾向學者詢問關於遠東地理的意見。結果在一七二四年的敕令中，准許了俄羅斯的丹麥人海軍士官維圖斯・白令（Vitus Jonassen Bering，一六八一～一七四一年）的第一次探險（一七二五～一七三〇年）。白令接受彼得一世的親筆訓令，其中寫著以下事項：

* Shumshu，俄語音譯為舒姆舒島，地名源於阿伊努語「sum-us-i」，為「西邊的地方」之意。

† Paramushir，俄語音譯為帕拉穆希爾島，地名源於阿伊努語的「para-mosir」或「poro-mosir」，為「廣闊的島嶼」之意。

一　在堪察加或該地建造一或兩艘有甲板的船隻。

二　讓船隻沿著向北方延伸的陸地，張帆行進。如此一來，這個陸地最後大概就會成為美洲的一部分。

三　調查這塊陸地是在何處與美洲相連接，並前往歐洲人所在的聚落。在那邊若是碰上歐洲的船隻，就詢問附近的地名後記錄下來，並登陸取得更為詳盡的情報，描繪海圖後再踏上歸途。

白令探險隊的主要目標，是解答亞洲（歐亞大陸）與美洲究竟是分離還是連接。從訓令中就可以知道，當初的推測是亞洲與美洲相互連接。探險隊成員包括俄羅斯人海軍士官阿列克謝．奇里科夫（Aleksei Ilyich Chirikov），以及上一節文中提及的馬丁．斯龐貝里，總共有六十人。彼得一世雖然於一七二五年逝世，探險隊依舊在自該年算起的三年準備期後，於一七二八年七月從堪察加東岸的下堪察茨克（Nizhne-kamchatsk）出發。船隻沿著半島沿岸北上，沿途補給淡水，八月時繞過岬角，其後前進至今日白令海灣北緯六十五度二十分的地點，但仍未能確認亞洲與美洲是否相連。部下斯龐貝里主張向前航行到八月十六日就折返，奇里科夫則主張遵循訓令，一路航向北極海，以便真正確認亞洲與美洲大陸是分離的。最後白令採納了斯龐貝克的意見，於八月十五日前進至北緯六十七度十八分的地點，望見亞洲這邊的海岸向西彎曲，判斷「亞洲與美洲相互分離」後就改變航

圖 2-4　蓋歐格・史特勒的海獺圖

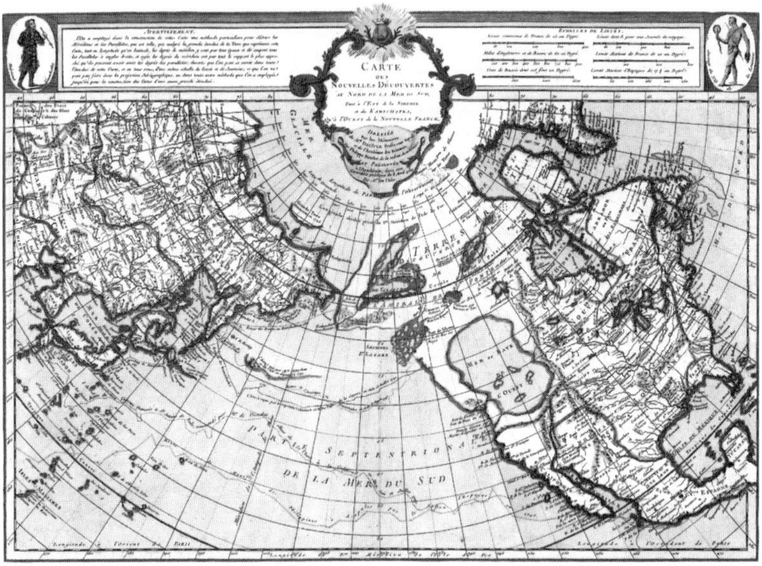

圖 2-5　以約瑟夫・尼古拉斯・德利爾（Joseph-Nicolas Delisle）的情報為基礎，菲利浦・布拉什（Philippe Buache）一七五二年發行的地圖
在北美大陸部分畫出了當時認為穿越大陸的「西北航道」。

行路線，記下堪察加半島東方海域，並在一七三〇年返回聖彼得堡（Saint Petersburg）。

然而，白令探險隊的第一次探險成果卻遭到科學院譴責。科學院方面認為，若未曾抵達奇里科夫所主張的亞洲大陸海岸西側、科雷馬河（Kolyma）注入北極海的河口，就無法證明亞洲與美洲相互分離。此外，白令返回聖彼得堡的那一年，為新沙皇安娜·伊凡諾芙娜（Anna Ioannovna）（一七三〇～一七四〇年在位）即位初年，正好是寵臣比隆（Biron）等波羅的海德意志人在俄國政壇拓展勢力的時期。

在萊布尼茲提議下，一七二五年創設的俄羅斯科學院以德意志研究者為主，規劃了規模龐大的學術探險，解答地理上的問題。這項計畫即是前往西伯利亞、美國、日本進行學術探險調查的「大北極探險」（Great Northern Expedition，一七三三～一七四三年），白令的第二次探險和斯龐貝克的探險也是其中一環。大北極探險的成員包括了德意志博物學家約翰·格梅林（Johann Friedrich Gmelin）及蓋歐格·史特勒（Georg Wilhelm Steller）、歷史學家格哈德·繆勒（Gerhard Friedrich Müller）及約翰·費雪（Johann Eberhard Fischer），以及年輕的俄羅斯研究者克拉諾寧尼可夫（Stepan Petrovich Krasheninnikov，後來撰寫《堪察加記》）在內。白令探險隊的成員中還有法國人及瑞典人，有豐富的國際色彩。由此可見，包含白令探險隊在內的大北極探險行動，與歐洲學術研究的動向緊密聯繫在一起。

白令一行人從聖彼得堡出發後不久停留在亞庫次克等地，並在鄂霍次克港花費三年時間建造船隻，為探險進行準備。一七四〇年，探險隊從鄂霍次克港出發，在堪察加半島過冬，一七四一年六月自彼得巴甫洛夫斯克港（Petropaulovsky harbour）出航展開太平洋探險。七月抵達阿拉斯加，調查周邊後發現了阿留申群島（Aleutian Islands）等地。船隻接著向西行進，途中遭遇暴風雨，十一月漂流至科曼多爾群島（Commander Islands，現今白令島），白令因欠缺維他命C引發壞血病，在此逝世。

探險隊中有許多人與白令一樣死於壞血病，但博物學家史特勒在白令島過冬期間調查了島上的植物和海洋生物，為俄羅斯帶來龐大的自然生態情報。他還捕獲了巨大的海牛（sea cow），留下解剖素描等資料。此外對毛皮事業而言，更重要的是發現了「海獺」。進出堪察加半島的俄羅斯人將這種貌似河狸的動物稱為「堪察加河狸」，但史特勒認為海洋生物的海獺和陸地生物的河狸不同，而是水獺的一種。會出現這種誤解，是因為海獺是只棲息在環太平洋的海洋生物。

海獺的毛皮色澤濃厚，光滑有亮澤，一張毛皮就很大，正如一四七頁至一五一頁所述，非常受中國人歡迎。一七四三年，史特勒等白令探險隊生還的成員回國，讓俄羅斯人的毛皮業者知曉堪察加半島及周邊島嶼有大量可供應毛皮的野生動物。以哥薩克的葉米里揚．巴索夫（Emilian Basov）所策劃派出的狩獵船為開端，俄羅斯毛皮業者企劃了眾多毛皮事業，前往堪察加半島、阿留申群島及千島群島，進出北太平洋。在當地捕獲的毛皮會經由鄂霍次克運往伊爾庫次克，在一七六二年以後正式透過恰克圖貿易向清朝出口。

其後，長年在俄羅斯科學院工作的法國地理學家約瑟夫．德利爾，將白令探險隊的地理情報擅自帶至法國，一七五二年由弟子菲利浦．布拉什發行地圖，此舉引發俄羅斯方面不滿，法國地理學界則藉此取得了最新的北太平洋資訊。但在此後一段時間內，俄羅斯毛皮業者所掌握的北太平洋地理情報，都未洩露到歐洲。這些資訊被帶到歐洲的契機，則是下一節將要敘述的——詹姆士・庫克（Captain James Cook）的第三次太平洋探險。

理性與科學時代的太平洋探險

相對於十八世紀由俄羅斯率先推動的北太平洋探險，十八世紀下半葉主導南太平洋探險的則是英國與法國。若說十八世紀上半葉的歐洲地理學，是立基於地理學家埋首書齋的思索及航海探險船員的航海紀錄，那麼十八世紀下半葉的地理學，就是立基於國家和科學院資助的「科學探險」（scientific expedition）航海活動，以更實際的方式所取得的正確情報。另一方面，俄羅斯在十八世紀上半葉是以哥薩克為前鋒，由國家及科學院規劃北太平洋探險活動，而在一七四〇年代則有民間毛皮業者開始進出北太平洋地區。

十八世紀下半葉的歐洲之所以出現「科學探險」航海計畫，其中一個原因是一七六三年七年戰爭結束，英法兩國地理學界情報得以交流，加速了地理發現的腳步。而堪稱地理資訊資料庫的，是帶著地理學、天文學、博物學專家一同前往航海探險的海軍。英國與法國首先組織探險隊，探索他們深信存在於太平洋南端的夢幻「南方大陸」（Terra Australis）。

一七六四年，英國海軍派出艦隊繞行世界，由約翰・拜倫（John Byron）擔任指揮官。拜倫一行人航經福克蘭群島（Falkland Islands）、巴塔哥尼亞（Patagonia）、大溪地（Tahiti），於一七六六年返回英國，此次未能發現南方大陸。另一方面，法國國王路易十五（一七一五～一七七四年在位）也計畫了法國首次的大型科學探險隊，由外交大臣舒瓦瑟爾（César Gabriel de Choiseul）調度資金，布干維爾（Louis Antoine de Bougainville）組成探險隊（一七六三～一七六四年、一七六六～一七六九年）。第一次探險因占領福克蘭群島一事引起英國與西班牙抗議，以失敗告終；第二次探險則探訪了巴塔哥尼亞、大溪地及薩摩亞（Samoa）等地，透過日後出版的《世界環航記》（Voyage autour du monde，一七七一年）將玻里尼西亞人（Polynesian）的情報帶至歐洲。

布干維爾的情報，在以法國為中心的啟蒙思想家之間掀起了巨大的迴響。他在《世界環航記》中如此描述大溪地的居民：

> 簡直像是到了伊甸園。無論在哪裡，我們都受到溫暖的歡迎，那是一種安詳、甘甜又優美的喜悅。

雖然大溪地的人們只是單純地希望法國船隻盡快離開，而不與之爭執，但在布干維爾的眼中，他們是處在原始狀態的純樸人民。該書揭載了未受文明社會荼毒的「高貴的原始人」形象，深受感動的德尼．狄德羅（Denis Diderot）為此寫下《布干維爾航海記補遺》（*Supplément au voyage de Bougainville*，一七七二年）批判歐洲文明。他同樣批判了布干維爾，並提出如下主張：

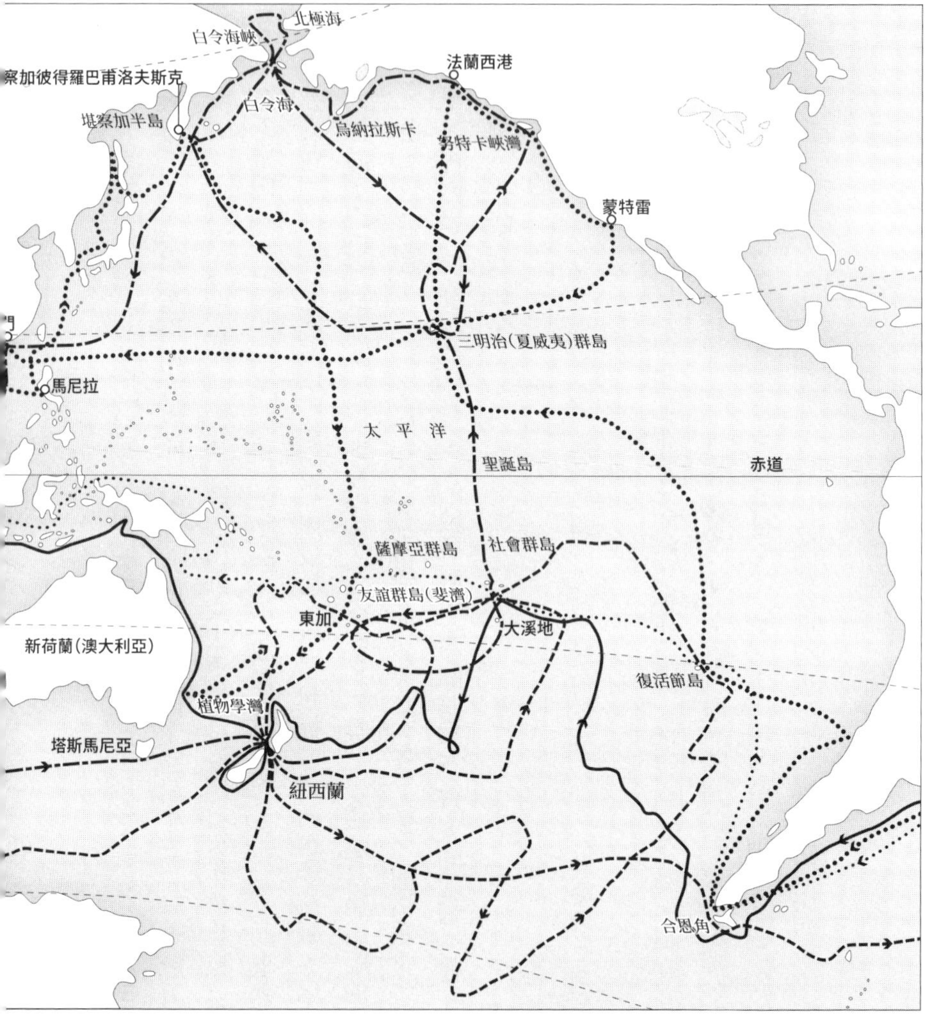
北極海
白令海峽
察加彼得羅巴甫洛夫斯克
法蘭西港
白令海
堪察加半島
烏納拉斯卡
努特卡峽灣
蒙特雷
三明治(夏威夷)群島
馬尼拉
太平洋
聖誕島
赤道
薩摩亞群島
社會群島
友誼群島(斐濟)
東加
大溪地
新荷蘭(澳大利亞)
復活節島
植物學灣
塔斯馬尼亞
紐西蘭
合恩角

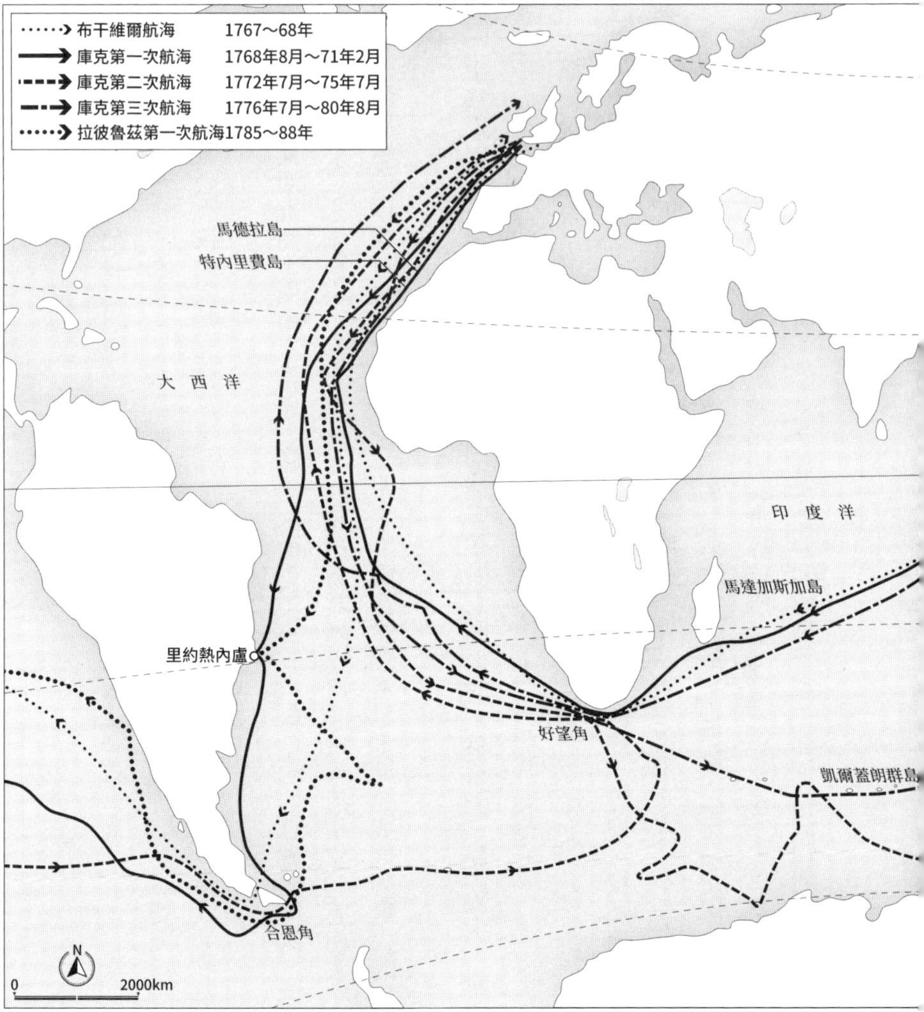

布干維爾、庫克、拉彼魯茲的探險航路

> 布干維爾的著作有許多地方，普遍將未開化的民族視為是極度愚鈍的；他認為人類智慧的結晶，以及偉大的自然現象，都未能對未開化的民族產生任何影響。……但未開化的民族從未考慮過那些事情，也就沒有所謂的感嘆。……啊！布干維爾先生啊，你還是讓你的船遠離那些天真又幸福的大溪地人居住的岸邊吧。因為他們原本就過得幸福，而你只會破壞他們的幸福。

如此的文明批判，與尚—雅克・盧梭（Jean-Jacques Rousseau）《社會契約論》（*Du contrat social ou Principes du droit politique*，一七六二年）的思想有共通之處，啟蒙思想家們將南太平洋原住民的生活視為一種原始的理想社會。儘管如此，布干維爾探險隊還是未能達成他們最大的目的——發現南方大陸。

十八世紀的太平洋探險活動中同樣引起廣大迴響的，是英國人詹姆士・庫克（一七二八～一七七九年）的探險。他在第一次（一七六八～一七七一年）和第二次（一七七二～一七七五年）探險中也調查了大溪地、紐西蘭、澳洲、新喀里多尼亞（New Caledonia）、復活節島（Easter Island）、南三明治群島（South Sandwich Islands，今夏威夷群島）等地，揭開南太平洋地理的面紗。這兩次探險活動的目的也是尋找南方大陸，庫克根據結果作出南方大陸不存在的結論。

德意志啟蒙思想家代表格奧爾格・福爾斯特（Johann Georg Adam Forster，一七五四～一七九四年）隨行了庫克的第二次探險，並出版《世界環航記》（*A Voyage Round the World*，一七七七年），介紹玻里尼西亞人的生活。他不僅是個有行動力的博物學家，其華美流利的文句也為人所讚賞。他在庫克探險活動結束後回到歐洲，在維爾紐斯（Vilnius）大學、美因茲（Mainz）大學圖書館工作，繼續研究人類學與民俗學。晚年懷抱著再次踏上浩大旅程的夢想，寫下「希望可以公平冷靜的觀察，並忠實記述觀察所見」，最後卻因捲入法國大革命的風暴，於巴黎死去。福爾斯特參加了促進地理學啟蒙的庫克航海探險，親眼目睹科學的進展，同時也懷疑人類是否將因「尚未被發現的土地」消失殆盡，而迎來經驗貧乏的時代。身為啟蒙思想家的福爾斯特不僅醉心於「忠實記述」，也重視文學的價值，他評價庫克之所以能帶給時人知識和啟蒙上的貢獻，是由於庫克未曾讀過法律學家巴貝拉克（Jean Barbeyrac）及歷史學家普芬多夫（Samuel von Pufendorf）的著作；不管從哪一種理論來看，庫克對未開化民族的觀察都是毫無扭曲的。

庫克那夾帶幽默筆觸、記錄下太平洋島嶼民俗風情的觀察力，在第三次探險（一七七六～一七八〇年）中也發揮得淋漓盡致。而這第三次的探險，也正是英國探險隊與俄羅斯毛皮業者首次接觸，交換彼此地理情報的一趟重要航行。

英國與俄羅斯在北太平洋的接觸

第三次探險在英國海軍大臣三明治伯爵（Earl of Sandwich）指示下策劃，目的是尋找前文曾提及的西北航道。大臣在訓令中嚴令，盡量不要刺激到西班牙，「也不要接觸西班牙在美洲大陸西部的任何土地」（關於西班牙與英國的紛爭，請參照第一四七頁至一五一頁）。此外也指示道：「在抵達新阿爾比恩（New Albion，美國太平洋西岸）海岸後，盡可能迅速進入適合補給柴薪、飲水和糧食的港口，接著沿岸航行至北緯六十五度為止；若無遇上陸地或浮冰的阻擋，則盡可能地再向前航行。在抵達北緯六十五度之前，盡量不要花太多時間在探索河川和海灣上，期望能夠在翌年六月抵達。抵達北緯六十五度之後，尋找具有足夠長度、應可通往哈德遜灣（Hudson Bay）或巴芬灣（Baffin Bay）的河川或海灣，進行探索」。庫克於一七七八年三月從三明治群島航往溫哥華島（Vancouver Island），於努特卡海峽（Nootka Sound）上岸，和原住民交換毛皮。

溫哥華島的原住民社會存在著一種餽贈競爭行為，名為「誇富宴」（potlatch）的交換儀式。在庫克一行人下錨的船隻周圍，原住民的划艇（Canoe）一湧而上，帶著同樣在堪察加半島上看見的「熊、狼、狐狸、鹿、浣熊、雪貂、毛腳燕，以及特別是海狸（即海獺）」的毛皮。這些原住民則換得了「刀、鑿刀、鐵和錫製品、釘子、鈕扣，或任何種類的金屬」。以最初與庫克一行人接觸的原住民集團為中心，雙方建立秩序，和平地進行交易活動。

庫克一行人進一步沿著美洲西北岸北上，在一七七八年五至六月間航行至阿拉斯加沿岸。庫克預測，俄羅斯人的交易範圍應該已經擴及阿拉斯加地區，但從接觸到的原住民身上卻看不出端倪。例如，關於基奈半島（Kenai Peninsula）西側被命名為庫克內灣（Cook Inlet）這塊土地上的原住民，庫克在日誌中如此描述：

我觀察到，他們以前是擁有鐵的。也就是說，他們擁有鐵製的槍和刀，也有銅製的槍。他們的槍類似於小型矛，可收納在刀鞘裡的刀則有相當的長度。只有上述物品以及少數的玻璃珠，是在他們之間唯一能發現、且並非他們自己製作的物品，有可能是從和俄羅斯人交易的某些鄰居手中獲得。我敢說，俄羅斯人還沒進入到他們的生活之中，也還未和他們進行商業交易。為何這麼說呢？倘若俄羅斯人已經進入他們的生活圈，和他們展開交易，那麼他們就不可能還將海狸（海獺）皮這種貴重物品穿在身上。

圖 2-6　庫克船長

庫克從原住民並未持有俄羅斯的產品，依然把海獺皮當作日常衣物穿著這點，判斷俄羅斯人應該還沒有將交易發展到這塊土地上；也因此「想必能從這片廣大海岸的居民身上取得報酬豐厚的貿易毛皮」。但庫克也補充，如果無法找出西北航道，依照此地與英國的距離之遠，毛皮利潤恐怕也難以期待。

在庫克抵達阿拉斯加的時間點，俄羅斯毛皮業者仍舊埋首於阿留申群島的毛皮

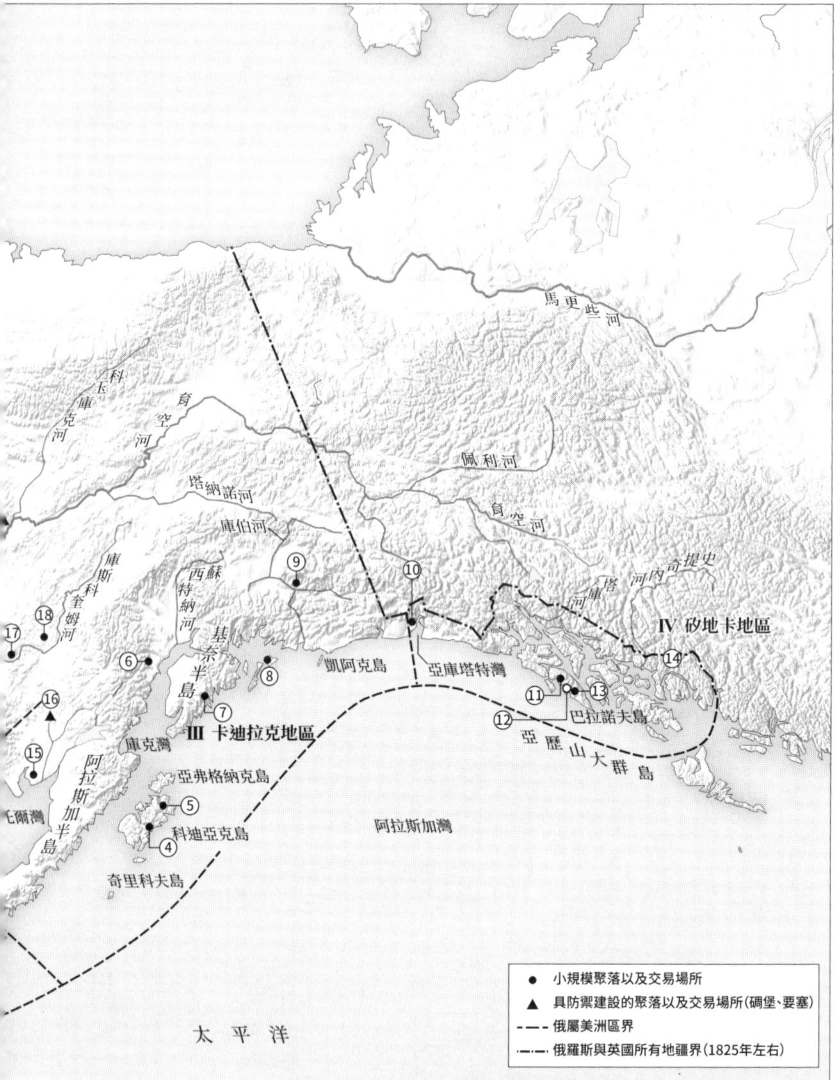

出處：Anderi Val' terovich Grinev, *The Tlingit Indians in Russian America, 1741-1867*, Translated by Richard L. Bland, Katrina G. Solovjoya, University of Nebraska Press, Lincoln/London, 2005.

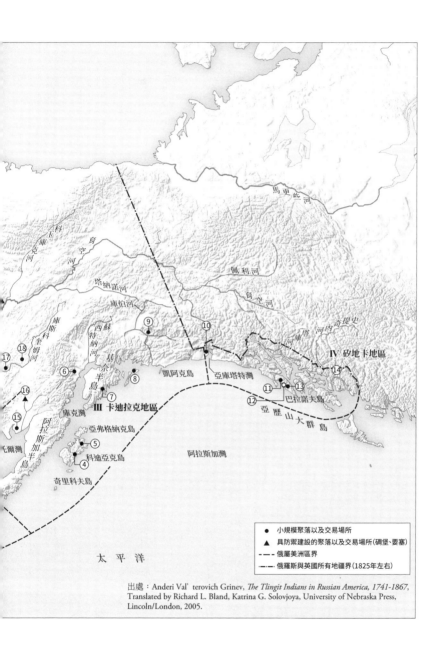

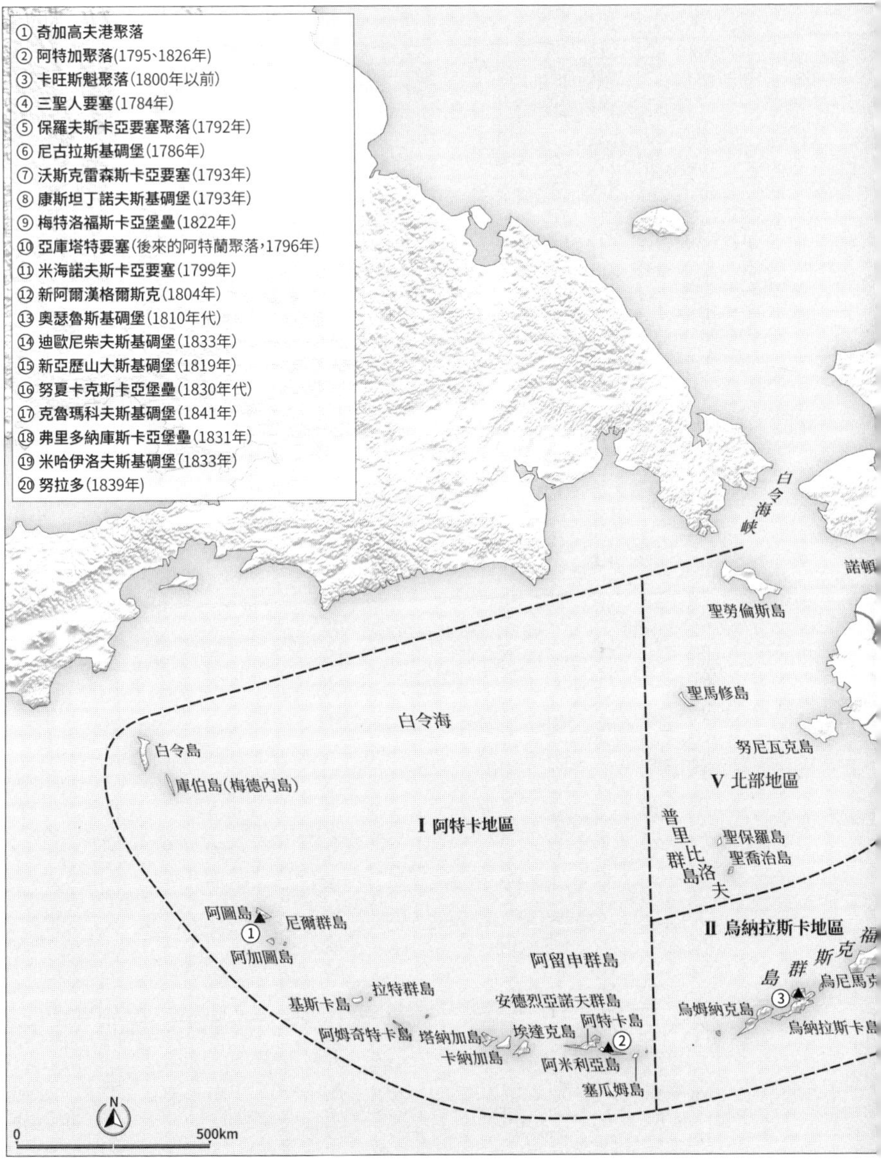
①奇加高夫港聚落
②阿特加聚落(1795、1826年)
③卡旺斯魁聚落(1800年以前)
④三聖人要塞(1784年)
⑤保羅夫斯卡亞要塞聚落(1792年)
⑥尼古拉斯基碉堡(1786年)
⑦沃斯克雷森斯卡亞要塞(1793年)
⑧康斯坦丁諾夫斯基碉堡(1793年)
⑨梅特洛福斯卡亞堡壘(1822年)
⑩亞庫塔特要塞(後來的阿特蘭聚落,1796年)
⑪米海諾夫斯卡亞要塞(1799年)
⑫新阿爾漢格爾斯克(1804年)
⑬奧瑟魯斯基碉堡(1810年代)
⑭迪歐尼柴夫斯基碉堡(1833年)
⑮新亞歷山大斯基碉堡(1819年)
⑯努夏卡克斯卡亞堡壘(1830年代)
⑰克魯瑪科夫斯基碉堡(1841年)
⑱弗里多納庫斯卡亞堡壘(1831年)
⑲米哈伊洛夫斯基碉堡(1833年)
⑳努拉多(1839年)
白令海峽
諾頓
聖勞倫斯島
聖馬修島
努尼瓦克島
白令海
白令島
庫伯島(梅德內島)
V 北部地區
I 阿特卡地區
普里比洛夫群島
聖保羅島
聖喬治島
阿圖島
尼爾群島
阿加圖島
II 烏納拉斯卡地區
福克斯群島
烏尼馬克
阿留申群島
基斯卡島
拉特群島
安德烈亞諾夫群島
烏姆納克島
阿姆奇特卡島
塔納加島
埃達克島
阿特卡島
烏納拉斯卡
卡納加島
阿米利亞島
塞瓜姆島
0
500km
N

俄屬北美的邊界(1825 年)以及主要聚落

事業，他們要到一七八〇年代才會往阿拉斯加發展。庫克一行人在一七七八年十月抵達阿留申群島東端的烏納拉斯卡島（Unalaska Island），在當地首次遇見了俄羅斯毛皮業者伊茲邁洛夫。他們互贈禮品彼此款待，拿出各自的地圖交換地理情報。庫克「得知他（伊茲邁洛夫）熟知此地地理和俄羅斯人的發現成果，能夠立即指出現代各個地圖上的錯誤」。

儘管如此，庫克也另外敘述如下：

不管是伊茲邁洛夫還是其他人，都完全不知道北方的美洲大陸，（俄羅斯海軍士官）辛多中尉和其他的俄羅斯人也明確表示最近未曾看過那樣的地方。辛多以稱呼他所說的大島同樣的名稱，也就是阿拉斯加來稱呼該地。這些印第安人和俄羅斯人都不知道現代地圖裡的地名斯塔奇坦．尼塔達，他們以為那是美洲的名稱。

在這個時候，包含伊茲邁洛夫在內的俄羅斯人幾乎沒有阿拉斯加以東的美洲大陸資訊，這也是他們第一次從英國人這裡聽到「阿拉斯加」之名。庫克和伊茲邁洛夫的邂逅，各自補充了英國人的美洲西北岸情報和俄羅斯人的北太平洋情報。庫克雖未能發現西北航道，但也在俄羅斯人尚未涉足的阿拉斯加看見可與原住民進行毛皮交易的一線希望。然而，庫克在回到夏威夷時遭到原住民殺害，沒有完成回到英國的心願。失去了庫克的探險船隊，由其他船員接下指揮工作，途中停靠廣東，於一七八〇年返抵英國。

庫克的地理情報反映在一七八一年奧格斯堡（Augsburg）出版的北太平洋地圖上，航海日誌則於一七八四年出版。他的情報提升了太平洋地理資訊量，讓更精確的地圖得以出版，也使船隻能更安全地航行在太平洋上。此外，庫克逝世後，回航的探險船《決心號》途中停靠廣東港口，英國人船員也在此時得知中國人對海獺有大量的需求。隨著取代黑貂皮而受到歡迎的海獺皮風潮，英國、美國等船隻湧向努特卡灣，展開新的毛皮貿易競爭。關於其中詳情，將於第四節敘述。

在以理性和科學為基礎的啟蒙主義思潮背景下，地理學從象牙塔內的學問，蛻變為專家學者實地參與航海探險、透過科學分析解答事實的學問。法國國王路易十六（一七七四～一七九二年在位）策劃的拉彼魯茲（Jean-François de Galaup, comte de Lapérouse）探險隊（一七八五～一七八八年），便是受到庫克的探險成果與地理學界論爭所刺激，冀望能夠進一步踏查阿拉斯加、堪察加半島，尋求與美國及中國貿易可能性的大型計畫。該計畫的科學探險和經濟意圖十分明確：拉彼魯茲一面從事嚴密測量，一面以啟蒙主義式的態度與當地原住民接觸，不加以占領，持續航海活動。不管是從老派的征服行為來看，還是從「善良的野蠻人」這種幻想來看，拉彼魯茲可說是一個全新類型的自由探險家。拉彼魯茲停靠在堪察加半島港口時，觀察俄羅斯人使喚堪察加人蒐集毛皮的模樣，指出「俄羅斯人如同西班牙人渴望金銀一般地渴望著毛皮」。但是，探險隊在一七八八年二月的聯絡後斷絕音訊，在堪察加半島下船的同行者讓－巴提斯特．雷瑟普斯（Jean-Baptiste Barthélemy de Lesseps）經西伯利亞回到法國，一七九〇年出版拉彼魯茲的航海日誌。法國科學界與海運界皆對探險隊的行蹤不明感嘆不已。然而，從約翰．拜倫到拉彼魯茲，這一連串太平洋探險活動以及關於未知土地資源的情報，都刺激了歐洲商人對亞洲貿易的欲求，也刺激了太平洋商船的增加。

3　追求自由貿易

舍利霍夫進出阿拉斯加

在俄羅斯前進太平洋與阿拉斯加開拓史上，有「俄羅斯的哥倫布」之稱的格里戈里・舍利霍夫（Grigory Ivanovich Shelekhov，一七四七～一七九五年）出生於靠近南俄羅斯的雷利斯克（Rylsk）商人世家。母親據說是貴族出身，舍利霍夫在家中接受商業交易必須熟知的歷史、地理、讀寫等教育，從小就開始幫忙父親的生意。他的出身地過去曾與鄂圖曼帝國進行交易，高度關注毛皮事業，因此也被認為與伊爾庫次克有所聯繫。

舍利霍夫於一七七二年移居至鄰近城市庫斯克（Kursk），但因普加喬夫之亂（Pugachev's Rebellion，一七七三年）而逃往西伯利亞，擔任為國家服務的商員。一七七五年凱薩琳二世（Catherine the Great，以俄文音譯則為葉卡捷琳娜二世）敕令策劃前往日本沿岸進行商業與狩獵的航海探險，舍利霍夫立即與亞庫次克商人雷貝謝夫—羅斯多奇肯（Pavel Lebedev-Lastochkin）結伴加入。推測舍利霍夫與當時的毛皮業者相同，心中亦懷有包含日本在內的太平洋貿易構想，但千島群島的事業發展的狀況並不理想，舍利霍夫在不久後撤出。同一時期，他成為伊爾庫次克省*的包稅商，與庫斯克大商人伊凡・戈利科夫（Ivan Larionovich Golikov）簽訂商業契約。舍利霍夫靈活運用戈利科夫豐富的資金，一七七七年開始派遣狩獵船前往阿留申群島。過去俄羅斯毛皮事業支付報酬

圖 2-7　格里戈里・舍利霍夫

的方式，都是從每次航海發行的股份中給予勞工半股，再按股份分配毛皮獲利；舍利霍夫引進勞工的固定薪資制度，航海的餐費由薪資中扣除。這種能減少損害並提升事業效率的改革取得成功，戈利科夫遂在一七八一年向舍利霍夫提議成為共同經營者，舍利霍夫—戈利科夫公司（Shelikhov-Golikov Company）因此成立。

舍利霍夫被同時代的俄羅斯商人評判為「如熊熊烈焰般的人物」，他親自搭乘狩獵船前往太平洋，積極投入毛皮事業。一七八三年八月，投身事業的他與妻子納塔莉亞・阿列克希芙娜・雪莉克荷娃（Natalia Alekseevna Shelikhova）一同前往鄂霍次克，翌年八月於阿拉斯加半島東部的科迪亞克島（Kodiak Island）登陸。據說當時島上的科尼亞克人†捨棄聚落逃亡，舍利霍夫一行人在後追趕，並向被捕獲的科尼亞克人要求人質。

* Guberniya，俄羅斯帝國的地方行政層級，由省長（gubernator）管理。

† Koniag，正確來說是指生活在科迪亞克島上的人。這群原住民屬於阿魯提克人（Alutiiq），是阿拉斯加南部沿岸的原住民一支。此段提到的科尼亞克人跟阿魯提克人可視為同一群人。

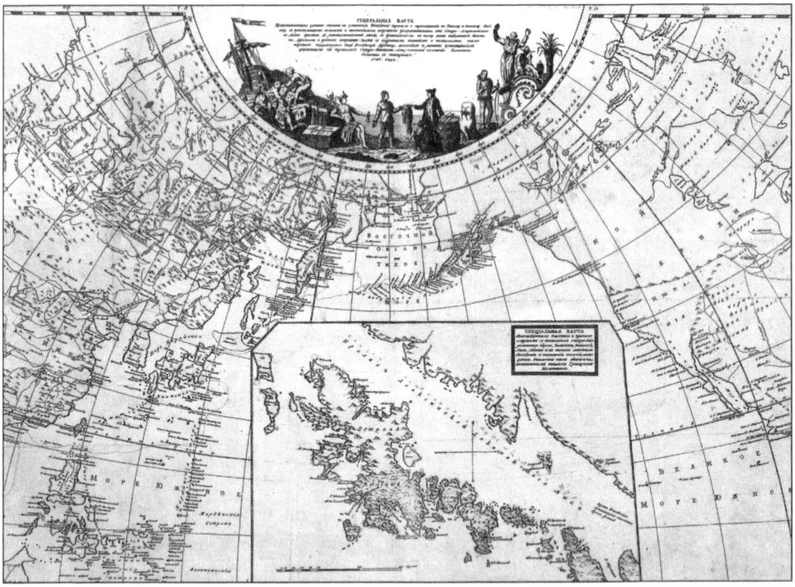

圖 2-8　舍利霍夫以阿拉斯加毛皮事業的地理發現情報為基礎，於一七八七年所製成的地圖

科尼亞克人拒絕答應，他們在前方四十公里遠的巨石上避難的五百名同伴便在舍利霍夫的砲擊下，盡數掉入海中溺斃。不能否認在這個時代，舍利霍夫對待當地原住民的態度非常暴力。* 鎮壓科尼亞克人的舍利霍夫，將二十名左右的科尼亞克孩童當作人質，驅使俄羅斯勞工和原住民獵捕海獺。確保人質的目的在於防止原住民襲擊，以便順利推展毛皮事業。在這段期間，舍利霍夫在科迪亞克島上建造俄羅斯人的居留地，將二十五名科尼亞克少年從他們「野蠻的父親」身邊帶走，建造學校，教授他們俄羅斯語的閱讀和書寫。舍利霍夫將原住民置於俄羅斯人的統治之下，強制他們勞動，但讓人感興趣的是，舍利霍夫

自身以殺戮原住民為傲，並認為教授科尼亞克人子弟俄羅斯語是正當作法。舍利霍夫一行人將阿魯提克人當中能靈巧操縱划艇且擅於捕捉海獺的漁師帶往阿留申群島，強迫他們即使面對俄羅斯勞工也要絕對服從。這是當時毛皮業者的普遍作法。此外，舍利霍夫還有亞庫次克商人雷貝傑夫．萊斯多奇金（Pavel Lebedev-Lastochkin）、伊爾庫次克商人等競爭對手，應該也是他貫徹這種苛刻手段的原因之一。

在科迪亞克島上嚴酷的生活期間，舍利霍夫的妻子納塔莉亞在當地生下女兒阿芙朵奇雅（後來的俄美公司股東之一），舍利霍夫將這位在美洲出生的女兒喚為「阿美莉堪卡」（美洲的女兒）。納塔莉亞是舍利霍夫可靠的商業夥伴，「不管到哪裡都跟著我一起去，總是願意吃苦耐勞」。由於過人的溝通能力，她也是一位扮演舍利霍夫和代理人、部下之間橋樑角色的「瑪托希卡」。†舍利霍夫在科迪亞克島上建立基礎據點後，便讓葉尼塞斯克商人薩默伊羅夫以當地負責人的身分留下，於一七八六年與家人一同返回鄂霍次克。

* 史稱阿瓦烏克大屠殺（Awa'uq Massacre）。該名稱源自前面提到的巨石，又稱避難石（Refuge Rock）。

† Matushka，母親之意。素來俄羅斯的國家象徵即為「俄羅斯母親」（Матушка Россия/ Matushka Rossiya）。

凱薩琳二世的對外政策

在舍利霍夫返國前不久，清政府於一七八五年停止恰克圖貿易。起因是俄羅斯方面拒絕向清朝引渡逃亡至俄羅斯的罪犯烏拉塞，導致中俄關係惡化。雖然俄羅斯主張烏拉塞已死於俄羅斯的監獄並葬於北方邊境，但此事卻讓因防範俄羅斯而神經緊繃的清朝態度轉趨強硬，導致恰克圖貿易中斷長達七年。

舍利霍夫在一七八六年返回鄂霍次克港，他與正巧停泊當地的英國東印度公司船隻進行糧食交易，並規劃日後的阿拉斯加殖民地糧食補給與毛皮貿易。翌年四月回到伊爾庫次克後，他遞交報告給省長雅可比（Yakobi Ivan Varfolomeyevich），包括科迪亞克島的紀錄、地圖，以及申請成立擁有獨占權的特許公司。舍利霍夫在報告書中主張：「我唯一的目的是進行探險和調查，並將這些地區納入女王陛下的光榮統治之下，若沒有敕令許可，我的事業將毫無意義，以不完整的形式告終。毋庸置疑，上述事項即為我的目的，我所期盼的不單是自己的利益，而是能為國家再次發現新的利益」。他在提案中希望獲得船舶前往廣東的派遣許可、將新成立的公司置於伊爾庫次克總督（namestnik）的指揮下，並向政府借款五十萬盧布。雅可比評價舍利霍夫的成功為「前所未聞」，附上語帶支持的意見，向凱薩琳二世送出請願書。

看過雅可比的意見後，凱薩琳二世命令商務大臣評估太平洋的經濟發展。一七八八年三月，商務部支持雅可比的意見，提出正面報告。不過舍利霍夫已經迫不及待地在同年前往聖彼得堡，私下拜訪寵臣普拉頓．朱保夫（Platon Alexandrovich Zubov）等宮廷權勢人士。他和戈利科夫一同再次向凱薩琳二世提出請願書，除了將向政府的借款降為二十萬盧布之外，其他幾乎都和原先的內容相同。然而，與權勢人士相反，凱薩琳二世拒絕了舍利霍夫等人的請願。

表面上，凱薩琳二世是因為科迪亞克島的屠殺事件而拒絕。舍利霍夫在請願書中誇大成果，報告「砍殺了四千人並捕捉千名俘虜」，還「征服了五萬名居民」。以當時島上人口推算，這明顯太過浮誇，而凱薩琳二世也不滿舍利霍夫的屠殺行為。此外，像英國東印度公司一般的「特許公司」被認為早已過時，以及無法輕信商人的花言巧語，這些都是因素之一。

一般而言，凱薩琳二世被稱為「開明專制」（Enlightened despotism）君主，她本人也以此自豪。她在俄羅斯試圖創造一個相當於法國第三等級（Tiers état）的階層，也推動城市改革。但是在一七六一年，為了觀測金星凌日而造訪俄羅斯的法國天文學者讓－巴蒂斯特．沙佩．達奧特羅什（Jean-Baptiste Chappe d'Auteroche），在《西伯利亞旅行記》（*Voyage en Sibérie*，一七六八年）中批判俄羅斯專制政治之「毒」，凱薩琳二世則以匿名形式發表《解毒劑》（*Antidote, ou Examen du mauvais livre superbement imprimé intitulé*，一七七〇年），反駁沙佩對專制制度的批判。一七七三年，她與受邀至俄羅斯的啟蒙思想家狄德羅的對談中，對於批評專制的聲浪和國民主權的思想，也是猶如馬耳東風。換句話說，凱薩琳二世的啟蒙理念僅限於語言、自然科學等學術範疇，在政治上還是重視俄羅斯傳統和農奴制，立場保守；也因此在法國大革命爆發後，她立刻展現出反革命傾向。在凱薩琳二世的眼中，一面強調「為了祖國」，一面自豪地闡述屠殺原住民與征服事蹟的舍利霍夫，就跟那些貪污、浮誇濫報、反覆與官員發生衝突的西伯利亞商人一樣，都是無法信賴的人物。證據就是凱薩琳二世曾在一七八五年另行下令海軍士官約瑟夫·畢林斯（Joseph Billings）和嘉弗里爾·薩雷切夫（Gavril Sarychev）組織太平洋東北部探險隊，與日本展開通商；其後，她也命令俄羅斯海軍探索前往日本沿岸的路線（但這些嘗試都以失敗告終）。

以上是對凱薩琳二世拒絕舍利霍夫請願的普遍解釋，但實際上背後存在著更為嚴重的外交和財政問題。當時，凱薩琳二世正忙於向南方擴張的「希臘計畫」和對歐戰爭。由於必須調度俄土戰爭（一七八七～一七九一年）和俄瑞戰爭（一七八八～一七九〇年）的經費，因此已無餘裕向北太平洋毛皮事業提供資金或軍隊。女王在回答舍利霍夫請願書的內容中如下明言：「皇室的費用現正撥給往南方發展的事業上，因此野蠻的美洲北方民族以及與他們的交易，就盡數交付命運，不予交涉」。

第二項理由，則是對英外交關係。英國自一七三〇年代起就超越荷蘭，成為俄羅斯重要的貿易國，英俄貿易在第二次英俄通商條約（一七六六年）後呈現飛躍性成長。英國海軍是俄羅斯產生鐵、大麻（繩索材料）、木材等造船建材的主要顧客，而英國也是俄羅斯其他初級產品最大的出口國。而在貿易收支上，俄羅斯方面呈現壓倒性的貿易出超，在十八世紀下半葉確立了由英國商人主導的聖彼得堡—倫敦貿易路線。另一方面，俄羅斯也收到了庫克航行於太平洋的美洲西北岸、英國船出沒在溫哥華島努特卡灣的情報。在請願書中，舍利霍夫表示雖然歐洲各國尚未前往美洲西北岸發展，但正如庫克的航海日誌所示，他們已經造訪了基奈半島及烏納拉斯卡島。相較於俄羅斯人的毛皮事業，凱薩琳二世更重視對英國的外交考量，因此最後只贈與金牌和劍，表揚舍利霍夫和戈利科夫。

在舍利霍夫的特許公司構想中，毛皮事業需要俄羅斯政府的監管、庇護和資金援助。在美洲太平洋沿岸，不只需要留意西班牙在美洲的領地，還得與英國船隻競爭，而法國也派遣了拉彼魯茲探險隊。由此可知，舍利霍夫請願的時間，正值太平洋沿岸毛皮事業正式邁入國際競爭的時期。

遣日使節團與殖民烏魯普島（Urup）

舍利霍夫在請願遭拒絕後，便與戈利科夫一同著手重整太平洋毛皮事業。雖然出口至阿爾漢格爾斯克及聖彼得堡的毛皮數量因恰克圖貿易中止而增加，但仍遠遠不及恰克圖的出口量。舉例來說，一七六八至一七八五年間的毛皮出口量，每年粗估約在三百四十萬張至七百一十萬張之間。但在恰克圖貿易中止期間，自聖彼得堡出口的毛皮，即使寬鬆估算也才五十四萬張（一七八六年）、一百三十萬張（一七八七年）、九十六萬張（一七八八年）。在恰克圖貿易中止時被流放至西伯利亞的人指出，有一群「在俄羅斯應該也穿著海獺皮」的人，為數不少的毛皮為了用來償還俄羅斯國庫的債務而出口至鄂圖曼帝國，甚至還流通到萊比錫（Leipzig）等地。但這只不過是片面之詞，並無史料足以佐證。無論如何，恰克圖貿易的中止，對毛皮業者可說是相當大的打擊。舍利霍夫在這個時期選擇與其他毛皮業者聯手，將舍利霍夫—戈利科夫公司依照經營地區進行分割、整理，推進在阿拉斯加的殖民事業。

就在舍利霍夫一面期望恰克圖貿易再開、一面推展其事業時，一七八九年二月，日本漂流民大黑屋光太夫一行人出現在伊爾庫次克。光太夫等人在一七八三（天明二）年從伊勢出發，碰上暴風浪而漂流至阿留申群島的阿姆奇特卡島（Amchitka）。他們在島上生活了四年，一七八七年與漂流至當地的毛皮商人吉卡留夫的狩獵船船員尼比奇摩夫等人合作，建造船隻離開島嶼。途中經過堪察加、鄂霍次克，為了尋找返回日本的方法而來到西伯利亞。實際上，光太夫等日本漂流民停留在下堪察茨克時，前文提及的法國人讓—巴提斯特・雷瑟普斯就見過光太夫。雷瑟普斯將光太夫描寫為「充滿強烈的好奇心，擁有敏銳的觀察力，會將身邊發生的事情正確記錄在日記上」，認為他是一位有教養、又會照顧同伴的人物，對他評價很高。推測光太夫等人抵達下堪察茨克一事，立即上報給伊爾庫次克省長雅可比，而被命令移送往伊爾庫次克。

在伊爾庫次克，有位芬蘭人科學院會員奇里爾・拉克斯曼（Kirill Gustavovich Laxman），他受到烏普薩拉大學（Uppsala University）的老師卡爾・通貝里〔Carl Peter Thunberg，博物學家，著有《日本植物誌》（*Flora Japonica*）〕的影響，對日本充滿嚮往。另外，伊爾庫次克在地商人也因為毛皮事業的關係，而對日本貿易抱持著興趣，好幾位有權勢的商人都成為過去遇見的日本漂流民監護人，或為他們取俄羅斯姓名。一七七八（安永七）年，雷貝謝夫—羅斯多奇肯出資的狩獵船領航員，同時也是伊爾庫次克商人的沙巴林訪問日本根室，向松前藩的官員申請交易，卻被拒絕。松前藩隱瞞了這件事，不久後被幕府得知，連同工藤平助《赤蝦夷風說考》（一七八一、一七八三年）的俄羅斯情報一同上呈，引起老中*田沼意次的注意，他下令於一七八五至一七八六（天明五～六）年間展開蝦夷地調查。田沼是幕府內部的重商主義者，有經營蝦夷地的構想。

懷著各自對日本的好奇心，奇里爾·拉克斯曼和伊爾庫次克商人向政府請願，希望將光太夫等人送還日本。另外，請願遭凱薩琳二世拒絕、卻仍謀求太平洋事業獨占權的舍利霍夫，也十分關注此事。俄羅斯政府雖然鼓勵光太夫等人歸化俄羅斯，但雅可比的繼任者皮魯（Pihl Ivan Alferevich）則支持舍利霍夫—戈利科夫公司的意見，在一七九〇年二月十三日的文書中向政府提議該公司的對日派遣使節計畫案。然而，政府並未答覆送還日本漂流民的請願。因此，一七九一年奇里爾·拉克斯曼偕同光太夫前往聖彼得堡，向握有權勢的宮廷侍衛長官亞歷山大·貝茲勃羅德郭（Alexander Andreyevich Bezborodko）提出回國請求。據說光太夫為了讓貝茲勃羅德郭願意幫助他，甚至還製作了日本地圖。如此在檯面下辛勤運作的結果，凱薩琳二世終於在同年九月同意派遣使節至日本，交涉與日本的通商事宜。不過，該使節並非代表俄羅斯政府的使節，而是伊爾庫次克省長皮魯的使節。之所以會變成如此奇妙的模式，是害怕刺激英國與荷蘭而受到阻撓，打算祕密進行的結果。

奇里爾·拉克斯曼的兒子亞當·拉克斯曼被任命為使節，船隻則由舍利霍夫出借。不同與奇里爾·拉克斯曼學術性質的關心，船上的同行者是舍利霍夫—戈利科夫公司的代表——維利卡烏斯楚

＊幕府時代的官職名稱。

克商人巴比科夫、托季馬（Totma）商人羅夫列佐夫的仲介人波爾諾摩席努伊等人，盡是些若交涉成功便可執行交易的人員。拉克斯曼使節團雖然成功將日本漂流民引渡回日本，但為了交涉，幕府要求他們回航長崎，約定了下次俄羅斯船隻的訪問後，回到俄羅斯。回國後的亞當・拉克斯曼雖然受到政府表揚，但幾乎沒有獲得迴響。凱薩琳二世的注意力已經轉向法國大革命後的對歐外交。此外，恰克圖貿易也在一七九二年再次展開。

即便俄羅斯政府對於派至日本的使節態度如上，舍利霍夫和伊爾庫次克商人還是沒有放棄對日貿易。一七九四年，舍利霍夫在向當時在阿拉斯加的美洲總負責人亞歷山大・巴拉諾夫（Alexander Andreyevich Baranov，將於後文詳述）寄出有關烏魯普島殖民計畫的信：

> 我打算在烏魯普組織一個開墾團體。正如你所知，烏魯普島位於一七九二年使節前往的日本附近，我希望你向接受指示的組織成員負責人們下令，遇到日本人時，要向他們展現友誼和親切態度，讓他們不對我們產生任何懷疑。並希望能趁著那個時候，透過體毛茂密的庫里爾人（阿伊努人）問出關於靠近日本等地的千島群島上有哪些豐富的物資，以及居民的生計、職業等情報。

舍利霍夫決定以阿伊努人為中介，與日本展開間接交易，並在烏魯普島上建設俄羅斯人的據點，發展毛皮事業，因而派遣茨維茲多裘德夫領導的俄羅斯殖民團，但這個計畫卻因為舍利霍夫的猝死（一七九五年）而被遺忘。日本幕府在一七九九（寬政十一）年任命近藤重藏處理伊圖魯普島

(Iturup)問題，指示他進行勘查，甚至為了驅趕俄羅斯殖民團而禁止阿伊努人航向烏魯普島，斷絕交易活動，防止俄羅斯南進。

4 圍繞著毛皮貿易的國際競爭

毛皮公司群起林立及努特卡灣危機

一七八九年前後是美洲太平洋沿岸勢力分布變化的重要轉換期。在這不久前，溫哥華島努特卡灣有大量可獵捕海獺的消息，藉著庫克的情報傳至歐洲，英國民間商人便紛紛成立了庫克斯－里德商會、喬治王灣公司、孟加拉毛皮商會、美洲西北岸公司等等，自一七八五年起將美洲西北岸的毛皮出口至廣東。這些公司也跟那些向英國東印度公司支付特許金，在印度、廣東等地從事交易的港腳商人有聯繫。另外，獨立後的美國也派遣波士頓商船（將於後文敘述）加入毛皮業。

這個時期，在新西班牙總督區（The Viceroyalty of New Spain，西屬美洲領地）北部出入的外國船隻引起西班牙當局擔憂，一七七〇年代曾三度派遣布卡雷利（Antonio María de Bucareli y Ursúa）探險隊調查，範圍至威廉王子灣（Prince William Sound），之後暫停探險活動。但在一七八〇年代，俄羅斯人前進當地的情報傳到西班牙，在獲得拉彼魯茲探險隊的情報後，當局於一七八七年下令展開蒙特雷（Monterrey）以北的太平洋沿岸調查。司令官喬瑟・艾斯德班・馬提涅斯（José Esteban Martínez）的調查隊於翌年三月從聖布拉斯（San Blas）港出發，七月抵達科迪亞克島，證實當地有俄羅斯人正在建設據點。接著抵達烏拉納斯卡島（Unalaska Island）後，島上的俄羅斯人札伊科夫告知調查隊，俄羅斯計劃建造船隻前進阿努卡灣，趕走英國船隻（但這項計畫並未實現）。對此抱持警覺的馬提涅斯暫且返回聖布拉斯港，向總督報告俄羅斯人南下的情報。

總督曼努埃爾・弗洛雷斯（Manuel Antonio Flórez）意識到問題的緊急性，因此尚未等到西班牙本國許可，便下令馬提涅斯在努特卡灣建設基地。當馬提涅斯在一七八九年二月抵達努特卡灣時，他原本預期會在當地遇到俄羅斯船隻，沒想到竟然碰上了英國孟加拉毛皮商會的《伊菲革涅亞號》（*Iphigenia*）和美國的《哥倫比亞號》（*Columbia*）。馬提涅斯起初向英國船表現出友善態度，著手從事要塞建設工作。但不久後其他的西班牙軍艦到達，馬提涅斯便轉以武力扣押仍停泊當地的《伊菲革涅亞號》船長道格拉斯（William Douglas）。馬提涅斯以要求道格拉斯回到澳門為條件，釋放道格拉斯。後來其他孟加拉毛皮商會的船隻到達努特卡灣，船員全數遭馬提涅斯放逐，船隻遭沒收。

接著到來的英國東印度公司旗下商船《皇家公主號》（*Royal Princess*）亦遵從馬提涅斯的要求，離開努特卡灣。然而根據馬提涅斯的日誌，接下來抵達的美洲西北岸公司船隻《阿爾戈英雄號》（*Argonaut*）船長科涅特（James Colnett）卻抱著以下目的：

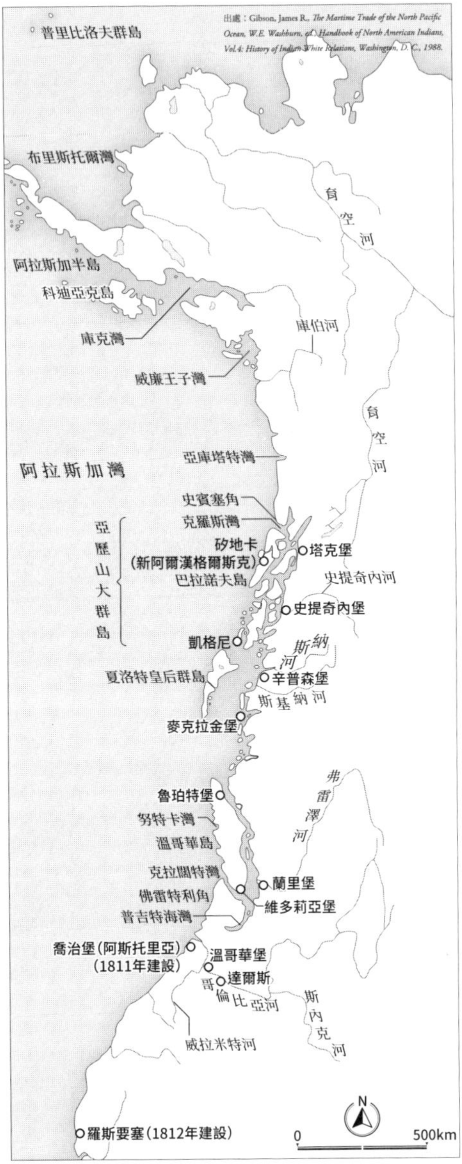

北太平洋沿岸地理與要塞

他（科涅特）在和我對話時說出自己船隻所屬的公司名稱，自述是為了建立搜集海獺毛皮的交易所，成為港口的統治者而航行至此。他還表示，他奉命在這個港口和其他沿岸港口阻止其他國家加入毛皮貿易；此外，他還帶著他的君主，也就是英國國王的命令，占領努特卡灣與沿岸地區做為要塞，建設必要設施。

雖然科涅特宣稱的英國國王命令在後來的調查中被否認，但當時馬提涅斯判定《阿爾戈英雄號》目的在於侵略，故拘留該船。不久後，《皇家公主號》再次前來努特卡灣，馬提涅斯派西班牙人士官押送，將兩艘船隻和船員遣送至聖布拉斯港。

其後，馬提涅斯繼續在努特卡灣設置據點，建設要塞，但是在七月底收到總督下令從努特卡灣撤退，馬提涅斯不得不摧毀要塞設施，離開努特卡灣。馬提涅斯和外國船隻的紛爭，在他離開努特卡灣不久後發展為重大問題。一七八九年十月，《伊菲革涅亞號》船長道格拉斯將此事告訴同公司船長彌爾斯（John Meares），彌爾斯在一七九〇年呈報英國本國。他以自己在一七八八年十月，用「一把手槍」向努特卡灣原住民購買土地為由，主張土地所有權。

雖然英國首相小威廉．皮特（William Pitt the Younger）為了出口工業製品，而期待與西班牙美洲領地貿易，但他仍決定對西班牙包含努特卡灣事件在內的強硬態度採取報復措施，在一七九〇年五月二日下令動員英國海軍；並在六日的議會演說中貶斥西班牙在太平洋上享有的獨占權利，表示西班牙阻止英國貿易之舉是不當行為。小威廉．皮特的這場演說，反映出當時正逐漸轉換至自由貿易路線的英國政策。另一方面，西班牙與法國、俄羅斯、澳洲、美國組成反英同盟，英國在十月向西班牙發出最後通牒，開戰的危機一觸即發，而且很有可能會發展成席捲全歐洲的戰爭。然而因為法國大革命的爆發，失去「波旁協定」（法國與西班牙王室波旁家族的合作關係）後盾的西班牙，只能屈服於英國的外交折衝。同年十月二十八日，英國與西班牙簽訂《第一次努特卡灣協定》，西班牙同意：①歸還奪自彌爾斯的土地和建築物、②賠償暴力與破壞行為造成的損失、③承認在未占領地區與原住民交易、④承認西班牙領地以北土地上的自由交易等。

其後，英國派遣喬治・溫哥華（George Vancouver），西班牙派遣伯迪加（Juan Francisco de la Bodega y Quadra）做為全權代表，前往當地展開最後交涉。喬治・溫哥華是經驗豐富的海軍士官，曾經參與庫克的第三次太平洋探險。在當地調查後，他也取得了彌爾斯的土地所有權根據薄弱、《阿爾戈英雄號》船長科涅特謊稱握有英國國王命令等對英國方面不利的證據。經過交涉，雙方在一七九三年、一七九四年簽訂了第二次及第三次努特卡灣協定，同意西班牙先將土地歸還給英國，兩國從努特卡灣撤退，並同意不再將努特卡灣占為專屬據點，而是自由貿易據點。

在此必須先瞭解努特卡灣問題發生的背景。自《托德西利亞斯條約》（*Treaty of Tordesillas*，一四九四年）後至十八世紀為止，相較於其他歐洲各國，西班牙維持了在美洲大陸的優先權，並限制外國船隻在西屬美洲領地貿易，採取排外性的經濟政策。而當俄羅斯、英國、法國、美國的船隻紛紛造訪美洲太平洋沿岸後，西班牙的「優先權」便已崩解。此外在當時的加勒比海（Caribbean Sea），相較於活躍於當地交易砂糖、糖蜜、咖啡等商品的英法兩國，西班牙明顯處於劣勢。表面看來是地區性紛爭的「努特卡灣危機」及其結果，卻透過條文明確表示，西班牙已不再擁有太平洋沿岸地區的經濟及領土優先權。努特卡灣協定不僅是為單一據點帶來毛皮貿易的自由，更是為包含整個南太平洋在內的「英國自由貿易帝國」揭開序幕。

英國在北美殖民地的毛皮交易及內陸探險

美國與英屬加拿大的毛皮事業，對俄羅斯的阿拉斯加進出及毛皮事業有著直接和間接的影響。在一七六三年的《巴黎條約》後，兩國也成為俄羅斯擴張北美領土的一項障礙。

北美殖民地開拓分為兩種型態，一是以南部的棉花、菸草等經濟作物為中心的農業殖民；一是與原住民展開毛皮交易，往內陸發展。在深入大陸內部的探險上，與原住民的毛皮交易發揮了一定成效。原住民會在運送毛皮的河川路線途中設置交易所，與歐洲開拓者交換商品。刺激美洲毛皮交易的是「河狸帽風潮」。河狸身上覆蓋著長毛和短毛，河狸帽是梳取短毛，經過處理後加工成毛氈狀，再製成的帽子。早在英國伊莉莎白一世（Elizabeth I，一五五八～一六〇三年在位）時便曾於仕紳階層中流行，時尚中心巴黎則使用從北美新法蘭西（New France）和英國殖民地運來的河狸毛製成河狸帽。然而據說由於《南特詔書》廢除（一六八五年），而巴黎的製帽工匠很多是胡格諾教派（法國的喀爾文派新教徒），因此他們逃亡至英國，製帽業的據點也轉移至倫敦。

一六七〇年在英國成立的哈德遜灣公司（Hudson's Bay Company），就是源自原住民運送毛皮的哈德遜灣交易所，是現存最古老的特許公司。另一方面，以聖羅倫斯河（Saint Lawrence River）為中心的新法蘭西，為了對抗英國在北美大陸殖民地的擴張，便自一六九七年起支援勒內—羅貝爾·卡弗利耶·拉薩勒（René-Robert Cavelier, Sieur de La Salle）的密西西比河（Mississippi River）探險，並建立路易斯安那殖民地（La Louisiane）。除此之外，毛皮商人路易斯—喬瑟夫·高提爾·拉維蘭卓立（Louis-Joseph Gaultier de La Vérendrye）也展開西部探險，於一七三七年抵達溫尼伯湖（Lake Winnipeg）。法國獵人在原住民的帶領下沿著河川深入大陸內部，取得河狸等動物毛皮。他們之中有許多人是與當地原住民通婚所生下的混血兒（Métis people），一面從原住民身上獲得動物棲息地和地理資訊等情報，一面往西部發展。

但自一七四〇年代起，東部的英國殖民地也出現了朝美洲內陸發展的風潮。此時麻薩諸塞州（Massachusetts）波士頓等地的製帽業成長，成為向英國本土輸出河狸帽的據點。一七四八年，維吉尼亞（Virginia）殖民地有力人士成立俄亥俄公司，此舉威脅到新法蘭西的利益。這段時期的紛爭在新法蘭西的法國與印地安同盟和英國殖民地之間引發了英法北美戰爭（French and Indian War，一七五四～一七六三年，又稱七年戰爭），實際上可說是英法兩國的北美大陸霸權爭奪戰。最後新法蘭西的聖羅倫斯河在一七六三年成為英國領地，路易斯安那則歸西班牙所有。這也意味著英國人跨足法裔居民為了毛皮貿易而開拓的地區。

英國在北美殖民地的毛皮事業最初是以哈德遜灣公司為中心。加拿大的歷史，幾乎可說是一部以哈德遜灣公司為中心的毛皮交易史。但在《巴黎條約》簽訂後的一七六八年，英國廢除了過去的特許制度，開放一般商人從事毛皮交易。而已經在蒙特婁（Montreal）發展的英裔毛皮業者與法裔為主的獵人（Nor'wester）合作，於一七八三年成立西北公司（North West Company）；西北公司旗下有許多與原住民關係密切的精幹獵人，因此直到一八二一年與哈德遜灣公司合併前，都是該公司強勁的對手。西北公司策劃了內陸探險（一七九二～一七九三年），隊長是一位被稱為「強大獵人」的蘇格蘭人亞歷山大・麥肯齊（Alexander Mackenzie）。他經由蒙特婁—阿薩巴斯卡湖（Lake Athabasca）這條交易路線，翻越洛磯山脈（Rocky Mountains），一七九三年首次抵達太平洋海岸。據說他以俄羅斯進出阿拉斯加的情報為基礎，企圖向俄羅斯市場及中國市場發展，而毛皮交易與中國貿易的構想正是探險的動機之一。後來麥肯齊出版的《北極海與太平洋探險記》（*Voyages from Montreal through the continent of North America to the frozen and Pacific oceans in 1789 and 1793*，一八〇一年），刺激了企圖奪回路易斯安那的拿破崙，也喚起了美國總統傑弗遜（Thomas Jefferson）的野心。

美國的毛皮交易與涉入中國貿易

一七八三年反抗英國的美國波士頓商人開始活用海運業，參與中國貿易。美國自英國殖民地時代起對茶葉的需求量就很高，會透過英國東印度公司購買稀有的中國商品。獨立戰爭後，美國不再受到英國東印度公司的特許束縛，終於可以自由推展海運業，卻缺乏與中國交易所需的商品與資金，亦無能夠保衛商船的海軍力量。另一方面，生於康乃狄克（Connecticut）的美國人、過去為英國海軍的約翰・萊德亞（John Ledyard，一七五一～一七八九年），他曾與庫克一同進行第三次太平洋探險，因獨立戰爭返美後出版了《庫克船長最後的航海日誌》（*The Last Voyage of Captain Cook*，一七八三年）。他介紹了美洲西北岸的毛皮資源，以及中國廣東對於海獺的需求，並認為英國應會認真看待毛皮交易，美國得先下手為強。基於約翰・萊德亞的情報，費城（Philadelphia）的大商人羅伯特．摩里斯採取行動，於一七八四年派出《中國皇后號》（*Empress of China*）前往廣東，但該船並未在西北沿岸進行毛皮交易。約翰．萊德亞的呼籲未能驅使其他美國商人行動，他在當時駐巴黎的湯馬斯．傑弗遜（後來成為第三任美國總統，一八〇一～一八〇九年在任）的幫助下，於一七八六年渡航俄羅斯，在西伯利亞與舍利霍夫會面。然而約翰．萊德亞的計畫因俄羅斯方面的警戒而無法取得同意，他也在當地意外死亡。

儘管如此，庫克出版的《太平洋航海記》（*Captain Cook's three voyages to the Pacific Ocean*，一七八四年）證實了約翰．萊德亞的情報，讓獨立後不久的美國企業家看見新的商機。特別是對製造業較弱的美國而言，能夠在美洲西北岸取得可在廣東交易的毛皮商品，是非常具有吸引力的一件事。恰巧在一七八七年五月，英國商船從廣東帶著巨額財富返回的情報傳來，波士頓商人實踐了他們的中國貿易計畫。一七八七年秋天，波士頓商人巴雷努等出資者派遣私掠船（privateer）《哥倫比亞號》及《淑女華盛頓號》（*Lady Washington*）前往廣東。*該船帶著麻薩諸塞州發行的通行證和西班牙駐美大使、法國領事、荷蘭領事等文書，由麻州當局與波士頓商人攜手合作，實現了派遣船隻的計畫。派遣期間，《哥倫比亞號》在停泊努特卡灣時遇見了西班牙軍司令官馬提涅斯。更有趣的是，由船長約翰．肯垂克（John Kendrick）指揮的《淑女華盛頓號》，在一七九一年登陸了日本紀州串本。這當然並非一次單純的「漂流」，而是他們除了與中國貿易之外，也將與日本的貿易納入考

* 私掠是指由國家頒發私掠許可證，授權個人攻擊或劫掠他國船隻。執行私掠的船隻通常被稱為私掠船或武裝民船。私掠船通常被用來破壞敵國的海上貿易線。對於海上力量弱小的國家來說，這是一種戰勝強大敵人的好辦法。

圖 2-10　梅里韋瑟・路易斯

圖 2-9　威廉・克拉克

圖 2-11　與印地安人交談的路易斯與克拉克

量。美國與日本交涉通商的開端並非起於捕鯨問題。

之後波士頓船隻不僅在努特卡灣，還在美洲的俄羅斯領地（阿拉斯加周邊）出沒，不久被造訪當地的英國商船所取代。期間這些船隻當然也會與俄羅斯的勢力發生衝突，但並未演變成紛爭，理由將於後文詳述。由於美國船隻大多是波士頓商船，因此波士頓以外的船隻也被概稱為波士頓船。一般而言，波士頓船的中國貿易路線是：波士頓→合恩角→美洲西北岸→三明治群島→廣東→印度洋→好望角→波士頓，在這條被稱呼為「黃金環」(Golden Round) 的環球航行路線一直持續到一八三〇年代。三明治群島做為休息地，讓從事嚴酷的阿拉斯加毛皮業船員稍事休息，也成為日後美國合併夏威夷（一八九八年）的歷史背景。

美國毛皮事業另一個重要的契機，是由傑弗遜總統策劃的梅里韋瑟·路易斯（Meriwether Lewis）和威廉·克拉克（William Clark）探險（一八〇四～一八〇六年）。梅里韋瑟·路易斯是一位軍人，因與印地安人的戰役而名聞遐邇，同時他也是眾所皆知的狩獵家及博物學家。傑弗遜就職總統後隨即任命梅里韋瑟·路易斯為祕書，據說探險計畫是兩人共同擬定。基於美國「昭昭天命」(Manifest Destiny) 的領土擴張，傑弗遜讓議會通過「將足跡擴展至北太平洋沿岸，與當地人交涉通商，謀求美國商人在當地活動的許可，並帶著耗費兩個夏季搜集的情報回國」的計畫，並將以下這項任務交給梅里韋瑟·路易斯和威廉·克拉克：「調查密蘇里河（Missouri River）及其主要支流的河道是否通往太平洋，用最短的距離橫越大陸，並找出可供交易通行的水陸聯運路線」。克拉克和路易斯為同鄉，也是曾在同一軍隊中並肩作戰的戰友。他們在這次的探險活動中辨明了經過地區的自然環境和地理狀況，越過洛磯山脈，抵達哥倫比亞河（Columbia River）入海口，建設要塞。這項成果刺激了接下來美國毛皮業者往西部的發展，支持著毛皮風潮直到一八一〇年代。

美洲大陸的毛皮事業就這樣在英屬加拿大與美國的發展下，逐漸從東部往西部及太平洋沿岸擴展。其發展與一七九〇年代以後俄羅斯在阿拉斯加的發展重疊，所造成的結果將於下一節詳述。

5 俄屬北美的經營

俄美公司的成立

前文已說明舍利霍夫期望成立特許公司，計畫卻遭凱薩琳二世駁回的緣由。諷刺的是，計畫實踐的契機卻因一七九五年舍利霍夫猝死而造訪。舍利霍夫—戈利科夫公司的財務實際上由舍利霍夫一手掌握，就連身為心腹的戈利科夫甥兒波勒沃伊（Polevoy）、舍利霍夫的妻子納塔莉亞及其親戚都不知道詳細內容；而戈利科夫雖是出資者，卻將公司的經營全部交給舍利霍夫和甥兒。加上想要獨占北太平洋毛皮事業的伊爾庫次克商人們也對舍利霍夫心懷不滿，因此公司內部開始了一場舍利霍夫死後的職務空缺和遺產繼承權的親族紛爭。

在這場紛爭中，遺孀納塔莉亞及其女婿，同時也是皇帝保羅一世（Paul I）的侍衛長尼古拉·

列扎諾夫（Nikolai Petrovich Rezanov，一七六四～一八〇七年，安娜・舍利霍維亞〔Anna Grigorevna Shelikhova〕之夫）努力在宮廷裡從中斡旋。失去舍利霍夫的舍利霍夫—戈利科夫公司，因伊爾庫次克商人尼古拉・穆依里尼可夫和戈利科夫抽回資金而面臨分裂危機，而股東們認為公司很難在資本分裂下繼續營運，因此在經營團隊的同意下，於一七九八年八月改組為「聯合美洲公司」（United American Company），訂定公司章程如下：

……美洲公司、伊爾庫次克商業公司的共同經營者們，有鑒於商業帶來的國家、社會及個人利益，預料在遙遠的未知海域、群島及俄羅斯帝國所有的美洲土地上，將因公司分裂而損害商業成功——在此，由雷利斯克名譽市民舍利霍夫與庫斯克名譽市民戈利科夫的努力之下而展開，擴大往美洲東北部、美洲北部、北方群島、阿留申群島、位於北太平洋俄羅斯帝國統治下的其他地域之航海活動，（共同經營者們）將盡力加以實踐。

在聯合美洲公司內部，伊爾庫次克商人身為股東，具有實質上的存在感，但遺孀納塔莉亞與尼古拉・列扎諾夫共謀增加股份，遂招來皇室成員、貴族等權貴人士前來擔任股東，覬覦公司的經營主導權。經由兩人的努力，「在皇帝陛下庇護之下的俄美公司」於一七九九年七月成立，獲得為期二十年的特許，成為特許公司。然而與聯合美洲公司的規章相同，裡頭並未明確記載其界線，亦未保證派遣俄羅斯軍隊至美洲西北岸。俄美公司屬於半官營半民營的特許公司，成立主旨為以民間商人為主體的毛皮事業（擔任船隻指揮官的俄羅斯海軍士官，便以海軍軍人的身分直接受俄美公司僱用）。

另一方面，一七九〇年成為美洲地區總負責人的亞歷山大・巴拉諾夫（一七四六～一八一八年），則在阿拉斯加推展俄羅斯人的殖民和毛皮事業。過程中亞庫次克商人萊斯多奇金、伊爾庫次克商人基謝廖夫等人撤出，俄屬北美的商業組織便統合在原先的戈利科夫—舍利霍夫公司之下。此後，在基奈半島發展的巴拉諾夫於一七九五年在亞庫塔特（Yakutat）建設要塞，也在矽地卡（Sitka）建設新阿爾漢格爾斯克（New Archangel），擴展據點。對巴拉托夫而言，當時惱人的是英國船和波士頓船。一七九九年，他寫信給公司表示：「英國人在那裡（夏洛特皇后群島，The Queen Charlotte Islands）發現了非常重要的海峽，這個地區與我們捕魚的羅塔島（Rita Island）、雅各比島（Yokobi Island）、雷加努伊惠群島地區連在一起。英國人與波士頓的共和主義者們（即美國人）每年有五至八艘船造訪這片海峽，除了捕魚外也交易數量龐大的毛皮，並運往廣東。」

進入十九世紀後，前來美洲西北岸的英國船數量減少，波士頓船取而代之，這是因為波士頓船給予原住民的交換物品更多，英國船無法與之競爭。例如英國人在一七九九年換取一張海狸皮所耗費的商品，甚至增加到「十袋火藥和子彈；若只有火藥可換，則是兩張海狸皮兌換三至四俄磅（fund，約一・二三至一・六四公斤）的藥包，或是一張海狸皮兌換兩塊帶狀鐵板或三普特（pood，約四九・一四公斤）重的鐵板」。此外，由於波士頓船以廉價換出槍枝和火藥給原住民，增加了原住民叛亂的風險，此舉也引起俄羅斯方面的警戒。從阿拉斯加向俄美公司總部提交的報告中可見，當地俄羅斯工作人員也屢次提及此問題，透露出擔憂。公司率領阿留申人划艇船隊在美洲西北沿岸航行時，實際上

圖 2-12　亞歷山大・巴拉諾夫

圖 2-13　俄屬北美首都，矽地卡島的新阿爾漢格爾斯克

也多次遭到原住民襲擊，獵捕海獺的事業因此受挫。但俄羅斯方面無法完全驅逐波士頓船，這是因為波士頓船能為不適合從事農業生產、易於陷入饑荒的俄屬北美供應物資。

英美俄貿易協定與美洲太平洋沿岸的分割

此外，俄美公司亦為輸送毛皮至恰克圖的運費問題傷透腦筋，特別是從鄂霍次克的陸路運費，比海運運費還要昂貴。尼古拉·列扎諾夫的遣日使節團（一八〇四～一八〇五年）在長崎調查後，確認了日本對於毛皮需求量低，也很難在此購買糧食，原先的計畫已不值得期待。使節團也在一八〇四年試驗性的進行廣東貿易，但因廣東體系*的限制，並未獲得太大利益，再加上還要負擔使節團的費用，使俄美公司一時之間陷入財政赤字危機。此時烏魯普殖民團的生還者帶著長年積累的毛皮返國，讓公司脫離危機。面對俄羅斯抗議將毛皮從阿拉斯加運往廣東一事，波士頓船表示「沒聽過合眾國政府下令禁止自由貿易這種事」，不願停止在俄屬北美的毛皮交易。

面對這種狀況，俄羅斯當局傾向俄屬北美繼續從事恰克圖貿易，同時也與波士頓船交易。契機是離開長崎的列扎諾夫在一八〇五年六月抵達新阿爾漢格爾斯克，他預測俄屬北美將發生饑荒，便向造訪該地的波士頓船《朱農號》船長烏魯夫購買船隻及物資，這項交易讓當地的俄羅斯人能夠度過一八〇五年底的冬天。在列扎諾夫的建議下，巴拉諾夫自一八〇五年至一八一七年間與三十八艘波士頓船交易，總額高達一百萬盧布以上，公司幾乎都是用當地獵獲的海獅、海狸等毛皮支付交易。這還只是官方交易的部分，波士頓船仍然繼續走私。由於擔心過度仰賴波士頓船的糧食，巴拉諾夫嘗試將公司毛皮委託給波士頓船販售，藉此加入廣東貿易。

一八〇六年，巴拉諾夫與美國商人歐肯締結了首次的委託契約，但因毛皮交易虧損，加上船隻在回程遇難，故告失敗。另一方面，駐費城的俄羅斯領事達西科夫則向巴拉諾夫推薦美國毛皮商人約翰・阿斯特（John Jacob Astor，一七六三～一八四八年），這位商人計畫開發哥倫比亞河口的阿斯托利亞（Astoria）。阿斯特是德裔移民，因美國毛皮事業而致富，以紐約為活動據點。他在一八〇九年指示他的代理人耶別茲前往新阿爾漢格爾斯克：

> 根據他（達西科夫）的說法和你的看法，我理解到將《冒險號》（*Enterprise*）所有貨物以有利價格賣給巴拉諾夫先生的可能性。因此我勸你盡可能地趕緊前往指示的聚落（新阿爾漢格爾斯克），抵達後將我的信件交給負責人，把所有的商品都推薦給他們。……商品售出後，轉往中國的廣東，在當地將要裝載的貨物運上船，並領取我所指示的信件。根據達西科夫先生所言，巴拉諾夫先生應該會熱情地款待你，不只會向我們購買商品，還會與你簽訂供給商品的長期契約……。

* Canton System，中國稱為一口通商。自一七五七（乾隆二十二）年至一八四二（道光二十二）年簽訂《南京條約》為止，外國商人只許在廣州通商。

阿斯特從內陸往太平洋沿岸發展，期待廣東貿易能成功。當時波士頓船的環球航行路線是經由合恩角。但後來阿斯特和俄美公司的契約失效，最大的原因是由於第二次英美戰爭（一八一二～一八一四年）的戰火幾乎延燒到哥倫比亞河口。阿斯特將阿斯托利亞賣給英國，從太平洋海岸撤退。另外從俄美公司的角度來看，委託阿斯特公司進行的廣東貿易，扣除仲介費和運費後的收益比恰克圖貿易還要少，因此不得不放棄以波士頓船為中介的廣東貿易。另一方面，巴拉諾夫為獵捕海獺而前往北加州，並在一八一一年建設羅斯要塞（Fort Ross）。雖然在這裡能夠進行農業殖民，糧食問題因此減輕，但仍未能完全解決。

巴拉諾夫因一八一五年與波士頓船發生紛爭，以及年屆高齡等理由，在一八一八年辭去美洲總負責人的職務，其後由軍人列昂蒂・蓋格邁斯特（Leontii Andreevich Gagemeister）以俄屬美洲總督的身分繼任。自此之後，俄美公司實際上便帶有國營公司的特質。一八二一年九月，沙皇亞歷山大一世（Alexander I，一八〇一～一八二五年在位）發出「東西伯利亞、美洲西北部、阿留申群島及其他沿岸地區的航海海域及其接觸原則」敕令，禁止俄羅斯以外的船隻在此海域中航行，也禁止外國船隻的交易。俄美公司的特許在敕令發布的九天後取得更新許可。這項敕令明顯是以波士頓船為對象，同時也意味著俄羅斯政府將正式介入俄屬北美的走私貿易。

俄羅斯方面禁止貿易活動的措施生效後，美國總統詹姆士・門羅（James Monroe）發表《門羅宣言》（*Monroe Doctrine*，一八二三年），宣布歐洲各國不應再將美洲大陸視為殖民目標，歐洲與美洲互不干涉。擁有加拿大的英國亦表贊同，俄羅斯遂被孤立。英美俄三國進行交涉，決定以北緯

圖 12-14　約翰・阿斯特

圖 12-15　阿斯托利亞要塞

五十五度為俄屬北美南方邊界，五十五度以南的地區屬於自由貿易圈。至於英美之間早在英美戰爭後就設立了奧勒岡（Oregon）自由貿易圈，因此兩國利害關係一致。經過交涉後，一八二四年的《美俄條約》承認了波士頓船在俄屬北美的漁業和貿易活動，期限為十年；一八二五年的《英俄條約》也承認了英國船的航行。

條約簽署後，俄羅斯在北美大陸擴張領土的可能性已然消失。另一方面，做為劃定疆界的回饋，俄羅斯獲得了物資補給的保證。英國、美國、俄羅斯在北美太平洋沿岸的領土瓜分競爭，在一八二五年的條約後暫時告一段落。

從普提雅廷使節團至阿拉斯加出售

最後，來看看俄美公司的結束和阿拉斯加的出售。一八二六年以後，俄屬北美的經營經歷了下列變化：美洲西北岸海獺資源的枯竭、烏魯普島海獺獵捕活動的復興（一八二六～一八四〇年左右）、阿拉斯加經營的衰退，以及美洲捕鯨業的成長。恰克圖的毛皮貿易也從一八三〇年代開始減少，中俄貿易大幅度轉為「俄羅斯出口工業製品以便向清朝進口茶葉」。對清朝來說，由於棉織品自俄羅斯及英國流入，當地對毛皮的需求便衰退。另一方面，俄美公司的毛皮事業據點也在一八三〇年代從阿拉斯加轉移到千島群島，海獺資源亦逐漸枯竭。美國將貿易主要商品從毛皮轉換為鯨魚油，透過採用蒸汽船等漁業新技術，捕鯨業呈現飛躍性的成長；相對地，俄羅斯則因執著於毛皮業，而延緩了加入捕鯨風潮的腳步。

若從海洋貿易的角度來看，一八三〇年代以後，隨著全世界對嗜好品茶葉的需求量提升，此時逐漸轉為棉織品等歐洲工業製品出口至亞洲市場的時代。廣東體系因鴉片戰爭後簽訂的《南京條約》（一八四二年）而廢止，廣東不再是中國對歐洲各國開放的唯一口岸。不過此時期的恰克圖貿易反而有所成長，俄美公司的貿易途徑並未出現太大變化。轉機則出現在馬修・培里（Matthew C. Perry）使節團被派往日本的一八五三年。*俄羅斯海軍在事前得知美國培里使節團的情報，在一八五二年五月的特別委員會藉外交部的「日本問題備忘錄」提案緊急派遣俄羅斯艦隊，最後派出了普提雅廷（Yevfimiy Vasilyevich Putyatin）使節團（一八五三～一八五五年），目的是與日本建立通商關係、劃定日俄兩國國界。俄美公司總部對於日本貿易抱持期待，給予使節團全面協助，從俄屬北美派出了載滿贈予日本禮物的船隻，包括一千八百六十二張毛皮等等，在小笠原的無人島與普提雅廷搭乘的《帕拉達號》（*Pallada*）會合。與使節同行的作家伊凡・岡察洛夫（Ivan Alexandrovich Goncharov）在《戰艦帕拉達號》（*Frigate "Pallada"*，日譯書名為《日本渡航記》）一書中，從俄羅斯的角度詳細記下與日本交涉的過程。

另一方面在遠東地區，一八四七年被拔擢為東西伯利亞總督的尼古拉・穆拉維約夫—阿穆爾斯基（Nikolay Nikolayevich Muravyov-Amursky）推行阿穆爾河沿岸調查並設置軍事據點，一八五

---

* 即黑船來航。海軍准將培里率艦隊駛入江戶灣浦賀，帶著美國總統的國書向江戶幕府致意，要求日本打開國門。此事件象徵了幕末時代的開啟。

〇年海軍士官根納季・涅韋爾斯科伊（Gennady Ivanovich Nevelskoy）設置了尼古拉耶夫斯克（Nikolayevsk）哨所。涅韋爾斯科伊更在一八五三年占領了庫頁島久春古丹的日本警衛站，並改為穆拉維約夫哨所。當時因培里使節團、普提雅廷使節團的來訪以及開國的要求，庫頁島的事件並未受到矚目，但此事件明確顯示出俄羅斯的遠東政策轉換為積極軍事擴張路線。一八五五年，川路聖謨與普提雅廷分別為兩國的全權代表，簽訂《日俄和親通好條約》（又稱《下田條約》），條約中決定以伊圖魯普島和烏魯普島之間做為日俄國界，涅韋爾斯科伊占領的薩哈林（Sakhalin，庫頁島的俄羅斯名稱）阿尼瓦灣（Aniva Bay）周邊劃為日本領土，以北則歸俄羅斯。《日俄和親通好條約》可說實現了俄羅斯的長年冀望，雙方於三年後署名換約。日本透過開國、劃定國界及簽訂通商條約，被納入歐洲各國所組成，以英、美、俄為首的自由貿易圈，創造出新的太平洋秩序。

至於後來的俄美公司，雖然沒有留下完整的公司收支報表，但今日仍可見到恰克圖貿易等零散資料。恰克圖貿易在一八五五年從實物交易轉為用金銀支付，並允許由海路自黑海的港口進口茶葉。即便如此，俄美公司仍以恰克圖為主要貿易據點。千島群島的海獺獵捕在一八四〇年代轉趨減少，毛皮交易在恰克圖貿易所占比例亦逐漸降低（一八四四年為三十五萬九千零七十一盧布、一八五一年為十九萬六千三百四十四盧布）。接下來因克里米亞戰爭（Crimean War，一八五三～一八五六年）爆發，英法艦隊攻擊俄羅斯船隻，導致太平洋海運變得困難，無法將烏魯普島的毛皮運送到新阿爾漢格爾斯克。不過，在戰後的一八五七年至一八五八年期間，毛皮與茶葉銷量上升，局面暫時維持。這個時期恰克圖貿易的業績看起來還算不錯，但若從長期角度來看，俄美公司的毛皮交易及茶葉交易所占比例皆呈現下滑趨勢。

俄美公司於一八五八年迎來創立六十週年，同時也需要第三次更新特許期限。然而即使營收優異，特許更新卻遭亞歷山大二世（Alexander II，一八五五～八一年在位）拒絕。對於正在擬定章程和準備向政府借款的俄美公司相關人員而言，這是出乎意料的結果。亞歷山大二世拒絕更新特許的主要原因，應與俄羅斯對遠東政策的重視，以及對美外交關係有關。

俄羅斯政府從前便曾透過外交方式，探詢美國是否有意收購阿拉斯加。俄美公司當中有擁護公司利益的海軍重要人士，至少到一八六六年為止，情勢變化都還是未知數。但就在同年十二月，在一場皇帝出席的祕密會議中，決定派遣愛德華．斯多克爾（Eduard de Stoeckl）前往美國交涉，並在一八六七年三月簽訂出售阿拉斯加的文件，俄美公司因此正式解散。但在日後阿拉斯加發現地下資源後，這項出售計畫被認為是俄羅斯的歷史性失誤。

如上所述，謀求毛皮的俄羅斯人進出北太平洋的風潮，是以十八世紀啟蒙主義為背景，與探索「未知土地」（Terra incognita）的英法科學探險活動碰撞，美國船隻亦加入其中，引發了經濟和領土問題。各國前進太平洋未知地域，與西班牙在美洲大陸的獨占權崩解相互關聯。此事也讓希望和十九世紀世界上最大的毛皮市場——中國清朝做生意的商人們更積極發展毛皮事業，更成為世界貿易轉向以茶葉與工業製品為主軸的契機。而同樣是未知地域的美洲大陸內部，其地理資訊也在與原住民毛皮貿易的過程中逐漸明朗，英屬加拿大及美國的探險隊在十八世紀末至十九世紀初葉抵達了太平洋沿岸。

這些被毛皮交易的魅力所吸引的人們以亞洲市場和太平洋地區為目標，他們追求毛皮資源，使環太平洋地區的國際關係產生變化，結果導致歐美各國在一八五三年要求日本開國，引發太平洋地域秩序的重整。毛皮交易，以及因其利益而匯聚的人們，在這個朝向啟蒙主義、工業革命及自由貿易的轉換期，扮演了重要的角色。

第三章　東南亞海盜與「華人世紀」

太田　淳

1　貿易時代及其崩壞

東南亞的十八世紀與海盜

這本書將十八世紀末至十九世紀初視為追求自由的年代並加以討論，然而為何要提到東南亞？相較之下，這段時期在東南亞的歷史至今仍未受到太大矚目。一九九〇年代中葉以前，史家高度稱譽十五至十七世紀東南亞繁榮的「貿易時代」（Age of Commerce），並將十八世紀視為分裂與衰退的開始，特別是島嶼區。十九世紀初東南亞開始殖民地化，初期引發戰爭等眾多混亂，後來確立的統治體制也被認為造成了當地的壓迫和貧困。換句話說，在過去相當長的時間內，東南亞史將十八世紀末到十九世紀初劃分為衰退與混亂的時代。然而到了一九九〇年代晚期，終於有人提出十八世紀後期至十九世紀前期是「華人世紀」*的觀點，這個時代的發展和動態（dynamics）開始受到矚目。

* 原文「華人の世紀」，並附註英文為 Chinese Century。然該英文詞彙亦指稱一九七八年中國改革開放後以至二十一世紀、國力迅速增長的時代，是為「中國崛起」。惟日文稱中國崛起為「中国の世紀」。

研究者們雖已討論該時期大量人群從中國移至東南亞，貿易所及範圍之遼闊，然而「華人世紀」究竟在東南亞史上有何意義，又與世界史的哪些變化有關，這類問題都尚未被充分探討和研究。華人帶來的商業活動發展，真的不過是後來被殖民地經濟併吞、曇花一現的繁榮而已嗎？它真的與同時代世界「追求自由的浪潮」毫無關聯嗎？本章將從這些角度，探討十八世紀末至十九世紀初的東南亞動態。

本章要處理的另一項課題，是在這個時代扮演重要角色的海盜。從十八世紀末至十九世紀初，許多殖民政府文件和歐美著作中都記錄了海盜在東南亞海域的跋扈行徑。乍看之下，海盜與經濟自由正好處在對立的端點上。若將海盜定義為在海上使用武力，無視商業規則強奪物品，逼迫對方遵從自己的要求，那麼海盜無疑是自由經濟與社會秩序的破壞者。然而不妨試著思考，海盜究竟是被「誰」稱呼為海盜？通常都是些握有某種政治權力的人，將不遵守自己制定秩序的對象稱為海盜。換言之，在某個時代之前仍屬於平常的活動，很可能在某個政治體制和秩序確立後，就被劃分成海盜的行為。因此，重要的不是基於掌權者的說法將海盜視為罪犯，以否定的態度描述他們；而是要將他們的角色重新放回地域社會的經濟、政治和歷史脈絡中思考。

筆者認為，若能如此重新思考海盜的本質，並與「追求自由的浪潮」和「華人世紀」相互連結，便可在世界史及東南亞史中找出這個時代的驅動力。在「華人世紀」活躍的團體不僅有華人，還包含馬來人（Malays）、武吉斯人（Bugis）等許多東南亞族群在內，他們團結一致，組成貿易網絡。但誠如後文所述，當這些團體與己方活動敵對時，荷蘭東印度公司與荷蘭殖民政府便將他們稱為海盜；而在需要他們幫助時，則會與這些被稱為海盜的對象攜手合作。考慮到「海盜」一詞所帶有的片面性和恣意性，本章的部分敘述會將這些以武裝方式追求商業利益的人們稱為「武裝海商集團」；其中雖正如荷蘭人所譴責的，包含了眾多東南亞人在內，但有趣的是，荷蘭東印度公司本身亦符合「武裝海商集團」的定義。如此一來，較為適當的理解應該是：在某個時代，無論是東南亞人或荷蘭東印度公司，皆會使用武力追求商業利益，但自某時期起，因地域秩序發生變化，部分東南亞人被冠上了海盜之名。那麼，究竟是從何時開始秩序如何發生變化，致使某些人被稱為海盜，被視為秩序的破壞者？當時人們追求的又是什麼（何種自由）呢？針對這些問題進行探討，應有助於理解東南亞地域秩序與世界潮流是如何連結，並不斷變化。此外，基於筆者專業研究範疇，本章所討論的主要是島嶼東南亞（Maritime Southeast Asia，又稱海洋東南亞），焦點放在馬來半島南部至印尼群島西部，還請讀者諒解。

貿易時代與東南亞貿易

始自十八世紀末至十九世紀初的殖民統治，無疑為島嶼東南亞的地域秩序帶來了重大變化。然而，這些變化是從稍早前不久發生的秩序轉變中浮現。因此本節將先討論十五世紀到十七世紀之間，島嶼東南亞建立了怎樣的地域秩序，以及這些秩序的崩解過程。

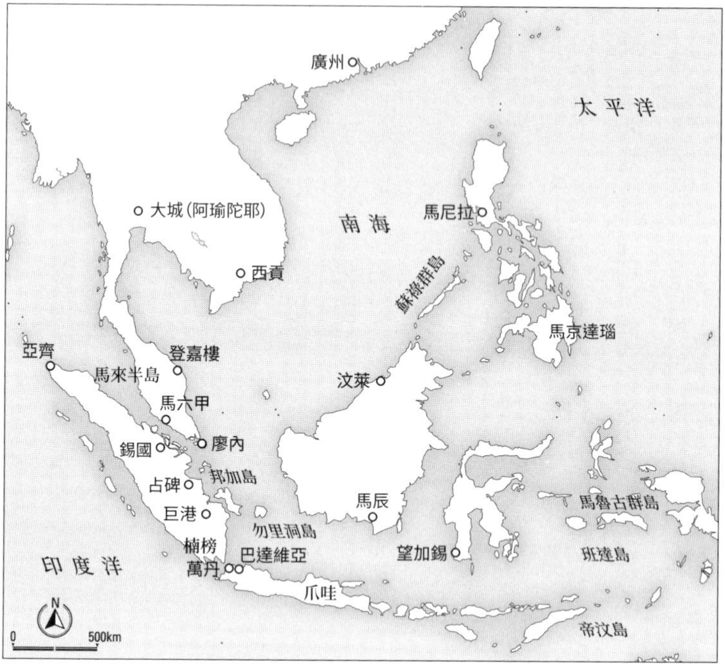

十八世紀的東南亞及其周邊

東南亞的十五世紀至十七世紀，更正確來說是一四五〇年至一六八〇年左右的期間，被澳洲歷史學者安東尼・瑞德（Anthony Reid）稱為「貿易時代」。瑞德在一九八八至九三年的著作《東南亞的貿易時代》(*Southeast Asia in the Age of Commerce, 1450-1680*) 中，論述東南亞自十五世紀中葉起出現貿易風潮，從而產生了貨幣的滲透、商業經濟發展、天主教和伊斯蘭教等世界宗教的傳入，以及強力集權國家的成立等等。貿易風潮在此時期興起的主要原因，瑞德舉出三點如下：(1)鄭和下西洋，促進了東南亞各國加入當時以中國皇帝為金字塔頂點的朝貢貿易體系、(2)來自波斯與印度西北部的伊斯蘭商人踴躍造訪東南亞、(3)日本及美洲產出的白銀大量流入東南亞。值得注意的是，這些主要是由亞洲商人及亞洲諸國所帶來的變化。瑞德所指出的這段時期，脫離了「大航海時代」及「地理大發現」等歐洲中心視角，東南亞、東亞及亞洲西南部展現出更為緊密的連結，並持續變化。歐洲人則受到亞洲的活力和商業利潤吸引，一步步加入貿易活動，甚至可說僅為附屬作用。

東南亞能吸引歐洲和亞洲各地商人前來，商業轉趨活潑的要因，在於該地區出產國際需求量高且珍貴的香料和木材。世界各地所需的肉豆蔻（nutmeg）、肉荳蔻皮（mace）、丁香（clove）三種高級香料，直至十九世紀為止，全世界僅有馬魯古群島（Maluku Islands）——歐美稱摩鹿加群島或香料群島——這些印尼東部的小島上才出產。同樣地，被視為高級木材的白檀木，主要產地是印尼東部的帝汶島（Timor）。其他商品相對上稀有度較低，但全世界產地亦相當有限的胡椒、龍腦、麝香等，皆是生產於東南亞，出口至世界。

此外，島嶼東南亞也是世界上唯一位於熱帶的群島，自古便扮演了重要的商業角色。這些島嶼是船員們的眾多醒目地標，也讓海域內的風浪平穩。茂密的叢林使得陸上交通極度困難，卻也提供了豐富的木材造船。這個地區的人們自古以來便擁有非常優秀的航海技術，居住範圍遍及大半個現代島嶼東南亞的南島語族（Austronesian）祖先曾航行到遙遠的太平洋群島一帶和馬達加斯加（Madagascar），便能證明。前文雖提到有許多亞洲各地及歐洲的商人來到東南亞的海域，但活躍於當地貿易活動的不僅是這些外來者。東南亞在地商人在這片群島布下貿易網，聚集產品後運送至外來商人造訪的主要港口，此為當地國際貿易發達的重要因素。

東南亞商人的貿易網絡，讓外來商人能有效率地進行交易，也為這個地區創造出別具特徵的國家。在東亞和西亞商人眼中，產自東南亞的珍貴高級香料和木材，是在遙遠地方才能採集到的產品。例如要從中國南方沿海或波斯港口前往馬魯古群島，商人們必須經歷橫越印尼群島的長途航行；但若有人將馬魯古群島的香料運送到馬來半島南部或是爪哇島北岸，那麼東亞和西亞商人的航程便能大幅縮短，而若他們也帶自己國家的商品到這些地方，雙方就能在當地交易。這種雙方帶來商品進行貿易的港口，稱為轉口港。轉口港自古以來就相當發達，進入貿易時代後以馬六甲蘇丹國（Kesultanan Melayu Melaka）為首，泰國的阿育陀耶王國、西爪哇的萬丹蘇丹國（Kasultanan Banten）等勢力接連崛起，這些國家提供了東南亞東部與西亞、東亞，甚至是從歐洲來訪的商人們進行交易的場所。這些透過貿易所得收入，以及將外來文化視為財富和政治力量來源的國家，稱為「港市國家」。

馬六甲蘇丹國與朝貢體系

在東南亞許多港市國家中，馬六甲蘇丹國開拓出「貿易時代」，是其他港市國家的楷模。馬六甲蘇丹國由王都位於南蘇門答臘的三佛齊（Srivijaya，舊稱室利佛逝）王子拜里米蘇拉

（Parameswara）於一四〇〇年左右建立。拜里米蘇拉在國內的鬥爭敗北後，與隨從們流浪各地，最後抵達了馬六甲。然而這塊土地無法從事大規模農業生產，弱小的新興國家馬六甲得承受周邊國家帶來的壓力，最初就連能否存續都不可知。在這樣的狀況下，出現了堪稱意外的僥倖——鄭和船隊受明朝永樂皇帝之令，前往印度洋。

永樂皇帝派遣鄭和下西洋目的究竟為何，雖存在著許多不同的觀點，但毋庸置疑的是，鄭和促使東南亞各國向明朝皇帝朝貢，將東南亞納入以明為金字塔頂端的國際秩序。明朝禁止與任何未經許可的對象進行貿易；只有宣示以明朝皇帝為尊的「其他」國家，才能獲得貿易許可。換句話說，明朝體系僅承認國家之間的貿易。所謂的「朝貢」，就是將自身特產做為貢品進獻給中國皇帝，當中隱含著擁戴皇帝為最高權力者的象徵意涵。周邊國家的統治者們願意建立這種涉及國家權威的關係，背後當然存在著相應的利益和回饋。

第一，是經濟上的利益。許多商人會與本國外交使節一同前往朝貢，他們被賦予交易中國商品的特權。礙於明朝的貿易管理體系，一般商人無法自由交易中國商品，因此將中國產品帶回國內販賣，將能賺取龐大的利潤。這也與現代各國領導者前往中國訪問時常伴隨著許多商業人士同行的現象相似。即使是在十五世紀，中國的市場規模和生產力皆遠勝於其他地區；將外交與商業結合，就能夠獲得經濟上的利益。

東南亞各國加入朝貢的第二項利益，是國際關係的安定化。在明朝的外交體系中，皇帝會「冊封」來朝的周邊各國統治者「國王」之位。*對周邊各國統治者而言，獲得冊封，也就意味著自己地位的背後有明朝皇帝權威的支持。除此之外，明朝皇帝禁止接受冊封國家的國王間彼此衝突，或建立從屬關係。明朝皇帝的最高權威，至少在理論上，是藉由周邊諸國的國王們平等地從屬其下而維持。這對弱小的國家而言，具有除去周邊強國威脅的益處。且在不久後，由於各國間禁止衝突，國家間的貿易趨於活絡，就連地域內的強國也能因加入朝貢體系而獲益。許多國家在短期內競相加入朝貢，反映出參加這項國際秩序所能獲得的利益，已廣泛受到各國認可。

馬六甲蘇丹國的貿易戰略

弱小的新興國家馬六甲很早便擁戴了明朝皇帝權威，藉此擺脫周邊國家的軍事威脅，並選擇利用國際貿易發展國力。馬六甲蘇丹國最為有利的條件便是地理位置。首先正如前述，馬六甲半島南部非常適合來自西亞、東亞及東南亞東部的商人聚集貿易的場所。在帆船時代，商人們得在轉口港等待交易對象乘船前來，交易結束後還需要等待合適的季風吹起，才能動身返國。商人們為了不被他人搶奪船上堆積的高價商品，需要統治者的保護。對地理條件優秀、治安狀況也良好的轉口港，商人們不會吝於支付稅金。因此馬六甲歷代蘇丹皆戮力維持治安，提高港口的吸引力，讓商人前來交易。由於這項政策，馬六甲即使在缺乏農業基礎的局面下，仍以轉口港做為國家的基礎而繁榮。馬六甲的歷史也讓人聯想到獨立後的新加坡，集中發展貿易和金融業而蓬勃發展。

馬六甲蘇丹國為了提升身為轉口港的吸引力，除了維持治安環境外，亦採取其他層面的戰略。其一是接受伊斯蘭教。早在十五世紀上半葉開始，馬六甲的君王就取了伊斯蘭風格的名字。統治者本身改信伊斯蘭教，建立清真寺，這些舉動更能吸引伊斯蘭商人停泊至轉口港。其二是積極任用外國人。馬六甲港口通常會任命四位港務長官（Shahbandar），原則上從中國人、波斯人、古吉拉特人（Gujarat）等特定的外國人團體中選出，並交付他們與各自國家商人交易相關的職責。選任熟悉特定集團文化和商業習慣的人士來處理貿易管理事務，有助於交易順利進行。現代的新加坡積極自海外招徠金融、貿易相關企業和專家的政策，也是類似作法。話雖如此，能夠選任外國人就任高階職位，在這一點上，當時的馬六甲蘇丹國更為先進。更重要的是，馬六甲蘇丹國在法律層面上也相當完備。馬六甲整理出一套被稱為「馬來法」的集合法規，其中許多皆與維護公正交易自由的規則相關。[†]由於「馬來法」不僅限於馬來人，而是適用於所有商人，這減低了交易的阻礙，使馬六甲聲名更加遠播。能以馬來語交流、適用「馬來法」的地區，漸漸成為外界人士對「馬來世界」的認知，而馬六甲蘇丹則象徵整個馬來世界的中心。

---

* 舉例來說，馬六甲蘇丹國的首任君王拜里米蘇拉便被冊封為「滿剌加國王」。除了中國冊封的國王名號外，另外在此說明，馬六甲蘇丹國的最高統治者原稱拉惹（Raja），中後期皈依伊斯蘭教以後改稱蘇丹（Sultan）。

† 此處指馬六甲蘇丹國時期編纂的兩部成文法典《馬六甲法典》（*Undang-undang Melaka*）及《馬六甲海事法典》（*Undang-undang Laut Melaka*）所形成的法律系統。

以上雖然都將焦點都放在馬六甲蘇丹國，但這個國家所採取的貿易戰略，隨即成為其他港市國家的典範。統治者紛紛致力維持港口和周邊海域治安，徵收港口使用稅或關稅做為收入；而統治者改信伊斯蘭教的例子也不少，即使未能擁有足以匹敵「馬來法」的中心性和影響力，但他們在制定貿易規則上費盡苦心。像馬六甲這種遠離農業生產的港市國家實為少數，但即使是在擁有糧食或出口產品腹地的國家，港市仍是國家的中心；而對外來財富與文化的吸納，也成為統治者權威的來源。

「貿易時代」的地域秩序

在此先整理一下「貿易時代」東南亞的地域秩序，特別是與貿易有關的部分。第一項特徵是，國家扮演著維持地域秩序的權威角色。構成所謂朝貢體系的國際秩序要素，主要是接受明朝皇帝及其權威的各國統治者，君王是地域秩序的主導者。*賦予「馬來法」權威的是馬來世界的中心馬六甲蘇丹國，蘇丹即為其象徵。許多國家統治者接受伊斯蘭教或佛教等外來宗教，化身為連結神聖世界與俗世的關鍵人物並賦予權威，亦是為了提昇君王和國家的重要性。東南亞國家更進一步編纂編年史和完善國家禮儀，又主張以自身為中心的小中華世界觀，再次構築與周邊國家的外交關係等等，致力於提高權威。正如前文所述，向明朝皇帝朝貢接受冊封，也能賦予君王權威。諸如此類的準備工作五花八門，琳瑯滿目，在這個時代地域秩序的建構上，「國家」具有無比的重要性，這項特點可說是通用於整個東南亞。

第二項特徵是，在東南亞地區，貿易基本是由一般人民進行，交易活動的自由亦受到保障。雖然也有由君王或王族派遣船隻參與貿易，但並未將民間商人排除在外。這在現代或許會被視為理所當然，但當時的中國、葡萄牙、西班牙、或荷蘭等歐洲國家皆對貿易設下嚴格限制，企圖透過國家或特許公司獨占貿易，東南亞採取的態度與這些國家形成對比。然而，由於歐洲人的到來及其影響力的擴大，讓東南亞原本的國際秩序受到動搖，這幾項特徵也逐漸出現變化。

荷蘭東印度公司的加入

歷史上最早為東南亞地區帶來巨大影響的歐洲國家，是航行至馬六甲的葡萄牙，其次是將其統治力伸入菲律賓的西班牙。但以更強勢的力量，促使廣大的島嶼東南亞既有貿易秩序發生變化的，則是荷蘭東印度公司。

為了振興與亞洲的貿易，一六〇二年成立的荷蘭東印度公司由國家頒發特許狀，承認其貿易獨占權、貨幣鑄造權、武力行使權、與他國締結條約等權利。即便擁有堪可比擬國家的巨大權限，亦不代表荷蘭東印度公司一開始便能藉由武力壓制亞洲諸國。確實，荷蘭東印度公司擁有大型火藥武器，但因為士兵和船舶運送困難，以及對地理環境知識的不足等原因，在面對當地國家的戰爭時

* main player。本章作者另外使用「參與者」（player）一詞指涉那些加入東南亞貿易網絡的各地商人，兩詞互相呼應。

圖 3-1　萬丹的市場（1597 年左右）

荷蘭繪製的銅版畫。在廣場的後方和前方，建有隔成攤位的小屋。敘述中提到，銷售人員除了孟加拉人和中國人等外國人之外，還有許多女性。

往往進退失據。荷蘭東印度公司自一六一九年起以巴達維亞（當時的查雅加達〔Jayakarta〕，現今的雅加達〔Jakarta〕）為亞洲活動的根據地，這塊土地是萬丹蘇丹國統治下的查雅加達王子企圖獨立，才割讓給荷蘭東印度公司。公司便像這樣，發揮比武力更為巧妙的外交手段，透過介入各國的爭端和內戰，讓影響力滲透島嶼東南亞。荷蘭東印度公司在內戰中提供特定有力人士軍事援助，或是支持在國內基礎較為薄弱的統治者，等到支援對象確實掌權後，便以此做為交涉條件要求特權。荷蘭東印度公司要求的特權中，最重要的是特產品的獨占貿易權。

有趣的是，在荷蘭東印度公司到來後，當地國家也開始出現統治者對生產和貿易加以管理與壟斷。就以西爪哇的萬丹蘇丹國為例，荷蘭人最早來到這個港口，是在成立東印度公司之前的一五九七年，當時葡萄牙人已開啟當地特產品的胡椒交易。萬丹的蘇丹一方面巧妙地讓荷蘭人與葡萄牙人，還有稍晚到來的英國人相互競爭，另一方面則將領土內的胡椒生產與銷售獨占管理，試圖從歐洲商人手中獲取最大利益。從這個例子可見，統治者認識到自國特產在歐洲的強大需求，為了將交易朝對本國有利的方向推進，才積極地推動由國家管理生產與銷售。另外，在十七世紀荷蘭影響力增強的南蘇門答臘巨港（Palembang，又稱巴鄰旁）則按照東印度公司的請求，由蘇丹獨占管理胡椒和錫的生產與銷售權利。就連前文提及的萬丹蘇丹國，亦由於荷蘭東印度公司介入王室內部糾紛，結果自一六八四年起蘇丹被賦予管理胡椒生產，並只能販售給東印度公司的義務。

由荷蘭東印度公司直接進行統治的狀況反而是例外；而在這樣的地區，則是由公司負責管理生產和流通。在馬魯古群島的班達島，公司強制要求居民必須負責栽種一定數量樹苗，並配合市場狀況栽種並採收肉豆蔻。在巴達維亞城郊外的腹地（Ommelanden），華人首領以華人勞工從事砂糖生產，荷蘭東印度公司亦按固定價格收購其作物。

就這樣，荷蘭東印度公司讓東南亞的貿易情勢出現了大幅度變化。馬六甲早在一五一一年就被葡萄牙所占領，其後替代馬六甲機能的萬丹、望加錫等強國也從十七世紀下半葉起納入荷蘭東印度公司統治，亞齊則因為國內的紛爭，已無餘力推展國際貿易。至於統治爪哇中部及部分東部的馬打藍蘇丹國（Mataram Sultanate），則自十八世紀上半葉起沿岸港市逐一遭到荷蘭東印度公司奪取，撤退貿易活動。如此一來，東南亞國家失去了國際貿易主導權，荷蘭東印度公司則將擁有香料、胡椒、錫等的主要產地國納入其勢力範圍。這些產品由公司的船隻，或公司所許可的商人船隻集中運送到巴達維亞，再從巴達維亞出口至歐洲及亞洲各地市場。自十七世紀末起，這成為島嶼東南亞的貿易基本型態。

這樣的貿易型態變化，究竟如何改變了東南亞的地域秩序？即使荷蘭東印度公司掌握了區內貿易的主導權，改變了物品的流動，但公司直接統治的地區，直到十七世紀末以前仍僅限於班達島和巴達維亞周邊等極少部分的土地。荷蘭東印度公司雖致力於取得貿易特權，但卻盡量避免領土統治，努力讓既有的王權繼續維持下去。因此，東南亞表面上仍維持著君王領導國家的統治結構，但由荷蘭人所支持的王權，卻在當地社會逐漸失去了正統性。此外，荷蘭東印度公司所建立的生產、流通及定價系統，除了專利商人之外，並不利於生產者和眾多商人。在國家權威及其對貿易影響力的顯著衰退下，「貿易時代」也跟著落幕。而國家衰退的局面，正如下文即將敘述的一般，成為下一個階段不同地域秩序誕生的主要原因。

2 中國市場的成熟及與東南亞的連結

中國經濟的成熟

如前節所述，東南亞貿易在十七世紀結束前演變為由荷蘭東印度公司控制、以巴達維亞為中心的結構。然而，荷蘭東印度公司的控制力在進入十八世紀後迅速轉弱。其中最大的原因，就是在推翻明朝而成立的清朝政府統治下，中國經濟發展及向心力的提升。

十八世紀的中國在乾隆皇帝的太平盛世下，人口逐漸增加，城市經濟也跟著發展。以一六八三年臺灣鄭氏政權投降為契機，清朝逐漸以東南亞為中心，開放海外貿易。首先為了滿足急迫糧食需求，十八世紀初開始大量進口米穀。然而自十八世紀中葉起，從東南亞進口的產品主要為錫、胡椒、燕窩、海產、林產等等，漸漸以非基本糧食和生活必需品為主。雖說中國很早就開始進口東南亞產品，但從十八世紀開始，進口產品的性質出現了很大的變化。在整個「貿易時代」，中國尋求的正如前述，主要是香料、木材等高級珍貴的奢侈品。但自十八世紀起，緊接在米穀之後需求量上升的產品，雖仍屬奢侈品的範疇，但已逐漸轉為可大量流通的大眾消費產品。

之所以如此，與中國消費經濟的變化息息相關。進入十八世紀，以華南和長江三角洲等經濟發達地區為中心的商業活動逐漸繁盛，擁有消費力的居民也隨之增加。該時期外食產業的發達亦反映出居民的消費力，更值得注意的是在同一時期，宮廷料理也擴展到更廣大的庶民階層。換句話說，具備消費力的民眾試圖將過去專屬於上流階層的飲食文化，吸納為自己階層的文化。因此該時期如燕窩、海參這一類東南亞產的食材，進口需求急速擴大，胡椒的進口量也有所成長。這些雖然屬於奢侈品，但與產量有限的高級香料及木材不同，只要採集和貿易體系完備，便可達成一定數量的流通。至於食材以外的進口商品，也與這個時代的大眾消費環環相扣。舉例來說，由於茶葉的消費和出口量增加，做為保存容器的錫，需求也隨之擴大。除此之外，在祭祖時大量燃燒貼有錫箔的紙錢，祈求來世生活富裕的風俗廣泛普及，這也讓錫的消費量增長。至於森產，像是可入藥的樹皮和能製作家具的籐等，即便不是特權階級，只要有一定消費力的人就能購買的物品，也被大量進口。綜上所述，中國大眾消費社會的發展，帶來了東南亞產品進口量的增長。

「華人世紀」的貿易網絡

華商們注意到中國對東南亞產品的需求，主要從福建和廣東的港口航向東南亞各地。他們尋求的商品和荷蘭東印度公司所關注的並不完全一致，因此沒有必要前往荷蘭人管理的港口。時間進入十八世紀後，雖然造訪巴達維亞的戎克船（中國傳統帆船）數量減少，但經過馬六甲海峽的船隻卻增加。這顯示出由戎克船帶來的新興貿易風潮並未利用荷蘭東印度公司的貿易結構，而是自己開創貿易網絡並推展交易。戎克船前往東南亞各地港口，尋求錫、胡椒、海產等東南亞產品。如前所

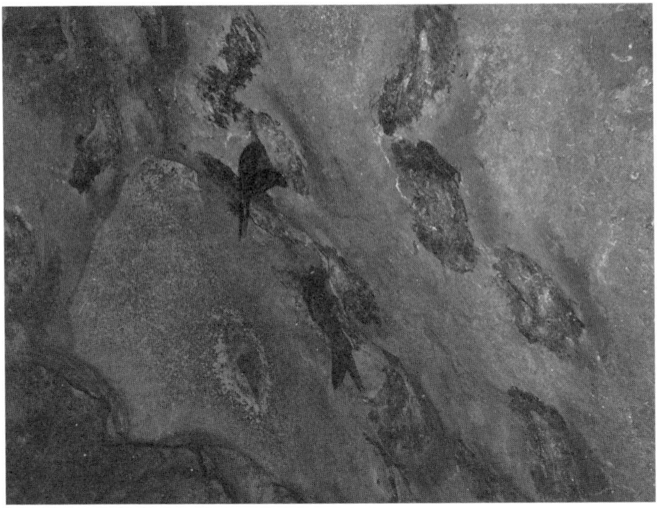

圖 3-2　燕窩（馬來西亞，砂拉越）
毛腳燕正在洞窟的表面上築巢。

圖 3-3　梅花參（石垣島）
棲息在以東南亞為首的廣大熱帶海域，可食用。

述，自十七世紀末起，當地王權被納入荷蘭的勢力範圍，或是王權衰退，或是對貿易不再關心，但這對戎克船商人而言並不是太大的問題。因為這個時代的商品與過往「貿易時代」不同，可生產和採集的地區非常遼闊，他們可以在眾多港口取得想要的商品；缺乏能在特定港口保護交易的強大王權，也就不那麼重要了。話雖如此，能夠自廣大區域聚集產品的港口更能提升交易效率，越南南部的西貢、新加坡南方的廖內群島、菲律賓西南部的蘇祿群島、馬尼拉等這類轉口港，就是這樣發展起來的。

從十八世紀起，英國商人也在中國和東南亞貿易的蓬勃發展上扮演了重要角色。一七五七年，清朝向歐洲商人開放廣州口岸，英國東印度公司致力於進口當時在西北歐需求量增高的中國產茶葉。然而，英國東印度公司在中國市場銷售的商品並非本國產品，茶葉貿易擴大將導致貴重的白銀外流。為了更有效率地推展茶葉貿易，英國人嘗試在東南亞取得中國市場需要的錫、胡椒、海產等。為了取得這些物品，他們將染布織品和鴉片從印度運往東南亞，並帶來統治者們需要的歐洲槍砲及彈藥。鴉片和武器這些會引發政治問題的商品，並不是由取得國家特許的英國東印度公司負責，而是被稱為港腳商人的民間自由貿易商。他們透過住在印度的英國人和印度人，取得印度的英國當局許可，在印度、東南亞及中國之間進行交易。他們也會避開荷蘭東印度公司所管理的港口，在其他港口與華人和東南亞商人從事轉口貿易。就這樣，英國的民間商人也成為東南亞貿易的重要參與者，更進一步動搖了荷蘭東印度公司的貿易統治體系。

另一個強化東南亞與中國聯繫的重要因素，是華人的移民。華人移民東南亞已有長久的歷史，

圖 3-4 戎克船
中國傳統的帆船，用於國內沿海以及與東南亞等貿易活動。

不只商人為了做生意而定居在交易地，自古以來也有因為中國政局動盪而離鄉背井，遷移到東南亞的例子。到「貿易時代」為止，華人移民基本的型態是以商人的身分（一部分是海盜）定居在沿岸的港口市鎮。但從十八世紀開始，華人開始往東南亞的內陸移民，理由之一便是開發礦山。正如前文所述，中國對錫的需求量增高，而東南亞擁有從馬來半島到邦加島（Bangka）、勿里洞島（Belitung）的連綿礦脈，讓商人們紛紛計畫開發新礦山和增產。然而這些地區人口稀少，要確保勞動力相當困難，而華人擁有當時最優秀的挖掘技術，因此錫礦山非常需要華人勞工。華商與礦山的統治者締結協定，從華南帶來大量的勞工。除了錫礦之外，西加里曼丹（West Kalimantan）的金礦和越南

圖 3-5　印尼勿里洞島的華人礦工（芒加爾〔Manggar〕，1903 年左右）

勿里洞島的錫礦山，有大量的華人在當地工作。

北部的銅礦山，也可以看到華人的技工和勞工移民的蹤跡。

帶動華人移入東南亞內陸的另一個要素，則是種植園。中國所需的東南亞產品，也包含胡椒、甘蜜（Gambir，又稱檳榔膏，檳榔的原料）等農產品，這些產品也缺乏足夠的勞動力。在這樣的狀況下，華商取得當地統治者的許可後帶來勞工，在馬來半島東岸的登嘉樓（Terengganu，舊稱丁加奴）、廖內、汶萊等地開設胡椒或甘蜜園。十七世紀起可在巴達維亞郊外的甘蔗園等地看見華人的農業移民；而在距離商業據點遙遠的地區出現農業勞工的定居地，則是十八世紀以後的特徵。

自十八世紀起，當華人移民開始定居在東南亞內陸的礦山及農業地區後，華商便不再只是運送勞工，更多了另一個角色——為華人移民運送生活用品。定居於沿岸港市的華商，就這樣往返於華人定居的內陸礦山、農業地區之間，從事商品與生活必需品的交易，他們的影響力也更進一步滲透到內陸地區。透過這些華人移民與貿易活動的活絡化，東南亞與中國之間的經濟聯繫也更為緊密。

3 東南亞網絡與廖內的盛衰

東南亞的參與者與廖內的繁榮

「華人世紀」的稱呼，似乎帶給人們當時只有華人活躍的印象，但實際上，東南亞族群也為這個時期的經濟活動做出很大的貢獻。在錫和胡椒等主要由華工所生產的產品上，是由華商在生產地統籌收貨，但在海產或林產等由東南亞人採集的商品上，華人並沒有發揮太大的影響力。將這些產品集中後運送到轉口港，扮演如此重要作用的是武吉斯人、馬來人、伊拉農人（Illanun）等東南亞商人。武吉斯人的故鄉在蘇拉威西島西南部，以擅長海上貿易與集團戰鬥而為人所知。他們在十七世紀與鄰近的望加錫人一同，和荷蘭東印度公司因貿易控制權發生激烈衝突，但在一六六六至一六六九年的望加錫戰爭中敗給了東印度公司，之後武吉斯人和望加錫人（在蘇拉威西島以外地區，兩者常被統稱為武吉斯人）四散、移居至印尼及馬來半島一帶。至於馬來人，則分布在蘇門答臘島東南部及馬來半島等地，後來因為移民，亦擴展至加里曼丹島（Kalimantan）等地。根據十九世紀的資料，所謂的馬來人是指居住在西加里曼丹沿岸地區從事貿易與海盜活動、信奉伊斯蘭教、來自各個地方的人群統稱，他們並不是單一族群（ethnic group）所組成的人種。伊拉農人來自菲律賓南部的馬京達瑙島（Maguindanao），他們是蘇祿蘇丹國（Sultanate of Sulu）的主要成員，與英國民間商人和華商貿易因而繁盛，大多在菲律賓、印尼一帶依循季節移動，從事貿易和海盜活動。他們原本也是由來自各地的人群所組成的集團，在各地攻擊村落與船舶，令人聞風喪膽，故被統稱為伊拉農人。總而言之，這個時代的集團絕非能單就族群出身來定義。上述這些人們在島嶼東南亞擁有許多據點，他們利用各據點所組成的網絡，在收集海產和林產及貿易上大顯身手。

倘若要舉出由這些東南亞人擔任重要角色的港市例子，那就是廖內了。柔佛蘇丹國（Kesultanan Johor）即在十八至十九世紀之間，數次將首都設置在廖內群島的民丹島（Pulau Bintan）及鄰近的蓬恩加島（Pulau Penyengat）。一五一一年受葡萄牙攻擊而逃離王都的馬六甲蘇丹，在馬來半島南端的柔佛建立了柔佛蘇丹國。其後雖曾多次遷都，但十八世紀時蘇丹大多居住在廖內群島及南方的林加群島（Kepulauan Lingga）。正如前述，一六六〇年代的望加錫戰爭導致武吉斯人分崩離析，廖內群島也成為武吉斯人主要的移居地。他們雖然與原先居住此地的馬來人王族對立，但一七六〇年左右確立了由馬來王族世襲蘇丹（Sultan）、武吉斯人貴族世襲副王（Raja muda）的體制後，雙方便結束鬥爭，開始發展貿易。馬來人及武吉斯人將各自分散在馬來半島和印尼等地的據點連結為網絡，從各地聚集海產和林產至廖內，促使廖內的貿易急速發展，加上華人移民讓甘蜜生產量上升，購買這些產品的華商和英國商人也紛紛前來造訪，廖內就此成為一大轉口港。

貿易活動在廖內蓬勃發展，島嶼東南亞各地也紛紛用船將產品運往廖內。例如，胡椒從蘇門答臘的占碑（Jambi）和巨港、南加里曼丹（South Kalimantan）的馬辰（Banjarmasin）帶到廖內；邦加島出產的錫亦經由巨港運送到廖內。對想要這些產品的華商和英國商人來說，廖內這個港市變得更具吸引力。

廖內群島發展至此，看在荷蘭東印度公司的眼裡很不是滋味。廖內的繁榮不只動搖了巴達維亞

圖 3-6　武吉斯人戰士
十七世紀荷蘭銅版畫

圖 3-7　伊拉農人海盜
伊拉農人在島嶼東南亞肆虐，令人聞風喪膽。

在區域貿易的中心性，正如前文所述，基於與蘇丹的協定，荷蘭東印度公司已取得各地所生產的錫與胡椒的獨占權，因此對公司而言，廖內群島的貿易活動實屬違法。根據當時英國商人的說法，在此時期被集中到廖內的胡椒重達五千至一萬石（picul，約三百至六百噸），而當時荷蘭東印度公司集中在巴達維亞的胡椒大約是一萬五千石左右，因此公司幹部當然會認為，原本應由公司收購的胡椒，有三分之一至三分之二的數量流至廖內。然而，對於從未跟荷蘭東印度公司締結協定的廖內蘇丹而言，他或許能意識到這麼多商人前來自己所統治的港口，象徵著國家的偉大，但應該從未考慮過這樣的貿易會是「違法」。而從錫礦與胡椒產地前來的商人，在能以更高價格出售或取得更熱門商品的地方做生意，對他們來說再理所當然不過，對於蘇丹所締結的協定會對自己的貿易活動產生限制這件事，應該也是始料未及。

廖內的陷落

荷蘭東印度公司與廖內蘇丹抱持著如此不同的認知，兩者之間的衝突也在所難免。一七八四年，雙方因擱淺船貨的問題發生衝突，隨即發展為全面戰爭。最初廖內具有船舶和士兵數量的優勢而較為有利，但後來荷蘭東印度公司在荷蘭海軍的支援下開始反擊。廖內陣營負責指揮的武吉斯人總督因身中流彈死亡，全軍亂了陣腳，因此吞下敗仗。廖內蘇丹馬哈茂德二世（Sultan Mahmud Shah II）不得不在同年與荷蘭東印度公司簽訂屈辱條約。條約內容包括將武吉斯人貴族流放海外，以及讓荷蘭東印度公司的軍隊進駐民丹島。

儘管如此，這份條約並未讓荷蘭東印度公司掌控廖內的貿易。一七八七年，馬哈茂德二世與前來鄰近海域的伊拉農人集團祕密締約，在伊拉農人的支援下突襲荷蘭東印度公司軍隊，成功將荷蘭人勢力逐出民丹島。然而，蘇丹方面也無法再次確立廖內的統治。伊拉農人雖與蘇丹約定要從荷蘭人手上保衛民丹島，但在報酬問題上與蘇丹交涉破裂後，他們便打破約定退出廖內。這讓以蘇丹為首的有力人士們因害怕荷蘭報復而紛紛離開島上，逃往馬來半島和印尼等地。此事也導致廖內人口銳減，喪失了做為貿易樞紐的機能。

在荷蘭東印度公司的認知中，廖內的陷落造成了海盜橫行及貿易衰退。馬哈茂德二世帶著隨從們流連各地，最後輾轉定居在林加群島，在當地隨機襲擊在鄰近海域的船隻。換句話說，襲擊的對象並不限於歐洲船，還包含來自東南亞各地以及中國的船隻，因此未必是針對荷蘭的報復行動。一旦襲擊行動成功，豐厚的戰利品便吸引了許多人歸附蘇丹，他們的活動也就更加激烈。

廖內的陷落帶來了另一個結果，也就是削弱了荷蘭東印度公司的貿易結構。在蘇門答臘最南端的楠榜（Lampung）地區，可明顯看到其影響。楠榜從十七世紀初開始便是東南亞主要的胡椒產地之一，但自十八世紀起，其他產地包括占碑、巨港、馬辰等地的生產量都降低，因此楠榜從十八世紀中葉起成為供應荷蘭東印度公司最重要的胡椒產地，透過巴達維亞取得的胡椒中，楠榜便占了五至八成。楠榜是萬丹蘇丹國隔著巽他海峽（Selat Sunda）位於爪哇西部的領土，在一六八四年的條約中規定，萬丹蘇丹在這塊土地所取得的所有胡椒，將以固定價格銷售給荷蘭東印度公司。但在一七八七年廖內陷落後，從楠榜滿載胡椒開往萬丹的船隻便成為海盜襲擊的大好目標。一七九〇年所生產的胡椒當中，光是留下紀錄的部分，便約有百分之三十六的數量遭海盜搶奪；不僅如此，民間商人也因害怕遭受襲擊而不敢出船。荷蘭東印度公司和萬丹蘇丹都為了征討海盜而派遣船隊，然而一旦被海盜船察覺，他們便輕易地躲進森林遮蔽的海灣或是河川支流，因此征討海盜的行動幾乎毫無所獲。在當時留駐在萬丹的荷蘭東印度公司職員所寫的紀錄中，充滿了對無法無天的海盜及對海盜束手無策的蘇丹的怨懟。

廖內陷落後網絡的變貌

當時的荷蘭東印度公司職員們，將這一連串事件歸咎為不遵守貿易規則的廖內所遭受的懲罰，而且由於其他當地國家統治者們缺乏維持海上秩序的能力，導致海盜專橫，公司才因而受害。直至最近的歷史研究，大部分仍直接沿用這些荷蘭人的見解。廖內陷落後，一直到一八一九年英國統治的新加坡快速發展，這段時間周邊海域都陷入混亂和衰退，這種看法成為殖民時期以來的定論。但筆者在近年提出呼籲，應該再次審視以上的看法。筆者認為，無論是貿易結構的變化，抑或是對海盜的理解，皆有必要從其他不同於荷蘭人史料的角度，來思考東南亞歷史的巨大洪流。

首先，關於「海盜」——用筆者的話來說，是武裝海商集團——究竟應該如何理解，筆者在此舉廖內、林加群島到加里曼丹島西南岸的海域為例，進行考察。在廖內做為印尼西部貿易樞紐而繁榮發展的一七八〇年代前期，廖內的武吉斯人貴族拉惹・阿里（Raja Ali）經常帶著隨從們停靠在加里曼丹島西岸的蘇卡達納（Sukadana）從事貿易。*他們取得內陸的礦產，和周邊海岸的林產與海產，之後運往廖內。但此時期駐留在蘇卡達納北方的坤甸（Pontianak）的荷蘭東印度公司職員們卻稱拉惹・阿里為海盜，強調他們的行為有多麼無法無天。儘管如此，若看柔佛蘇丹國的編年史，以及同一時間來到此地區的英國人紀錄，則完全不會認為拉惹・阿里及其隨從們有破壞貿易規則、擾亂地域秩序之嫌；甚至有記錄顯示，他們在和平的狀態下成功拓展了貿易活動。這些矛盾的記述，意味著當荷蘭東印度公司在貿易競爭中落後對手時，荷蘭職員們便會將對手稱為「海盜」。至於如此稱呼的理由在於，若是如實向母國報告，荷蘭東印度公司在坤甸的貿易進展陷入停滯，留駐在當地的職員們將會被公司幹部追究責任。為了避開究責，在報告中表示己方貿易遭受海盜不正當的妨害，對當地職員而言是較為有利的作法。

那麼，我們又該如何理解廖內的快速發展，以及廖內陷落後海盜激增的狀態呢？廖內之所以繁盛，是應中國市場需求而形成的貿易網絡所賜。雖然荷蘭東印度公司也會向廣州出口中國市場所需的胡椒和錫，但供應數量不足，種類也不齊全。以廖內為中心的馬來海域網絡，彌補了荷蘭東印度

* 馬來語或印尼語之中，經常在有一定地位的男性名字前方冠上尊稱。以本章出現的人名來說，有拉惹（Raja）、拿督（Datu）、古斯提（Gusti）、謝里夫（Sharif）等等，這些尊稱並非家族姓氏，必須留意。

公司貿易的缺口。舉胡椒為例，一七八〇年代英國的民間商人從廖內將五千至一萬石的胡椒運往廣州；而在一七七〇年起至一八〇〇年間，每年有五千至三萬石的胡椒被運往廣州，其中由荷蘭東印度公司運輸的數量僅有三千至一萬石。換句話說，這個時期的荷蘭東印度公司並非中國市場最大的胡椒供給者。搬運更多數量胡椒的英國商人們，其商品幾乎皆來自於廖內。也就是說，廖內是東南亞最大的胡椒轉口基地，在滿足中國市場的需求上擔任極為重要的角色。

一般認為，廖內如此重要的轉口港陷落，才造成海盜橫行貿易衰退，但筆者有其他的看法。筆者認為，毋寧說是這些被荷蘭人稱作海盜的武裝海商集團，發揮了連結中國市場的功能，以便銷售已無法在廖內集中轉口的胡椒。再此再次以楠榜為例。一七九一至一七九二年，針對「海盜」造成的損失，荷蘭東印度公司在楠榜展開為期二十一個月的調查。根據調查結果，這段期間被奪取的胡椒為六千石，換算為一年則是三千四百石。這還只是公司職員能確認到的數量，武裝海商集團所經手的胡椒無疑是超越這些數量。武裝海商集團成員將這些搶來的胡椒，賣給收購掠奪品的商人。關於這些商人的情報並不多，根據僅有的資料顯示，他們幾乎都是華人和英國人。考慮到前文所述的廖內貿易型態與中國市場的需求，不難想像，賣給他們的胡椒幾乎全都送往中國。除了楠榜之外，東南亞的胡椒產地在十八世紀下半葉幾乎全數衰退，儘管如此，英國商人還是能夠將大量的胡椒帶到廣州，應該就是透過這些武裝海商集團取得。

另外，在荷蘭東印度公司留下的紀錄中，「海盜」們不只是搶奪胡椒，也會向產地的居民購買。海盜竟然會在襲擊地點購買物品，實在很奇妙。但他們取得胡椒是為了獲利，若長遠來說收購

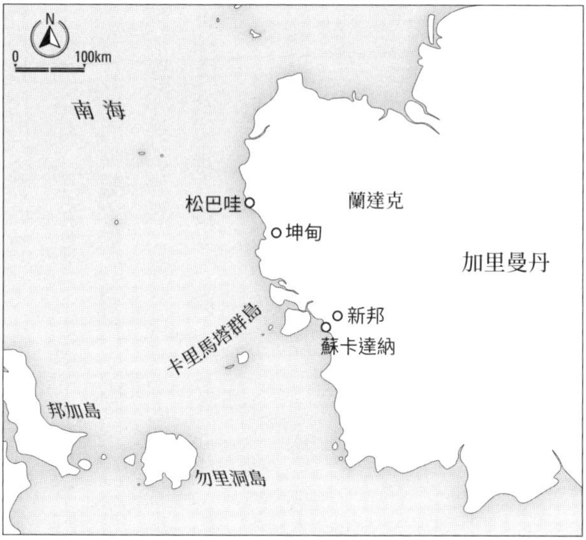

西加里曼丹島周邊

比掠奪更能獲利的話，這麼做也不奇怪。楠榜地區的居民在海盜持續來襲的風險下繼續生產胡椒，也是令人難以理解；但若居民們可藉由與武裝海商集團交易獲利，因此持續生產，這想必更有說服力。在這個例子中，荷蘭東印度公司職員也將阻礙己方貿易活動的對象稱為海盜。先不管被如此稱呼的武裝海商集團實際上是否曾使用武力，但他們的確取代了荷蘭東印度公司前往產地，發揮了將胡椒送往中國市場的作用。

此外，在廖內陷落後，轉口港並未從周邊海域消失。廖內被荷蘭占領後不久，西加里曼丹便出現了替代廖內的港市。一七八四年被逐出廖內的武吉斯人貴族拉惹·阿里，之後便移居蘇卡達納，將這個港口發展成除了東南亞商人外，華人和英國人亦會造訪的繁榮轉口港。對此感到不快的荷蘭東印度公司於一七八六年攻擊並破壞蘇卡達納。之後，人們移往上游的新邦（Simpang）、近海的卡里馬塔群島（Kepulauan Karimata），或其他西加里曼丹的港口繼續貿易。而荷蘭方面的資料也記載，有商人以掠奪品交易為目標，造訪荷蘭人稱為「海盜據點」的邦加島和林加群島。前文曾提過的廖內蘇丹馬哈茂德二世，其影響力亦擴及邦加島，原本應由荷蘭東印度公司獨占貿易的錫，亦有其他商人私下買賣。

若綜合上述內容，可以說一七八四年至一七八七年間廖內的陷落，未必對馬來海域的貿易帶來毀滅性的結果。被稱呼為海盜的東南亞商人、華商與英國商人們後來也突破荷蘭的限制，深入楠榜等產地取得商品，並繼續運往中國市場；而廖內陷落後，西加里曼丹等替代樞紐的港口繼之出現，繼續從事貿易。但不久後英國在東南亞確立據點，戎克船以及想與之交易的商人先是在十八世紀末英國殖民的檳城（Penang），自一八二〇年代起又急速向新加坡集中。

4 東南亞地域秩序的變貌

武裝海商集團與國家*

那麼，這些貿易結構上的變化，又為東南亞地區的秩序帶來什麼影響？正如前文所述，在貿易時代，國家做為維持地域秩序的權威，扮演的角色十分重要。相對地，在華人世紀，國家在此方面所發揮的功能大幅減弱。但這並不意味著華人就在這個秩序的真空地帶取得經濟上的活躍。在這個時代創造權威與財富、扮演重要角色的，是武裝海商集團。

武裝海商集團一面使用武力，一面拓展貿易，藉由提昇經濟利益來維持並擴大集團的勢力。比起出身，武裝海商集團首領的武力和貿易才能更受重視，優秀的首領會獲得眾多手下。這些手下很少是由單一族群集團形成，他們的出身相當多元，而在某個時間點改變族群名稱的情況也不少見。

當這些武裝海商集團成為地域社會的權威時，他們與國家之間又建立了怎樣的關係？這個問題很難簡單回答。武裝海商集團原本就是不受國家統治的集團。他們在多個據點之間移動，即使據點在某個國家境內，大多也會與統治者保持距離，維持自主性。例如一七八六年，來自蘇祿蘇丹國的拿督．查梅朗（Datu Camerang）帶著近一千名海盜手下和鐵匠，定居在蘇卡達納沿海卡里馬塔群島的一個島嶼上。他們向經過近海的船隻收取保護費，攻擊拒絕繳納的船隻，也會撈捕海參和魚類，從事交易海產和掠奪品的貿易活動。查梅朗與對岸加里曼丹島內陸的馬譚國（Matan）蘇丹締結婚姻關係，但他本身還是以該島為根據地，與王權保持一定距離。查梅朗就這樣以卡里馬塔群島首領的身分統治當地長達三十餘年，之後與汶萊的蘇丹交好，移居至加里曼丹北岸。他總是獨立於

＊ 依照印尼語，這裡所指的國家可分成蘇丹國（Kesultanan）及國（Kerajaan）。日文原文亦分成「王国」及「国」，故此處亦做區分，分別稱呼對應的東南亞國家。

國家之外，維持自身勢力，在條件許可下亦會於與其他國家重新締結關係並再次移居。

另一方面，在這些集團首領當中，也有人與國家統治者締結姻親關係，在國家內部握有巨大影響力。西加里曼丹的喃吧哇國（Mempawah）王族古斯提・班達（Gusti Bandar），在某一時期移居至廖內群島的帕翁島（Payong），以海盜集團首領的身分聞名。他後來在一七六八年與手下一同回到喃吧哇，在那裡依然領導著海盜集團。雖然尚未得知這段期間發生了什麼事，但可以推測應是喃吧哇國內出現了某種權力鬥爭，導致他離開國家，與手下一同組成海盜集團。他在不久後移居至蘇卡達納蘇丹國的海岸，隨即與王族建立起良好關係，讓女兒與日後成為蘇丹的王子結婚。後來蘇卡達納與鄰國蘭達克（Landak）陷入紛爭，古斯提・班達更在攻打該國時出了不少力。以強大的軍事力為後盾，古斯提・班達在蘇卡達納擁有足以讓荷蘭人評為「宛如國王一般的統治」權力。

除此之外，也有武裝海商集團逐漸走向完全的政治獨立，最後形成國家的例子。在西加里曼丹的喃吧哇，由阿拉伯法學家與當地女奴所生的孩子——謝里夫・由舒夫（Sharif Yusuf），成人之後在南加里曼丹的馬辰組成海盜集團，成為定期襲擊加島曼丹島南岸和東岸的一大勢力。他不久後回到西加里曼丹，在當時的無人土地——坤甸建設了自己的國家坤甸蘇丹國（Kesultanan Pontianak）。坤甸位於主要河川的匯流地，是內陸與海上貿易的要衝，因此也容易遭受周邊國家的威脅，但謝里夫・由舒夫與廖內的副王聯手抵抗。建國後他們繼續從事海盜活動，但也招攬其他移民集團前來發展貿易。坤甸甚至還與荷蘭東印度公司締結友好關係，成為西加里曼丹首屈一指的強國。換句話說，在這個例子裡，武裝海商集團便是在陸地據點定居，進一步發展成國家。

總結來說，武裝海商集團與國家有時是彼此保持一定距離的個別存在，有時則是結合為一體。就像這樣，在「華人世紀」的地域秩序中，存在著「海盜—國家」這樣一種分處光譜兩端的層次；武裝海商集團則遊走其間，不斷創造出權威與財富。

地域秩序的變貌

為何像這種的武裝海商集團，能夠在地方社會建構起足可動搖國家的權威呢？其中一個原因和馬來世界的傳統有關。在馬來世界，王位的繼承並無明確規則可循，幾乎所有王族都有權利主張繼承權。在王朝權力鬥爭中落敗的王族帶著手下遷往他處，發展成武裝海商集團，也是稀鬆平常的事。這類集團攻擊前往其他港口的商船，誘導商船來到自己的港口，他們在運用暴力的同時發展貿易，並試圖擴張勢力，再次挑戰權力鬥爭，或建立獨立政權。如前文例子中的拿督·查梅朗和古斯提·班達，他們原本都是國家王族成員，也是遵從馬來世界傳統而出現在歷史舞台上的有力人士。

另一方面，這些武裝海商集團的權威不一定符合傳統，而是呈現這個時代的特徵。譬如在貿易時代，馬六甲蘇丹國改信伊斯蘭教，制定「馬來法」，君王透過外來宗教或法律等種種方式，建構自己的權威。然而華人世紀的國家卻幾乎對此毫不在意，透過貿易獲利的重要性大幅上升。例如坤甸蘇丹國雖然也建設了清真寺，但與結合王族和伊斯蘭聖人血統的萬丹蘇丹國相比，坤甸利用宗教建構君王權威的意圖非常薄弱。開創坤甸蘇丹國的謝里夫・由舒夫不僅非王族出身，父親還是外國人，母親更是奴隸。他的領導地位來自於在海上發揮武力與拓展貿易的才能。當然，在貿易時代，透過貿易獲得利潤，也是建構國家正統性與權威的重要因素。然而華人世紀的特徵是，此時的國家不單只是促進貿易活動，還要積極招徠武裝海商集團，試圖締結關係。像是蘇卡達納的蘇丹，為了招徠包含前文提到的古斯提・班達在內的軍事集團，便提供了沿岸土地。坤甸蘇丹也與武吉斯人等武裝海商集團締結契約，獎勵他們定居。武裝海商集團的強烈存在感，是華人世紀的特徵，這在貿易時代是看不到的。

為什麼這些武裝海商集團與他們的財富，在華人世紀變得如此重要？這是由於在這個時代，國際所需的商品在性質上出現了變化。在貿易時代，世界各地所需的東南亞商品是高級香料、木材等等，產地相當有限，因此國家也較容易介入管理生產和流通，而擁有能集中這些商品的港市國家便可繁榮發展。商人也偏好在有強大國家保護的港口交易，貿易活動傾向集中在少數港口。相對地，在華人世紀，中國市場的需求是海洋與森林產物，這些即便算得上奢侈品，也說不上稀有，可以在島嶼東南亞各處採集到的物產成為交易商品的主流。不但國家獨占商品成為不可能的任務，這些物產的採集地點也大多位於國家統治力鞭長莫及的邊境地區。在這些地區進行交易時，商人為了保護自己的商品而採取武裝，也就成為理所當然之事。另外，海產（特別是海參）的採集和加工需要眾多人力，為了確保勞動力，時常得洗劫沿岸村落及海上船隻的財貨與人民；由於做這些事都需要兵力和水手，因此海商集團也更進一步武裝化。在此類行動及買賣誘捕而來的人口裡最知名的，是以蘇祿群島為據點的伊拉農人。伊拉農人在島嶼東南亞各地留下了令眾人聞風喪膽的恐怖印象，不過眾所周知，武吉斯人與馬來人也會做同樣的事。

如此一來，當武裝海商集團扮演了重要的貿易角色，擁有出色首領的集團便擁有更為雄厚的經濟實力，能吸引更多手下，軍事力量也隨之增強，形成一種循環。與君王管理貿易的貿易時代不同，此時武裝海商集團要取得英國人與港腳商人所帶來的武器和彈藥，也較為容易。這些集團擁有足以對抗國家的權威和財富，這並不稀奇。例如，西加里曼丹的武裝海商集團首領拉惹·穆薩（Raja Musa）原本是蘇門答臘東部錫國（Siak）的王子，在國內鬥爭中落敗後與馬來人手下離開錫國，數年間輾轉襲擊各地，後來在一七六五年定居卡里馬塔群島。他們在定居之後，也持續向通過近海的船隻徵收通行費用，行徑與海盜無異。而坤甸等卡里馬塔群島周邊國家也會向他們求取軍事援助，以便與對手作戰。

武裝海商集團與荷蘭人

有趣的是，會接近這些武裝海商集團求取軍事援助的不只當地國家，荷蘭人也如此。在一八一九年與巨港的戰爭中，荷蘭殖民政府請求拉惹·穆薩之子拉惹·阿祈爾（Raja Tengku Akil）*

* 一般史書多以東姑·阿祈爾（Tengku Akil）稱之，特此說明。

出兵援助。他率領部隊作戰，為荷蘭打了勝仗。殖民政府內部對於與阿祈爾合作一事正反兩派意見皆有，但在親阿祈爾的幹部握有主導權的時期，正式承認阿祈爾為卡里馬塔群島的首領。最後，做為阿祈爾在一八二九年協助遠征馬譚國的回報，他被任命為蘇卡達納新建國家——新布魯塞爾（Nieuw Broesseol，當地居民絕不會如此稱呼，而是稱蘇卡達納國）的蘇丹。拉惹·穆薩和拉惹·阿祈爾的集團在卡里馬塔群島周邊從事海盜活動，是毋庸置疑的事實；但當他們願意與殖民政府合作時，對當時的荷蘭人而言，是不是海盜就沒那麼重要了。對於人力資金都短缺的殖民政府而言，跟願意合作且擁有影響力的當地有力人士攜手合作，是相當實際的作法。這個例子又再次顯現出荷蘭人使用「海盜」一詞的恣意性。

儘管如此，荷蘭殖民政府仍在一八二〇年代後逐漸加強對海盜的鎮壓。一八一九年，荷蘭殖民政府擬定文書「領有婆羅洲之目的」，其中包括三項內容，要旨為（一）讓荷蘭的統治力深入當地首領要求荷蘭保護的土地；（二）為了促進和平與秩序，必須鎮壓海盜；（三）向居民課徵不至於過重的稅金。前面提過，比起兼併領土，荷蘭東印度公司更重視確保貿易特權，是故第三項宣言向居民課稅，意味著荷蘭東印度公司已明確將政策轉向領土統治。在新政策下，鎮壓海盜是達成兼併領土目標的重要任務。因此，荷蘭殖民政府交給此時身為卡里馬塔群島首領拉惹·阿祈爾的重要任務，就是打擊海盜。阿祈爾確實為此派遣船隊前往各地巡邏，但實際上究竟獲得多大的成效，尚不可知。不過，對於荷蘭殖民政府而言，「和平與秩序」是正當化統治不可或缺的要素。他們訴諸所謂的「文明教化使命」，試圖正當化自身控制當地並取得收益的行為。海盜便被再次定義為「和平

圖 3-8　拉惹・阿祈爾之墓（Makam Raja Tengku Akil，印尼蘇卡達納）
拉惹・阿祈爾及親族在蘇卡達納的墓地

與秩序」的敵人，是應該鎮壓的對象。加上近代領土主權觀念興起，國家邊境逐一劃定，跨越國境活動的海盜也被視為阻礙秩序的存在。就這樣，荷蘭殖民政府將新秩序帶入了這塊地域，根據這套秩序，過往在地域秩序上扮演重要角色的武裝海商集團，便成了海盜；而殖民政府與地方有力人士則攜手合作，將鎮壓海盜視為重要政策。

然而，這項政策能夠取得實際上的成果，與其說是靠荷蘭殖民政府的決策，毋寧說是仰賴當地有力人士的合作。根據殖民政府的資料，某位在蘇門答臘東岸錫國的知名海盜要求在拉惹・阿祈爾的保護下移居至蘇卡達納，殖民政府也同意這項要求。希望受到與殖民政府合作的有力人士拉惹・阿祈爾直接保護，這件事可以理解為：比起自由貿易和海盜，這名人士其實更期望與殖民政府建立良好關係。正如此例，自一八二〇年代起有關海盜活動的問題，當地有力人士的態度出現了變化。在廖內，蘇丹或副王會順從荷蘭殖民政府的意向，主動提出派遣船隊前去鎮壓海盜。至少部分島嶼東南亞的有力人士開始展現出以下的思維：試圖藉由親自管制海盜活動，或是協助殖民政府打擊海盜，在荷蘭統治體制中取得穩定地位。如此一來，海盜違法的觀念漸漸普及，當地有力人士的合作傾向也產生推波助瀾的作用。雖然這並不意味著海盜活動的立即減少，但也成為殖民政府計畫中建立海上秩序與貿易秩序、滲透地域社會的一大助力。

與中國貿易的持續

海盜被視為是反秩序的角色，這並不代表帶有「華人世紀」特徵的貿易活動就此終結。不僅如此，與中國之間的貿易在殖民時期也不斷繼續擴大，雖然在全體貿易中所占比例下降，但一直延續至今。即使在今日，只要逛逛香港及臺灣，甚至中國各地的南北貨行就能見到的海參、燕窩和魚翅等等，大部分都產自東南亞。根據筆者調查，來自荷屬東印度外島〔現今的印尼去掉爪哇、馬都拉（Madura）以外的地區〕的海產與林產，這些出口中國的產品在一八四〇至一八六〇年代期間持續增加。由於出口歐美的嗜好品和原物料（咖啡，以及從這個時期開始做為皮革軟化劑的甘蜜等）的成長幅度更大，導致出口中國產品的比例有所下降，但在一八六九年仍占了將近一半的總出口額。

海產及林產出口量的增加，代表這個範圍遼闊的產區能獲得豐裕的收入。東印度外島地區的進出口成正比增加，即為佐證。進口產品大半是歐洲製棉布，在留下紀錄的一八四六年至一八六九年期間，外島的進口總額急速成長了約二．六倍。這顯示出採集地透過向中國出口產品，培養出當地社會的購買力，居民開始購買自一八二〇年代左右開始大量流入的廉價棉布（主要是英國製）。另一方面，武裝海商集團的首領們則開始使用來自印度和東南亞各地的珍貴布料製作各種服飾，將這些貴重布料與自身的地位做連結。總而言之在殖民時期，具有「華人世紀」特徵的貿易持續擴大，購買力提升的外島居民一面進行消費，一面為進口產品賦予各式各樣的社會價值。

5 東南亞與全世界的人所求之物

東南亞秩序的變化

本章至目前為止探討了從貿易時代至華人世紀，以及殖民統治確立期間，東南亞地區的貿易和地域秩序所呈現的變化。這些變化該如何在東南亞歷史上加以定位，跟世界的變化又有何種關聯？以及，這些變化與世界「追求自由的潮流」又有何種關係？接下來就一一探討這些在本章開頭提出來的問題。

東南亞「貿易時代」的落幕，很大一部分原因是由於荷蘭東印度公司加強了對區內貿易的控制。荷蘭東印度公司自許多有力的當地國家手中奪取貿易控制權，在過去開放給所有人的海域上實施獨占貿易和管理。這項方針讓生產者及許多亞洲商人喪失了主體性，使其經濟慾望低落，由東南亞在地國家主導的區內貿易也衰退。不過，貿易的衰退並未持續很久。自十八世紀初起，東南亞首先向人口增加且經濟發達的中國出口米糧；不久又向更成熟的中國市場出口東南亞產的錫、胡椒、海產、林產等大眾消費商品，貿易趨向活絡。

在貿易活動的復興過程中，筆者認為，與華人一同做出巨大貢獻的，是東南亞的武裝海商集團。他們運用武力，在海上移動的同時採集並運送產品，是一種在國家影響力尚未滲透的邊境地帶採集物產，逐漸發展起來的貿易型態。由於國家衰退以及對貿易的關心減退，在無法期待國家保護貿易活動的局面下，有時他們甚至會動用武力蒐集中國所需的產品，提供給前來東南亞轉口港的華商及英國商人。然而他們的活動與荷蘭東印度公司的利益有所衝突，被荷蘭人斥為海盜，但卻又與東南亞商人、華商及英國商人相互合作，拓展以中國市場為主要出口對象的貿易活動。

十九世紀初，實行領土兼併這種新殖民統治政策的荷蘭殖民政府，積極與當初被他們稱為海盜的武裝海商集團合作。荷蘭殖民政府的人力與資金都有限，採取與地方有力人士攜手合作的政策比較實際。然而，不久後荷蘭殖民政府訂定了明確的國界，高舉「秩序與和平」的旗幟以正當化自身統治，也就無法繼續放任穿越國界、使用暴力的海盜活動。因此，殖民政府再次將海盜定義為「和平與秩序」的敵人，並採取鎮壓方針。在這個時期，殖民政府內部文件及歐美著作中提及海盜危害的敘述也開始增加；這不但反映出政府的方針，同時也可說是藉由訴諸海盜的野蠻，來主張「文明」的殖民統治具備正當性。至於武裝海商集團及當地有力人士方面，也越來越多人希望與強化統治的殖民政府建立友好關係，因此他們協助鎮壓海盜，做為政治勢力的武裝海商集團也逐漸在島嶼東南亞消失無蹤。儘管如此，在殖民地體制下，從邊境向中國出口產品的貿易活動仍然需要軍事力量，此後武裝海商集團的活動仍舊以走私的形式持續。

出口至中國的貿易，為十八世紀後半至十九世紀中葉的東南亞帶來了新的繁榮時代——華人世紀。華人世紀並非曇花一現的繁榮，其貿易模式在殖民期間依然維持，並延續至今。殖民時期之後，雖然出口先進國家的農產與礦產急速增長，導致對中國貿易的比例下降；但至今對中國的出口貿易，尤其是在遠離經濟中心的東南亞周邊地域社會，仍然相當重要並持續不斷。

中國出口貿易在島嶼東南亞的意義，是為廣大的地方社會帶來獲利的機會。武裝海商集團大多是在林產和海產採集地以及中小規模的轉口港進行交易，意味著他們是在採集者及一般人們的生活空間附近從事貿易與流通。換句話說，這代表商品經濟滲入了更廣大的民眾生活。這群產品出口至中國的產地民眾，從十八世紀下半葉起便因出口國際商品而擁有消費力，能夠購買印度的鴉片或染織品，稍晚則是歐洲製的棉織品。這樣的經驗在地域社會的商品經濟化，以及參與和接近人們經濟活動的層面上，具有相當重要的意義。從世界史的角度來看，這些被殖民統治的地區，在被殖民前便已有大片區域體驗過國際貿易所帶來的商品經濟化，這是相當罕見的。許多東南亞國家在第二次世界大戰後，經濟比其他脫離殖民統治的地區更早開始成長；在探討此現象的原因時，應該也有必要進一步檢視東南亞這類經驗的歷史意義。

大眾消費社會的發展與世界中的東南亞

十八世紀起中國與東南亞之間貿易的活絡化，與世界性大眾消費社會的發展有關。中國對東南亞海產與林產的需求之所以提高，是由於經濟高度發展地區的城市經濟成熟，眾多階層的人們對這些商品的需求也提升。英國商人將東南亞產品帶到中國，也是因為西北歐的廣大階層對茶葉的需求量大增，因此期盼更進一步拓展廣州的茶葉貿易。大眾消費的發展，可說是該時代的世界特徵。西北歐的有錢人們，亦追求其他如中國瓷器或印度棉布等商品，德川時代後期的日本市場對爪哇和中國產砂糖的消費量也日益增加。就這樣，十八世紀左右開始，世界各地出現了大眾消費社會，因而產生了消費特定外來產品的需求。

誠如許多學者的論述，隨著大眾消費社會的出現，新近獲得消費能力的人們為了實際感受或誇示自己社會地位的提升，會企圖追求更高社會地位的人們所消費的貴重物品。這大多被認為是工業社會的典型行為，不過在西北歐的經濟高度發展地區，對於中國瓷器、印度棉布、中國茶葉，以及加勒比海砂糖等外來大量消費性商品需求的擴大比自身的工業化更早，而東亞也發生了類似現象。砂糖、棉布、茶葉，甚至是海參、燕窩等商品，這些都不是緊急且必要的生活必需品，就機能來說

圖 3-9　香港的南北貨行

禿參與豬婆參皆為東南亞產海參的代表。澳洲產海參則採自澳洲北部阿納姆地（Arnhem Land）周邊。

亦可以國產品替代。這些都不是必需品，但較難取得，因此成為上層社會階層的象徵。所以，能夠消費這些產品，對大多數的人們而言便代表了社會地位。

大眾消費社會的出現，也導致進口消費商品的產地社會重整。例如加勒比海的砂糖產地，由於實行大規模生產，從外部移入的勞工組成了新的社會。而在這類主題的研究中，多半是用強制、搾取等負面語詞來描述產地社會的變化。

相較之下，前述的島嶼東南亞地域秩序變化，有著非常不同的特徵。當然，曾暴露在海盜襲擊風險下的地區，其間經歷的恐懼和艱辛皆是負面的經驗，長期（有些地域直至今日）留在人們的記憶中。但整體來看，新的貿易結構誕生，產地的消費力也跟著提升，帶動了新的消費，孕育出許多正面的經驗。

是什麼造成了這樣的差異？雖然要詳細剖析這個問題，會超出本章的討論範圍，但可以先指出一點。相對於種植園生產的農業產品如砂糖和咖啡這類世界商品（白銀等礦產或許也可算在內）是由大規模資本管理眾多勞動力進行大量生產，海參或魚翅和樹籐等是取自海洋和森林的自然物產，較難與大規模資本的投入和勞動管理制度結合。至於採集海參等物產的勞動力，雖然也有許多是被強制帶來的奴隸勞工，但這些人與現代人所認知的「奴隸」並不相同，他們選擇在產地社會結婚並定居，也有不少人從奴隸身分解放、累積了一定程度的財富。不同於砂糖和咖啡的生產社會與商品流通完全分離，島嶼東南亞由武裝海商集團在遼闊的區域內移動，並收集以更小規模採集而來的海產和林產，這讓更多人們擁有獲取利潤的機會。有關這個問題，希望日後有機會再加以探討，在此想先強調：島嶼東南亞在殖民化以前，便擁有與加勒比海地區及非洲等其他眾多舊殖民地大不相同的經濟經驗。

東南亞與「追求自由的時代」

工業化以前的大眾消費社會之所以發展，是出於對進口品的需求增高，與世界各地追求自由貿易的浪潮相互連結。在歐洲，對亞洲產品的需求上升，要求廢止東印度公司與殖民政府的壟斷，讓更多的人們參與貿易的呼聲也在不久後逐漸增強。在中國，受到熱帶海產與林產需求量增加的影響，航向東南亞的戎克船數量增多，移民數量也跟著上升。在日本，即便國內對爪哇及中國產砂糖和印度棉布的需求量提高，但德川時代並未放鬆進口限制，反而試圖以國內生產代替進口，滿足需求。德川時代的日本雖屬例外，但歐洲與中國追求自由貿易的趨勢，也造成人群往東南亞流動。

如此看來，島嶼東南亞的人們在十八世紀末至十九世紀初所期望的自由之中，最重要的應該是貿易活動及經濟活動的自由。從「貿易時代」以前起，東南亞的大型貿易國家就沒有獨占經濟活動，貿易並未被國家所壟斷，任何人都能夠參與；從這點來看，東南亞相當注重經濟活動的自由。然而直至十七世紀末前，在荷蘭東印度公司的貿易控制下，這項自由受到很大的限制，貿易一度停滯不前。到了十八世紀，中國對東南亞產的大眾消費商品出現新的需求，較小規模的武裝海商集團就在貿易活動中扮演了重要角色，在東南亞出口商品的產地，許多人也漸漸享受到了貿易利潤。如此一來，期望自由貿易的浪潮，也跟著一起大眾化了。

從世界史的角度來看，這股追求經濟自由浪潮的大眾化，可說是本書所討論時代的特徵。在稍早的時代，西班牙及葡萄牙國家、英國及荷蘭的特許公司試圖壟斷大西洋與亞洲的貿易活動，清朝和德川政權亦嚴格管制國際貿易。但自十八世紀開始，英國及其殖民地對特許公司壟斷行為的批判聲浪轉強，港腳商人等自由貿易商也持續於東南亞各國活躍。在清朝，從華南出航的戎克船商人也脫離本國限制來到東南亞，嘗試各種貿易活動。這些團體的活動，與東南亞武裝海商集團的發展，可說走在同一條軌道上。在歐洲，民間商人因特許公司壟斷而發起的反對運動廣為人知，但不只有歐洲人追求自由貿易，東南亞的武裝海商集團、從華南前來的華商們，也同樣在追求自由貿易。

不可思議的是，這些人們追求自由貿易而頻繁活動的場域，正是東南亞。這或許是由於東南亞自古以來便持續出口珍貴的商品。但筆者認為，原因應該不僅於此。島嶼東南亞自古以來便是一個向眾人敞開貿易之門的海洋世界。在這世界上唯一的熱帶群島中，平穩的海浪和季風利於貿易活動，茂密的叢林也讓國家難以管理。由國家和特許公司主導的壟斷貿易，雖也曾於十七世紀時一度興盛於這片海域，但在十八世紀便走向衰退，其後不一定與國家有關的人們，其對貿易的關心和參與則逐漸強化。在島嶼東南亞，獨特的自然環境與其中孕育出開放性的海洋傳統，也讓追求自由貿易的浪潮有機會比世界上其他地區更早發展。

第四章　蘇格蘭的自由貿易運動

熊谷幸久

1　十八世紀後期英國東印度公司的東印度貿易及其極限

十八世紀後期的東印度貿易

本章從蘇格蘭的視角，來探討包含一七八九年在內，十八世紀末至十九世紀前期英國多次出現的東印度貿易自由化運動。特別將重點放在蘇格蘭的最大城市格拉斯哥（Glasgow），以柯克曼・芬雷（Kirkman Finlay）等人為中心所組織的東印度委員會，以及格拉斯哥東印度協會的一連串遊說活動（Lobbying），藉此觀看蘇格蘭人對十九世紀前期形成的英國通商及帝國政策有何貢獻。

英國自大航海時代歐洲世界向外擴張時就開始東印度貿易，且長年皆由英國東印度公司獨占。這間公司在一六〇〇年由倫敦的富裕商人成立，是一個國家頒布特許狀，允許獨占交易的商業組織。特許狀的有效期限為二十年，期滿時更新。此外，母國的董事會與股東大會對公司營運有很大的影響力，成員們的社會階級或居住地也有某種程度的相似性，亦即歷史學家彼得・凱恩（Peter J. Cain）和安東尼・霍布金斯（Anthony G. Hopkins）所提出「紳士資本主義」（Gentlemanly capitalism）中的「紳士資本家階級」。所謂的紳士資本家階級，主要是以英格蘭東南部為主的地主貴族及倫敦金融城（City of London，位於倫敦市中心的世界級金融區）的金融服務業相關人士所組成的菁英集團，這群人在一六八八年光榮革命後的英國帝國擴張和發展上擔任了十分重要的角色。

但東印度公司的機能，在成立約一個半世紀後的十八世紀下半葉，發生了相當大的變化。一七五七年，羅伯特・克萊芙（Robert Clive）率領的東印度公司軍隊與孟加拉王公（Nawab）發生了普拉西戰役（Battle of Plassey），之後英國征服了孟加拉，過去英國東印度公司相當有限的統治機構機能，也自此急速擴大。一七六〇年代，東印度公司在孟加拉等印度東北部獲得徵稅權，被當時因對外戰爭而負債累累的英國視為是「從天國來的贈禮」，期望能將當地所徵收的部分龐大地租納入母國國庫；國家也因此更進一步介入與干涉東印度公司。而取得龐大財源的公司內部，各個集團為謀求自身利益，在股東大會和董事會上激烈爭奪主導權，陷入鬥爭。此外，距離英國本土遙遠的印度，公司職員的不法及奢侈行為演變成重大問題，而當地的公司軍隊無視於混亂的公司總部意向，反覆展開軍事征服行動，急速擴張公司的領地。這些行動導致軍事與統治費用急速增加，也對公司的商業活動帶來了不良影響。

做為商業組織的東印度公司，為了取得歐洲喜愛的亞洲產品而需要資金，為了補充資金的不足，便在當地向那些希望將亞洲的財富送往歐洲的人們，販賣於倫敦兌換的匯票。但這種手段實際上是將公司在亞洲的債務轉換至母國，加上公司每年需向國家繳納四十萬鎊的龐大款項，並義務支付每年百分之十二・五的股票分紅，造成英國母公司財政困窘，最後爆發一七七二年公司無法履行

構成英國的四個「國」與主要城市

斜線部分為蘇格蘭。直至一七〇七年與英格蘭合併前，蘇格蘭都是一個獨立國家。

債務的事件；因此，公司不得不限制匯票的發行量。後來被當作取代匯票的匯款手段而廣為利用的，是向英國以外的歐洲各國及美國商人提供信貸，之後再於歐洲還款。然而，這種匯款形式的擴大，卻被認為導致原本該用於英國東印度獨占貿易的資金被競爭國家所用，助長了競爭國家的貿易增長，成為一大問題。

由於在印度的統治範圍擴大，英國期待能將當地的部分龐大稅收轉移至母國，加上當地英國人的經濟活動十分蓬勃，從印度到英國本土的進口貿易被視為資金輸送的重要手段，受到高度重視。然而這對財政窘迫的東印度公司而言，卻十分困難。不僅如此，十八世紀末以後英國棉紡織業急速成長，印度產棉製品的進口量銳減，能取代棉布的新進口商品開發也趕不上進度，導致公司的印度貿易陷入萎靡狀態。

相反地，在這個時期的東印度貿易中顯露鋒芒的，是不隸屬公司、在亞洲獨自從事交易的私人貿易商*，其中許多是由公司發給前往印度許可證的人士或是前公司職員。與由公司獨占而嚴格管制的歐亞貿易相較，他們從事的是規範較寬鬆的港腳貿易（country trade，指亞洲境內的交易活動），另外在十八世紀下半葉，英國逐步強化對印度的政治控制，為母國國民的商業活動提供更良好的環境和機會，加上同時期的中國貿易也正在擴大，在這些有利條件的支持下，此時期的私人貿易商急遽成長。到了一七八〇年代，他們不僅從事貿易活動，還發展出被稱為「代理商」（Agency Houses）的公司組織，提供投資當地種植園經營以及往母國的匯款等多元業務。此外，在這些代理商之中，也有人回國後於倫敦成立「姊妹公司」，利用過往所構築的當地關係網絡從事商業活動。這類代理商在東印度貿易中占有十分重要的位置。

在十八世紀下半葉，亞洲的政治與經濟出現了非常大的變化。過往以握有獨占權的英國東印度公司為中心的東印度貿易結構，明顯愈來愈不符合當時需要，英國開始尋找能夠取代的新架構。因此，當時的英國國內即便受到一七八九年的法國大革命，以及其後拿破崙戰爭導致保守主義勢力崛起的影響，要求鬆綁東印度貿易規範的聲浪仍然十分強烈。

蘇格蘭要求東印度貿易自由化運動的開始

十八世紀後期至十九世紀初這段期間的蘇格蘭，與南方的英格蘭相較，人口規模較小，成長也較為緩慢，因為「國內」市場狹小，總是需要向「國外」追求經濟活動的機會。一七〇七年蘇格蘭與英格蘭合併，蘇格蘭人犧牲政治獨立所換來的，不只是前進英格蘭廣大殖民地市場的權利，同時他們的活動也在聯合王國的旗幟下受到保護。然而，在十八世紀的最後二十五年，蘇格蘭人的活動逐漸超越了英國過往重商主義政策的結構。其中，基於兩國合併，蘇格蘭人要求在東印度貿易上也要有平等的交易機會；對他們來說，英格蘭倫敦的東印度公司總部，成了巨大的絆腳石。

要求廢除東印度公司貿易的獨占權，這並不是什麼新鮮的提議，這類聲音早已存在於那些被排除在東印度貿易之外的貿易商之間。然而到了這個時代，也開始出現來自理論層面的質疑，批判東印度公司本身的重商主義色彩。其先驅便是被稱為「經濟學之父」、出身蘇格蘭的亞當．斯密（Adam Smith）。亞當．斯密在一七七六年出版著名的《國富論》（*The Wealth of Nations*），內容花了非常大的篇幅批判擁有貿易獨占權的東印度公司。例如，他批判若讓東印度公司持續且長久擁有獨占權，那麼比起自由貿易，英國國民必須花費更高的價格購買商品；這不僅將眾多國民排除在高收

＊ 本章作者使用的日文詞彙為「私貿易商」，即前幾章提到的港腳商人或自由貿易商。此處延續作者用詞，一律譯為私人貿易商。

益事業之外，國家還得浪費稅金解決職員的不法行為等公司經營問題。另外關於印度的統治，亞當．斯密主張，大部分英國本土的股東及董事們幾乎都對印度的繁榮不感興趣，因此由公司來統治印度並不恰當。在自由貿易理論廣泛流傳的推波助瀾下，即便是從那些正處於工業革命階段的英國中北部地方工業城市商人及製造業者，也逐漸出現了要求鬆綁東印度貿易規範的強大聲浪；其中也包含了蘇格蘭格拉斯哥的人們。

亞當．斯密求學及任教的大學便位於格拉斯哥，他所主張的自由主義早在因《國富論》而聞名世界前，就已被當地人們廣泛接受。然而，格拉斯哥的貿易商和製造業者雖然追求更自由的亞洲貿易，但也不是盲目支持亞當．斯密的想法，而是有更實際的緣由。例如，工業革命時期的各種技術革新，雖已讓英國棉紡織品的大量生產及品質提升成為可能，但至十八世紀末為止，東印度公司主要進口商品之一的印度產棉紡織品，仍持續被國內的棉紡織工業視為威脅。因此在一七八〇年代，格拉斯哥與英格蘭曼徹斯特的利害關係人士（stakeholder），為了讓東印度公司限制印度產棉紡織品的大量進口，便派遣派翠克．卡馮（Patrick Colquhoun）為首的聯合代表團前往倫敦，在當地展開遊說活動。

格拉斯哥等地方利害關係者對東印度公司貿易獨占權的批判，在一七九〇年代初期公司特許狀的更新一事上，顯得更加激烈。例如一七九二年十二月，格拉斯哥商會（Glasgow Chamber of Commerce）向監督公司活動的政府機關監督局主席亨利．鄧達斯（Henry Dundas）提出了請願書。他們在請願書中表示，過去為了確保長程貿易這種冒險事業所必須的資本，以及為迴避風險而容許壟斷的理由，今日已不復存在；他們並以亞當·斯密的理論為基礎，要求使用自有船隻出口工業製品與進口原料。除此之外，諸如公司進口的印度棉布除了高價產品外皆應設下限制、禁止對印度出口以及在當地使用紡織機等機械裝置，這類要求都包含在請願內容。這種要求開放東印度貿易與保護國內產業的請願，除了蘇格蘭以外，曼徹斯特及利物浦商人與製造業者等也都曾提出。

儘管如此，在此時期東印度公司特許更新一事上，以格拉斯哥為首的地方利害關係者之要求，幾乎全數遭當時的政府和公司駁回。造成此結果的重要原因，是各地方無法調整彼此利害統一請願內容，以協調合作的模式發展全國規模的自由貿易運動。例如，自古以來便是毛織品產地的英格蘭西南方艾希特（Exeter）或是東部的諾里奇（Norwich），便由於供應出口商品而與東印度公司關係緊密。這些地方城市的要求是擴大過去由公司經手的對亞洲市場輸出，是所謂穩健性的變

圖 4-1　格拉斯哥大學

亞當·斯密在這所大學就讀，而後在此教授邏輯學與道德哲學。現在大學雖然位於市區西側，但在當時是中心地帶。

革，與格拉斯哥和曼徹斯特等較為激進的要求大不相同。加上各方對東印度貿易自由化的要求十分多樣且混亂、紛雜不一，導致這個時期的地方工商業者在決定東印度貿易的政策上，無法成功發揮足夠的影響力。

另一方面，在東印度公司內部擁有強大派系的倫敦與亞洲私人貿易利害關係者，針對公司特許更新一事展開了更有效的遊說活動。這群人以大衛．史考特——私人貿易商，同時也是東印度公司的有力董事——為中心，希望在維持過往東印度貿易的結構下鬆綁限制。為了達成此目標，這些關係者特別強調當時未經公司中介而在印度和歐洲之間的非法貿易問題。以亨利．鄧達斯為中心的政府相關人士，最初雖然知道存在該問題，卻未能慎重看待和處理，後來在史考特等人鍥而不捨的請願下，總算開始認真面對，決定有條件地承認私人貿易商加入東印度貿易，以便將非法貿易編入合法貿易架構內。同樣地，鄧達斯原本支持國內棉紡織業者提出的要求，全面禁止國內使用印度產的細棉布（muslin），但在大衛．史考特等人的遊說下，亨利．鄧達斯深信若全面禁止國內使用印度產細棉布，只會讓非法貿易擴大。最後，監督局主席鄧達斯在議會提出關於特許更新的議案中，刪去了全面禁止使用的字眼。

2 格拉斯哥東印度委員會的成立及一八一〇年代前期自由貿易運動

東印度委員會的成立

在更新東印度公司特許狀的議論中，由亨利．鄧達斯命名為「受限獨占」（regulated monopoly）、加入鬆綁貿易限制的東印度公司特許更新法案於一七九三年通過。自翌年起，每年東印度公司船隻皆需分讓三千噸的載重量給私人貿易商。然而，格拉斯哥商會仍對其供私人貿易使用船隻的方式發出批判，內容如下：

> 希望〔利用公司船隻〕出口的商人，須在八月三十日前提出將於翌年三月或四月發送的商品申請，並在提出申請後的十五日內，為那些至少半年後才會發送的商品支付運費，抑或出具付款保證。此外，若無法在十月底前向公司提交出口商品的種類與數量清單，運費將沒收。

換句話說，要使用東印度公司的船隻進行貿易，實際上手續非常繁雜，且缺乏通融空間。而基於一七九三年的法令，私人貿易商可進行交易活動的範圍，僅限於公司實際控管的區域內，如此私人貿易商便被排除在像是茶葉貿易等可獲得高收益的中國貿易之外。不僅如此，由於必須獲得公司許可才能住在公司領土上，也造成不少麻煩。這些規定和限制，使得私人貿易商無法自由派遣職員和代理人前往當地。

此外，在格拉斯哥的貿易商人和製造業者眼中，還有一個非常重要的矛盾：由於東印度公司擁有獨占權，英國市民被排除在外的國家與區域貿易，美國等當時英國友好國家的國民卻能合法進行。這種宛如犧牲本國國民、助長他國商業活動繁榮的通商「失策」，在當時被排除在外的人們內部引起了相當大的不滿。

最終，一七九〇年代東印度貿易限制的鬆綁，對包含蘇格蘭在內的地方利害關係者們來說並不足夠，在貿易活動上仍有許多不便之處。因此當一八一〇年代初期東印度貿易公司二十年特許期限再次屆滿時，包含蘇格蘭在內的英國境內各地方城市都陸續出現要求進一步放寬東印度貿易限制的壓力團體*，自由貿易運動呈現熱絡興盛的狀態。

一八一〇年代前期，率領以格拉斯哥為中心的蘇格蘭地區要求東印度貿易自由化的人物，是當時的格拉斯哥商會會長柯克曼．芬雷。他不僅是十九世紀前期格拉斯哥經濟圈的大人物，同時也是個頗具勢力的政治家。一七七三年於格拉斯哥市誕生的他，在家中排行第二。父親詹姆士．芬雷（James Finlay）是詹姆士芬雷商會（James Finlay & Co.）的創始人，這間商會延續至今，已是經營茶園和進行茶葉加工為主的跨國企業。柯克曼．芬雷從格拉斯哥文法學校（Glasgow Grammar School，源自一一二四年左右成立的聖歌隊學校）畢業後，進入亞當．斯密的母校格拉斯哥大學就讀，這應該對柯克曼．芬雷這位自由貿易信仰者的經濟思想產生了重大影響。在其他商會擔任學徒後，柯克曼．芬雷開始參與詹姆士芬雷商會的經營，並在父親逝世後繼承商會，將其發展成蘇格蘭首屈一指的貿易商行及棉紡織布公司。他不僅活躍於商業界，在政治界亦曾擔任包括格拉斯哥市長及英國下議院議員等眾多要職。

一八一二年二月，格拉斯哥商會及市議會以芬雷等人為首，討論格拉斯哥市對東印度貿易問題的對策。他們收到同時期在英格蘭中部伯明翰（Birmingham）領導自由貿易運動的托馬斯·阿德伍德（Thomas Attwood）寄來的書信，信中除了請求格拉斯哥相關人士在市內收集請願書、遊說鄰近地區外，也希望他們能在四月初與其他地方城市一同派遣代表團至倫敦。因此，格拉斯哥地方人士在準備並提出上呈議會請願書的同時，也在三月二十三日以時任市長約翰·漢彌頓（John Hamilton）的名義，由商會與市議會聯合舉辦召集該市商人與製造業者的市民會議。在會議上，芬雷等人大力批判東印度貿易所加諸的種種限制，並提出成立東印度委員會（為了推動與印度和中國的自由貿易而組織的格拉斯哥委員會）以及選出該營運委員會成員的議案，最後議案通過。雖是題外話，以社會主義思想家聞名、而後在消費者合作社運動及勞工工會運動上做出巨大貢獻的羅伯特·歐文（Robert Owen），這名大人物也是營運委員之一。當時的歐文，是蘇格蘭最大規模紡織公司之一新拉奈克（New Lanark）公司的共同經營者。由於東印度委員會的成立，使得格拉斯哥的東印度貿易自由化運動得以團結一致，也更加有效地進行遊說活動。

* pressure group，又稱利益團體或倡議團體，是一種基於相同利益而結合的社會團體。他們向社會或政府提出訴求，試圖影響政策以爭取權益。

格拉斯哥的西印度利害關係者

東印度委員會的遊說活動由營運委員會做為總召，活動必要的資金主要來自格拉斯哥的商人及製造業者的捐款。在格拉斯哥中央圖書館的米切爾圖書館（Mitchell Library）藏有東印度委員會的會議紀錄及信件等文書檔案。只要檢視其中記載的營運委員會成員姓名及捐款者名冊，就可以明白當時東印度委員會的活動受到格拉斯哥的貿易商、製造業者、銀行家等各行各業在經濟上存在利害關係的人們支持。這反映出了當時格拉斯哥特有的、兼具商業和工業城市的兩種經濟結構面貌。不過若詳細調查營運委員會的委員以及捐款者的背景，可以發現在格拉斯哥，某些經濟利害關係團體對於東印度貿易自由化問題格外關心，也更積極參與東印度委員會的遊說活動或捐款支持；其中之一便是加勒比亞海的西印度殖民地貿易商人及種植園經營者（也就是所謂的西印度利害關係者）。譬如組成營運委員會的四十八名委員，當中至少就有二十位是西印度利害關係者。

十九世紀前半葉的格拉斯哥是英國首屈一指的貿易港口，在十八世紀中葉至美國獨立為止這段期間，透過與北美殖民地的煙草貿易而繁榮，後來成為以西印度殖民地為對象的西印度貿易中心之一。參與其中的格拉斯哥貿易商人與種植園經營者以「團結面對與西印度貿易相關的所有問題，以獲得共通利益與福利」為目的，在一八〇七年成立名為「格拉斯哥西印度協會」的壓力團體。以其組織力量為背景，格拉斯哥的西印度利害關係者不僅在經濟上，在社會及政治層面上也擁有影響力。以該協會會長、理事、書記等董事為首，許多會員亦加入新成立的格拉斯哥東印度委員會的營

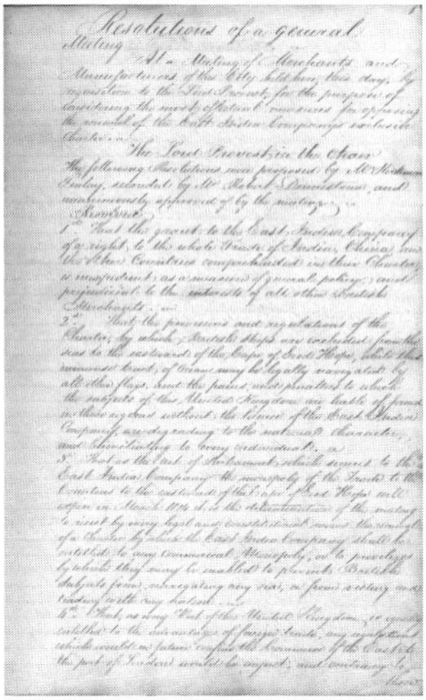

Resolutions of a general Meeting

The Lord Provost in the Chair

圖 4-2　格拉斯哥東印度委員會會議紀錄
內容是關於決議設立東印度委員會的市民大會
藏於米切爾圖書館

圖 4-3　米切爾圖書館
該圖書館為格拉斯哥的中央圖書館，除了東印度委員會與東印度協會外，亦收藏有包括西印度協會紀錄等關於該市的各種史料。

圖 4-4　新拉奈克
現今被登錄為世界遺產的新拉奈克，是十九世紀初蘇格蘭最大規模的棉織廠之一。

運委員會，並且捐款援助活動。

格拉斯哥的西印度利害關係者之所以參與東印度貿易自由化運動，是因為他們所從事的熱帶西印度群島貿易活動易受氣候因素影響，投機性質甚高。除此之外，更重要的是當時英國國內外的政治局勢不安定，從事貿易活動必須承擔相當大的風險。當時的英國自一七八九年法國大革命後，便斷斷續續地對外戰爭，主要對象是法國。在交戰狀態下，西印度殖民地的遠距離貿易很可能遭到敵國私掠船襲擊，因而被迫暴露在不安定的環境下。此外在英國國內，包含十八世紀末以降的蘇格蘭在內，以貴格會（Quaker）教徒與英格蘭聖公會（Church of England）福音主義派為中心，要求廢除奴隸貿易的運動規模擴大，並於一八〇七年正式廢止奴隸貿易。雖然在大英帝國境內，奴隸制度仍然合法，且一直持續至一八三〇年代初期，但對於利用黑奴從事種植園砂糖生產及出口做為經濟基礎的西印度殖民地而言，廢止奴隸貿易無疑地仍舊帶來了打擊。當時直接面臨這些困難的西印度利害關係者，為了採取多角化經營以分散風險，便謀求加入從歐洲看來正好位於與西印度群島相反方向的亞洲貿易。然而，像是砂糖這類的世界性商品，西印度貿易與東印度貿易處於競爭關係，究竟該如何在不影響既有的西印度貿易上要求東印度貿易開放，也成為格拉斯哥及其他西印度利害關係者的問題。

像這種西印度利害關係者的意向，也反映在東印度貿易自由化運動之中。換句話說，不只格拉斯哥內部，就連全國性規模的遊說活動中，決議時亦會顧及西印度貿易商與種植園經營者的利害關係。最後，約莫與一八一三年東印度貿易自由化問題取得結論的同一時期，也決定採取對西印度產砂糖課徵較東印度產砂糖低廉的關稅等優惠措施。

格拉斯哥的棉紡織業者

另一個偕同西印度利害關係者支援格拉斯哥東印度委員會活動的經濟利害團體，是包含棉紗批發、紡紗、織布、印染在內的棉紡織業相關人士。營運委員會中至少有將近二十名成員與棉紡織業有關。英國的棉紡織業，原本就是為了替代由東印度公司帶進歐洲的印度產棉布（Calico）而在國內萌芽，在十八世紀下半葉的工業革命因各種技術革新而急速發展。特別是塞繆爾・克朗普頓（Samuel Crompton）發明的走錠紡紗機（Spinning mule）以及普及化，讓當時的英國能夠生產出與印度產高級棉布——「細棉布」相同等級的產品。以紡織為中心的棉紡織業急速近代化，為當時帶來與十八世紀末自由貿易運動全然不同的背景；在東印度貿易自由化運動再興的一八一〇年代之前，英國國內的棉紡織業已不再將印度產棉布視為威脅。與英格蘭西北部蘭開夏（Lancashire）同時帶動當時棉工業發展的，正是蘇格蘭西南部的格拉斯哥、佩斯利（Paisley）及其周邊地區，這些地方以先進的機械設備與工匠的優秀技術為傲。除此之外，許多從事西印度貿易的格拉斯哥貿易商與種植園經營者，也積極投資此地區的棉紡織業。

與西印度利害關係者相同，當時與法國交戰導致的經濟蕭條，也成為棉紡織業者的一大問題。拿破崙在一八〇五年特拉法加海戰（Battle of Trafalgar）敗北後，知道不可能再進攻英國本土，便在一八〇六發布《柏林敕令》（*Berlin Decree*），又於一八〇七年發布《米蘭敕令》（*Milan Decree*）。這些敕令被稱為「大陸封鎖令」，目的在藉由限制英國與歐洲諸國的貿易，將英國製品排除在歐洲大陸市場之外，以打擊英國經濟。不僅如此，就在東印度貿易自由化問題即將正式討論的一八一〇年，法國合併了荷蘭、西發利亞及北德意志，加上與奧地利的戰事取得勝利，使拿破崙對英國的封鎖更加徹底。雖然從公司的歷史資料可以看到，在這場經濟戰爭中，柯克曼・芬雷的商會發展出自己的網絡，突破經濟封鎖，成功與歐洲諸國貿易；但一般而言，當時要從英國出口商品到歐洲是很困難的。

不僅如此，握有強大海軍而掌握制海權的英國，為了對抗拿破崙的大陸封鎖令，採取了逆向封鎖措施。一八〇七年頒布的《樞密院令》(*Order of Council*),更強制與歐洲貿易的中立國船隻必須中途停靠英國,導致當時的中立國美國與英國關係惡化,最後導致一八一二年六月英美戰爭爆發。在這種與歐陸及美國出口貿易愈發困難的局勢下,當時做為替代市場而備受矚目的南美洲投機貿易更在一八一〇年以失敗收場,對英國製造業者來說更是雪上加霜。最後,包含格拉斯哥在內的英國棉紡織業者為了擺脫貿易蕭條,開始將目光轉移到新市場及原料供給地的亞洲,追求自由化貿易。

遊說的手段

格拉斯哥東印度委員會與利物浦、伯明翰等城市的壓力團體維持緊密聯繫,調整遊說戰略,成功組織起全國性規模的統一自由貿易運動團體。成為蘇格蘭自由貿易運動中心的格拉斯哥,推廣運動時不僅限於鄰近地區,也尋求全國性的支持及參與;為此不僅透過傳閱文書,還會利用如報紙和政治小冊子等出版品。例如在一八一二年三月底,格拉斯哥不只向國內主要城市,還向主要交涉對象如首相、監督局主席、商務局主席與副主席等有力政治家們送出前文提到的三月二十三日市民大會決議內容與傳閱文書。另外在出版品方面,當時批判東印度公司獨占貿易的有名政治小冊子《關於東印度獨占權的信件》,原本是刊載於格拉斯哥當地報紙的文章,後來為了讓貿易自由化的全國性輿論升溫,除了格拉斯哥以外,也在愛丁堡、倫敦、利物浦以政治小冊子的形式出版發行。從格拉斯哥發出呼籲，向全國請求參與自由貿易運動，這究竟造成了何種程度的成果尚未可知，但至少在以格拉斯哥為自由貿易運動中心的蘇格蘭地區，地方遊說人士成功地喚起了輿論：當時向議會提出的五十五封反對東印度公司更新特許狀的請願書中，有二十二封來自蘇格蘭各城市。從這樣的現象中可證明這點。

除此之外，對地方遊說人士而言，不只是利用傳閱文書和出版品等方式來喚起輿論，前往倫敦與政府相關人士、國會議員及東印度公司相關人士直接交涉，也同等重要。東印度委員會決定派遣格拉斯哥市代表團前往倫敦，成員有柯克曼·芬雷、約翰·漢彌頓市長，以及西印度貿易商兼羅伯特·歐文的新拉奈克公司共同經營者羅伯特·丹尼斯頓等三人。代表團成員雖然包括市長，但實際核心人物是柯克曼·芬雷，代表團在當地的活動及各種情報，幾乎都是由他每天親手傳遞回格拉斯哥。四月初，抵達倫敦的芬雷等人與利物浦、曼徹斯特、伯明翰、布里斯托（Bristol）等地方城市派遣的代表團成員組成聯合代表團，開始在首都展開遊說活動。而後英格蘭的雪菲爾（Sheffield）、普利茅斯，以及愛爾蘭的貝爾法斯特、沃特福（Waterford）等地也派遣代表團前往倫敦，可以說全國各地方主要城市的利害關係者皆聚集至英國的政治中心，為追求東印度貿易自由化而齊聚一堂，共同發聲。

聯合代表團主要的交涉對象之一，是當時的監督局主席羅伯特·鄧達斯（亨利·鄧達斯之子）。在以他為中心的政府關係人士與英國東印度公司之間，自一八〇八年左右起便持續就特許狀更新一事進行交涉。而當地方聯合代表團在倫敦展開遊說活動時，除了公司將繼續獨占中國貿易外，雙方也在印度貿易上，以開放地方港口的出口貿易與限定倫敦港的進口貿易為重點，就東印度公司特許狀更新的方針私下達成了共識。特別是在此共識中的出口貿易開放，由於來自倫敦及亞洲私人貿易商的壓力，東印度公司不得不承認有必要放寬貿易限制。因此，早在地方利害關係者開始遊說活動前，公司便已決定將放寬限制，且程度較一七九三年通過的法案還寬鬆。然而為了維持倫敦的優越性，倫敦商人並不希望過度放寬東印度貿易的限制；因此當之後遊說運動正式展開，高舉著包括開放地方港口對印度進口貿易等較為激進的要求後，倫敦商人的立場便轉向支持東印度公司。

在倫敦的遊說活動及進口貿易的自由化問題

當倫敦的利害關係者為了在東印度貿易中維持自己的優越條件而有所動作時，對印度的進口貿易究竟該限定在倫敦港，還是該因應地方利害關係者的要求，向地方港口開放？這個問題成為一八一二年至一八一三年間，東印度貿易自由化運動中最大的焦點。促使此問題受到矚目的契機是四月十日舉行的會談，與會者包含芬雷在內的格拉斯哥代表團，以及托利黨（Tory Party，後來的保守黨，Conservative and Unionist Party）斯賓塞．珀西瓦爾（Spencer Perceval）首相，已決定退下監督局主席職務的鄧達斯及繼任者白金漢郡伯爵（Earl of Buckinghamshire）也一同出席。雖然會談時間非常有限，但代表團在會談中理解到，政府之所以支持將印度進口貿易限定在倫敦港，相當重要的一點是擔心一旦開放地方港口從事貿易，便難以穩定徵收關稅。換句話說，相較於東印度公司對中國貿易的獨占，在開放地方港口從事對印度進口貿易上，只要能夠消除政府對關稅徵收的疑慮，便很有可能推翻政府與公司事前取得的共識。因此，之後地方遊說人士便將精力和時間集中在這項問題上。而在上述三位政治家與聯合代表團於五日後召開的會談中，地方港口的關稅徵收也成為討論議題。與政府交涉的結果，地方利害關係者必須提出充分證據，證明地方港口與倫敦港相同，也能確實徵收關稅。格拉斯哥方面選出能提供證言的人士：他們派遣了格拉斯哥外港、同時也是稅關所在的格拉斯哥港（Port Glasgow）行政長官阿奇波爾德·華爾寇納，於四月下旬前往倫敦。

這個時期地方遊說人士的重要行動，是向能夠影響大英帝國通商政策的商務局展開遊說。商務省起初並未直接涉入東印度貿易的自由化問題，然而格拉斯哥為了取得商務局支持，在三月底寄給了該局主席與副主席的傳閱文書和市民大會決議內容，四月初商務局便開始介入。當時的商務局副主席喬治·羅斯，也是首次參與東印度公司特許狀更新問題的全面性討論；他在四月十三日與聯合代表團舉行會談，出席會談的芬雷在寄回地方的信中滿懷喜悅地表示，羅斯「熟讀了（在那之前寄送給他的所有書信和印刷品」，不但認同這項議題有進一步討論的必要，同時也表明了支持開放印度貿易與中國貿易。成功獲得商務局的支持，使他們對於此階段的遊說活動極為樂觀。

正當地方工商業者積極展開行動、請求向地方港口開放進口貿易時，倫敦出現了反對運動。四月二十一日，以托馬斯·布朗為代表、從事印度棉紡織品交易的倫敦商人召開集會，向政府遞出希望將進口貿易限定在倫敦的請願書，並強調長年以來東印度產品從倫敦港輸入，經由公開拍賣決定價格並徵收關稅，這套東印度貿易徵稅制度的優越性，以及倫敦既是商業中心也是印度產品的聚集地，具備了如何的商業優勢。此外他們也主張，若允許進口貿易自由化，讓印度棉紡織品直接輸入地方港口，將會與該地區的棉紡織業競爭，因此將進口貿易限定在倫敦才符合國家利益。

在四月中的會談後，雖然斯賓塞．珀西瓦爾尚未回答來自地方的請願，但格拉斯哥代表團在月底收到了消息，表示開放中國貿易雖有困難，但其他政府與東印度公司取得事前共識的事項則將撤回。同一時期，監督局告知東印度公司將撤回事前的共識，承認開放對印度的進口貿易。這項情報在五月九日由聯合代表團當中的格拉斯哥的芬雷、利物浦的約翰．格萊斯頓（John Gladstone）、布里斯托的約翰．麥卡登（John Loudon McAdam）三位代表與斯賓塞．珀西瓦爾及白金漢郡伯爵會談時，獲得再次確認。在這次會談中，政府代表向地方代表說明，在印度的進口貿易上將會朝向開放英格蘭、愛爾蘭、蘇格蘭主要港口的方向調整。至於中國貿易，即便商務局站在支持貿易自由化的立場，芬雷等人也在會談中試圖直接遊說，但最後仍無法顛覆政府初始的方針——繼續讓東印度公司擁有獨占權。

開放地方港口參與進口貿易的理由

為何政府會推翻先前與東印度公司的共識，不再將印度進口貿易限定在倫敦，而決定開放給地方港口呢？關於這一點，歷史學家安東尼・韋伯斯特（Anthony Webster）強調了商務局所扮演的角色。當時的英國由於與拿破崙的戰爭趨於白熱化，海外貿易也出現阻礙，這點前面已經說明過。在這樣的狀況下，英國為了贏得戰爭，必須要抑制導致國內社會不安的糧食價格高漲，同時還須確保廉價的原物料；為了解決這項問題，才決定向地方港口開放印度進口貿易。換句話說，根據韋伯斯特的主張，與其說開放是地方利害關係者遊說活動所帶來的成果，不如說是「戰時經濟戰略」的一環，依照以商務局為中心的政府判斷，決定放寬限制。

然而，希望抑制通貨膨脹維持社會安定並確保廉價原物料的絕不只有政府，蘇格蘭和英格蘭工業地帶的利害關係者們更是如此。例如位於伯明翰近郊的達德利市（Dudley）向英國議會遞出的請願書中，如此描述當時該城的情況：

> 現在的達德利一帶，由於糧食價格高漲，貧窮擴大到前所未有的程度。在城鎮與附近具有影響力的製造業者（**中略**）殷切期盼著美國市場能在短時間內開放，以及東印度公司壟斷的終結，並藉由擴大資本創造出更多雇用機會，持續減輕勞工的貧困。

憂心地方經濟狀況的惡化，將東印度貿易自由化視為解決辦法，並向議會提出請願書的不只達德利，還包含格拉斯哥在內的眾多地方城市，這些文字都留在議會議事紀錄（通稱 hansard）中。而在英國國內經濟普遍蕭條的狀況下，在地方遊說人士正式展開自由貿易運動前不久的二月裡，不僅英格蘭中部發生了破壞機械的盧德運動（Luddite movement），北部工業帶也因暴動而造成許多損害，加深了社會的不安。大部分地方上的東印度貿易自由化運動領導者，不僅是雇用大批勞工的工廠經營者，同時也與地方政治關係密切，芬雷便是其中的典型。從這些事情也可看出，地方利害關係者對於經濟環境惡化所導致的地域社會不穩，較其他人更為敏感。

至於確保工業原物料方面，自一八〇七年《樞密院令》頒布後，英國與美國的關係惡化，這對十分依賴美國供應棉花的英國國內棉紡織業者來說是重大問題，也讓取代美國做為棉花供應來源的印度備受矚目。例如，當時在利物浦頗具影響力的西印度利害關係者，同時也是率領該市自由貿易運動的約翰．格萊斯頓，便向商務局主張棉紡織工業是英國的主要產業，卻仰賴「敵國」供應原物料，從安全保障的觀點來看並不是一件好事，應將棉花原料由美國產替換為印度產。然而當時印度產棉花品質低劣，在國際市場上缺乏競爭力，約翰．格萊斯頓認為有必要導入適當品種，並注意栽培管理、採收及後續處理作業，如此便可在數年之內從勞動成本低廉的印度大量供給高品質的棉花。但熟悉棉紡織業、也同樣在聯合代表團中活動的芬雷，則認為格萊斯頓的主張不可能實現；實際上，格萊斯頓的想法也未能達成。

政府與東印度公司進口貿易僅限於倫敦的事前共識遭到撤回，對於此事，監督局主席白金漢郡伯爵在撤回後向東印度公司傳達的內容如下：

他們（地方遊說人士）要求以（與東印度公司）相同條件全面參與對印度貿易，同時也以走私危機為由，主張以倫敦港為優先而排除（地方港口）的做法毫無根據。並且，他們確信透過稅務取締的方式可以杜絕（走私的）危機。（**中略**）有鑒於這些說明的重要性，政府決定變更原本的約定。

由此可見，開放地方參與進口貿易，這項一八一〇年前半東印度貿易自由化最受矚目的議題能夠實現，與其說是出自政府本身的判斷，不如說是地方利害關係者的遊說活動帶來了重大影響。

一八一〇年代前半東印度公司特許狀更新問題的結果

至一八一二年五月為止，特許狀更新的條件幾乎已拍板定案，但比起東印度貿易的自由化，當時的政府不得不優先處理與拿破崙戰爭相關的問題（特別是一八〇七年樞密院令的廢除）。而在與芬雷等人的會談結束後數日，又發生了首相斯賓塞．珀西瓦爾暗殺事件，議會中關於東印度貿易的議案延至下一次會期審議，在倫敦的聯合代表團遊說活動也暫時告一段落。

在那之後到下一次會期前，對東印度委員會而言十分重要的事件，是同年九月英國下議院解散和大選的舉行。由於投票結果讓芬雷在格拉斯哥所在的克萊德城鎮（Clyde Burghs）選區中勝出，格拉斯哥的遊說人士擁有了一位可以在議會內直接代表他們利害關係的議員。其後隨著新議

圖 4-5　柯克曼・芬雷
羅伯特・查理斯・貝爾（Robert Charles Bell）與約翰・格雷厄姆－吉爾伯特（John Graham-Gilbert）所繪的肖像畫。
藏於英國國家肖像館

會召開在即，收到再次於倫敦組成聯合代表團的相關聯絡後，格拉斯哥方面也再次準備向議會提出請願書，並選出代表團。翌年一八一三年一月，由各地方城市組成的聯合代表團再次成立；因過往遊說活動已確定了從印度的進口貿易將開放地方港口加入，因此往後與政府交涉的重點將轉向中國貿易的自由化。但在這項問題上，即使地方展開了強力的遊說活動，以白金漢郡伯爵為中心的監督局方針並未改變，仍舊由東印度公司繼續獨占中國貿易。根據歷史學家菲利普斯（C. H. Philips）和韋伯斯特（A. Webster）的研究，曾在當時中國唯一的貿易港廣州擔任貨運監督（supercargo）從事貿易、對中國貿易狀況十分熟悉的小斯當東（Sir George T. Staunton）的意見，對監督局的決策影響甚大。

到了三月下旬，英國下議院開始審議東印度公司特許狀更新的議案，其後長達二個月的期間，東印度公司方面招聘眾多證人至議會大會及特別委員會為公司做證；而地方利害關係者方面也著手選出自己的證人。但當時間進入到五月，他們開始害怕一旦審議時間延長，特許狀更新問題將會被延至下一個會期討論。原本東印度貿易自由化問題會受到熱烈支持的理由之一，是當時惡劣的經濟狀況；但當之後經濟狀況好轉，社會對此議題的關注亦轉趨淡薄。事實上即便在格拉斯哥，自由貿易運動核心的經濟利害團體之一——西印度利害關係者給予的支援也逐漸減少。東印度委員會的營運委員會向代表團傳達他們的擔憂：在輿論關注度逐漸消退的狀況下，若法案未能在閉會前通過，問題懸而未決，遊說活動恐將困難重重，甚至可能帶來弊害。而當時必須專注處理拿破崙戰爭問題的政府亦抱持同樣想法，希望能在該會期內做出結論。由於雙方利害一致，地方利害關係者放棄召請證人至議會，目標是在會期內了結該問題。

在議會審議迎來結束的六月十六日，下議院代表倫敦金融城利害關係的亞歷山大・巴林（Alexander Baring）仍試圖為將對印度的進口貿易限定在倫敦做出最後努力，*代表東印度公司利益的議員們也與亞歷山大・巴林站在同一陣線。相對地，在下議院代表格拉斯哥遊說人士利益的芬雷，與利物浦所選出的有力議員喬治・坎寧（George Canning）一同阻止，最後成功守住了地方的利益。至此，一八一二年至一八一三年間東印度公司特許狀的更新問題，以印度貿易的自由化及公司繼續獨占中國貿易，也就是部分貿易自由化的結果，劃下了句點。

3 一八二九至一八三三年間中國貿易的自由化問題

謀求東印度貿易自由化的壓力團體再組

一八一三年英國東印度公司特許狀更新的條件，是在翌年四月後開放所有英國人參與印度貿易，實現自由化，地方利害關係者因此能合法加入對印度的直接貿易。在此時期新加入東印度貿易的商人和製造業者，也包括了詹姆士芬雷商會，當時的代表人即是率領東印度貿易自由運動的柯克曼・芬雷。印度貿易開放後，芬雷的商會便在一八一六年派遣《白金漢郡伯爵號》（*Earl of Buckinghamshire*，為了向對印度貿易自由化有所貢獻的白金漢郡伯爵致敬而命名）從克萊德河（River Clyde）前往印度孟買（Mumbai，過去稱為Bombay），翌年派出《喬治坎寧號》前往加爾各答（Kolkata，過去稱為Calcutta）。一八一四年印度貿易的自由化，就這樣孕育出了許多新興的地方東印度利害關係者。其中地方製造業者為了向亞洲出口，便將商品委託給倫敦的代理商；尤其是格拉斯哥的製造業者，在出口時還接受了代理商的信用貸款。以詹姆士芬雷商會為例，它在一八〇九年於倫敦金融城設立姐妹公司芬雷霍奇森商會（Finlay Hodgson & Co.），一八一四年起便透過該商會，利用倫敦金融城的海運及金融等服務從事東印度貿易。地方和倫敦之間發展出的商業交易關係，強化了兩者在東印度貿易上的聯繫。

---

* 前文已述及，政府之前已決定開放印度進口貿易至地方港口，在此亞歷山大・巴林做出最後的嘗試，希望扭轉這項決定。

另一方面，對於可帶來高利潤的茶業貿易在內的中國貿易，因東印度公司的獨占權持續被承認，因此對私下貿易的限制也持續。特別是茶葉貿易，由於一七八四年制定的減稅法，關稅大幅下降，而工業革命帶來國民所得的成長及城市人口的大幅增加，也擴大了國內的茶葉消費。自中國進口的商品替英國本土帶進來的亞洲匯款，被視為是支付公司股票分紅與統治印度之負債等應付帳款的重要手段。但這同時也讓公司因獨占貿易造成進口商品價格居高不下，損害消費者利益，而遭受強烈批判。加上當時的中國不只是進口商品的供應地，更被視為英國製造業產品前景十分看好的潛在銷售市場。雖然在過去東印度貿易自由化的議論中，東印度公司方面曾主張公司的出口已充分滿足了當地需求，即便開放貿易，出口量也不會因此增長。然而在一八一四年印度貿易自由化之後，印度出口量卻大幅成長，讓東印度公司的主張喪失了說服力。

格拉斯哥雖在一八一三年決定開放印度貿易自由化後不久便成立了新的委員會，負責處理關於英國—印度—南北美洲之間的迂迴貿易（roundabout trade）事務，但東印度委員會相關活動最後仍告終止。因此當一八一〇至一八二〇年代間利物浦和曼徹斯特出現遊說活動，要求廢除對可能利用東印度貿易船隻的噸數限制時，格拉斯哥卻消失在檯面上。

但到了一八二九年四月，即大約是東印度公司特許狀即將到期的五年前，格拉斯哥也以芬雷為中心，對再次組織推動東印度貿易自由化的壓力團體一事進行討論。若要終止東印度公司的獨占貿易權利，根據法律規定，須在特許狀到期前三年（也就是一八三一年四月）向公司發出通知。但在此時期促使格拉斯哥開始摸索如何活化東印度貿易自由運動的直接契機，應該是利物浦寄給芬雷的書信。面對東印度公司貿易獨占權的有效期限逐漸逼近，為了討論阻止東印度公司更新獨占權的策略，當時的利物浦東印度協會呼籲其他地方城市相關人士派遣代表團至倫敦；此外，還透過同是地方所選出的有力議員、也是當時商務局主席的威廉·赫斯基森（William Huskisson）成功定下了與托利黨首相威靈頓公爵亞瑟·威爾斯利（Arthur Wellesley）的會談，招待其他地方城市的代表者前往與會。

收到來自利物浦的邀請，與前一次的自由貿易運動相同，格拉斯哥在四月二十二日由東印度貿易的利害關係者發起市民大會。大會議長芬雷在提及亞當·斯密自由貿易理論的同時嚴厲批判東印度公司的重商主義，並談到格拉斯哥遊說人士在先前自由貿易運動中的貢獻。組成新格拉斯哥東印度協會的決議獲得通過，芬雷本人也在日後被選為協會會長。芬雷認為，重要的是及早讓政府認知到東印度貿易的問題，主張撤銷東印度公司的獨占權，這些意見獲得市民大會參加者的普遍支持，並決定派出以亞歷山大·葛登市長為首的代表團。

東印度協會活動所需的經費來源除了一般捐款，還有協會會員加入時所繳交的入會費及年費，因此該協會相較於一八一〇年代的東印度委員會，得以存續更久。直至一八四〇年代中葉為止，不僅是東印度公司特許狀的更新，東印度協會也參與了各式各樣與東印度貿易相關的議題。

西印度利害關係者的背離

就這樣，以蘇格蘭的東印度貿易自由化運動為核心，格拉斯哥於一八二〇年代末期再次成立壓力團體。根據會員名冊，至一八三三年為止，期間共有一百四十六人成為該會會員。而檢視各會員背景亦可發現，與一八一〇年代東印度委員會的營運委員會和捐款支援者相同，格拉斯哥及其鄰近的貿易商、製造業者、銀行家等等，各種經濟利害關係人皆與協會有關。特別是棉紡織製造業者，在印度貿易自由化後確立起透過倫敦代理商向亞洲出口的模式，這群人在新組織中也成為活動的重要角色。另一方面，與過去的組織相較，新組成的東印度協會當中的西印度利害關係者，只有詹姆士・伯格、亞瑟・康乃爾（Arthur Connell）、詹姆士・尤溫（James Ewing）、威廉・馬賽森（William Matheson）、喬治・夏維茲、詹姆斯・布坎南（James Buchanan）六人，在會員總人數中所占比例極小。

造成如此轉變的緣由，正如前文所述，西印度利害關係者積極參與一八一〇年代初葉運動的主要動機，是為了藉由多角化經營，度過當時戰爭所帶來的危機。然而自一八一二年下半年以後，隨著經濟狀況改善，他們對這項問題的關心也急速降溫。原因在於若要加入新的東印度貿易，便必須準備好不同於過去從事西印度貿易的物資、知識、經驗及交易網絡，這些都是難以在短時間內達成的條件。即便有貿易商可以完全具備上述參與新貿易的條件，但是否能取得實際上的成功，又是另一項問題。結果許多西印度利害關係者，即便是在一八一四年印度貿易自由化後，也為了避開加入新貿易所需的資金和風險，仍舊停留在過往的交易活動中。

另外一項重要因素是，在印度貿易自由化後，東印度貿易商與西印度貿易商和種植園經營者的利害關係不再一致，呈現對立狀態。一八一三年印度貿易開放之際，制定了對東印度產砂糖課徵較西印度產砂糖更高關稅率的法律，每英擔（Hundredweight，約為五〇．八公斤）高出十先令（Shilling），並規定東印度產砂糖僅能在英國國內販賣，而這條法律的制定，也有自由貿易運動核心的西印度利害關係者的意見在內。但不久後，東印度利害關係者便將這項對西印度產砂糖的優待措施視為問題，針對關稅統一化議題與西印度利害關係者展開激烈討論，直至一八三〇年代為止。在議論中代表東印度利害關係者的人物，正是領導利物浦東印度貿易開放運動的詹姆士．庫柏（James Cropper）。支持廢除奴隸制度的詹姆士．庫柏認為，以低劣的奴隸制度所生產的西印度產砂糖，若沒有優待政策的保護，便無法與「自由人」生產的東印度產砂糖競爭。換句話說，他將有關東西印度產砂糖平等課稅的問題，與廢除奴隸制度的問題相互連結並展開議論。在格拉斯哥西印度協會亦有記述如下：

> 他們（東印度利害關係者）與威廉．威伯福斯（William Wilberforce，廢奴運動的領導者）的團體一同努力不懈地打擊（西印度）殖民地的核心利益，威脅其（西印度利害關係者）存在。

正如引文所述，西印度利害關係者深刻認識到庫柏等東印度利害關係者們積極參與廢奴運動。另外，芬雷在參加一八三〇年英國下議院大選時發表的演講中提及，過去雖然認同東西印度產砂糖在關稅上的差異有其必要，但如今須重新思考。基於上述理由，與過往的東印度委員會相較，在格拉斯哥東印度協會的西印度利害關係者大幅減少。這造成始自一八二九年的印度貿易自由化運動與上一次不同：這回西印度利害關係者的看法，並未直接反映在協會的遊說活動上。

約翰·克勞福的活躍

在一八二九年開始的新東印度貿易自由化運動中，與格拉斯哥的芬雷及利物浦的庫柏等人一起擔任重要角色、並值得一提的人物，是蘇格蘭出身的東方主義者約翰·克勞福（John Crawfurd）。克勞福原本在十九世紀初獲得東印度公司的外科醫生職位而前往亞洲，後來以外交官身分在印度及東南亞長達二十年，而為世人所知。儘管他長年在東印度公司工作，卻是一位自由貿易主義者。當地方遊說人士正式推動自由貿易運動後，為了那些曾支付他高額報酬的印度加爾各答利害關係者，他以本國代理人的身分投入自由貿易運動。也因為如此，克勞福可說是在自由貿易運動中，連結本國地方工商業者與亞洲私人貿易商的關鍵人物。

與過去相同，新的運動也發行了許多政治小冊子，內容是自由貿易支持者對東印度公司貿易獨占權的批判，藉此喚醒輿論，而克勞福在這方面做出了極大貢獻。其著作《自由貿易與印度殖民地化的現狀及將來展望》（*A View of the Present State and Future Prospects of the Free Trade and Colonization of India*），透過地方遊說人士的全國聯絡網，在包括蘇格蘭格拉斯哥及鄰近城市，跟以利物浦為首的

圖 4-6　約翰・克勞福

一八五〇年代晚期所拍攝的照片。

藏於英國國家肖像館

英格蘭主要城市廣泛流通。克勞福認為，為了英屬亞洲殖民地的進步，完全的自由貿易以及讓英國人自由參與殖民活動是不可或缺的條件；退一步來說，這也是為了英國本身的利益。舉例來說，如同一八一〇年代初期約翰・格萊斯頓所批評的那般，克勞福亦從國家利益的觀點批判英國棉紡織業依賴美國產棉花的現狀，並主張應將原料轉換為印度產棉花。克勞福指出，為了改善當時印度棉花的品質，需要歐洲的技術、願意冒險的企業精神以及資本的導入，而印度殖民活動能夠滿足這些條件；但東印度公司強加在英國人身上的居住限制，妨礙了殖民活動的實踐。另外在中國貿易方面，克勞福的《中國貿易的檢討》（*Chinese Monopoly Examined*）一書指出，英國的茶葉售價幾乎是美國的二倍，他以此批判東印度公司的貿易壟斷。由於克勞福擁有豐富的亞洲知識與經驗，並基於對東印度貿易的現狀分析，提出支持貿易開放的論述，因而廣受地方遊說人士的尊敬與信賴，也對他們的遊說戰略產生非常大的影響。

與政府關係者的會談，以及召請關係人至特別委員會

在一八二九年四月二十二日市民大會決議下，格拉斯哥派遣的代表團在倫敦與其他地方城市的代表團會合，組成聯合代表團。五月九日，以首相威靈頓公爵為首的政府關係人士，與聯合代表團召開有關東印度貿易的會談。在這場會談中，聯合代表團的目的是促使政府成立特別委員會，以事前通知的發布為前提，詳細檢討東印度公司特許狀的更新議題。地方代表團方面，除了負責準備會談的利物浦之外，格拉斯哥、曼徹斯特、伯明翰與布里斯托的代表人士皆出席會議，支援其活動的下議院議員威廉・赫斯基森（William Huskisson）和威廉・惠特莫（William Wolryche-Whitmore）亦列席會議。在會談上，首先由格拉斯哥市長威廉・葛登論述格拉斯哥市的經濟蕭條現況，以及加入新市場以打破經濟蕭條的必要性，其他代表者亦就各城市的狀況進行說明。其後由利物浦的約翰・格萊斯頓說明一八一三年的大事，以及印度貿易開放後的經濟變化；最後是同樣來自利物浦的詹姆士・庫柏以要求放寬茶葉貿易限制做出總結。面對上述聯合代表團的說明，威靈頓公爵並未當場做出答覆。不過，政府在會談結束的短短數日後便決定成立特別委員會，這也可說是地方利害關係者

們遊說活動的成效。

一八三〇年二月，由羅伯特．皮爾（Robert Peel）提案，下議院成立審議「公司以及英國和中國之間的貿易問題」的特別委員會。格拉斯哥隨即召開市民大會，並為了向特別委員會提出證據及邀請證人，派遣包含芬雷在內的三人以代表團的身分前往倫敦。這個特別委員會將審查重點放在茶葉貿易的壟斷，也就是東印度公司在中國的茶葉購買，以及在英國國內的輸入和販賣方式等相關問題上。其中，握有貿易獨占權的公司，以定期大量的方式採購茶葉對交易有利，這點有許多證詞佐證；但另一方面證詞也指出，公司的獨占貿易會導致國內茶葉價格高漲的缺點。而在出口中國的問題上，地方利害關係者以私人貿易商與外國人貿易商為中心，主張透過貿易自由化，大幅度擴張英國工業製品的出口。公司方面的關係人則提出反駁，認為向印度擴大出口確實有利於英國的政治控制，但對做為獨立國家的中國貿易開放自由化，出口量的成長是有限的。

在此期間提供證詞的許多東印度貿易關係者當中，也包含了約翰．克勞福。在他的建議下，也為了讓中國貿易自由化的討論朝有利方向進行，地方利害關係者亦著手選定適合的人物，在特別委員會上提供證詞。最後在格拉斯哥東印度協會邀請下，從格拉斯哥及鄰近城市派出從事東印度貿易，並擁有當地停留經驗的約翰．堤和亞歷山大．馬克斯維爾二人，以證人身分前往倫敦。但由於在蘇格蘭，能夠為東印度貿易，特別是中國貿易現況提出證詞的人非常有限，協會要求當時以代表團成員身分被派至倫敦的芬雷，確認在首都的關係人士，並寄送數名候補者名單。實際在會議上發表證詞的候補者之中，尤為重要的是代表倫敦金融城的金融業者兼貿易商，巴林兄弟公司（Baring Brothers & Co.）合夥人喬書亞・畢斯（Joshua Bates）。芬雷請求畢斯對東印度公司監察人詹姆士・寇斯摩・梅爾維爾（James Cosmo Melvill）的證詞提出反駁。對此，畢斯雖然「擔心大部分人會將我和其他不同的自由貿易支持者混為一談」，但最後還是接受了芬雷的請求，在議會發表證詞。畢斯在英國經濟界地位甚高，他的發言比其他人更具影響力和重要性；在此之後，地方利害關係者也在東印度貿易自由化問題上繼續與畢斯維持聯繫。從這件事裡可以看到，這個時代的運動中存在著地方貿易商與製造業者，和倫敦部分東印度利害關係者的共同戰線，這是先前的自由貿易運動中不存在的元素。一八一四年印度貿易自由化後，地方製造業者與倫敦代理商形成商業上的聯繫，導致兩者利害關係趨為一致，可說是這次運動中共同戰線成形的主要原因。

中國貿易自由化的定案

特別委員會的審議結束後，以格拉斯哥為首的地方利害關係者仍繼續進行遊說活動。一八三〇年九月前往格拉斯哥訪問時，克勞福主張，在達成東印度貿易完全自由化的目標之前，該市的工商業者有必要持續在每次會期時向議會提出請願書。在之後的十一月，政權從托利黨的威靈頓公爵移轉至輝格黨（Whig，後來的自由黨）的格雷伯爵查爾斯・格雷（Charles Grey）手中，新上任的監督局主席向東印度公司發出通知，告知中國貿易獨占權的終結。至此，中國貿易的自由化成為既定

圖 4-7　位於格拉斯哥市內的東亭大廈（Tontine Building）（東亭飯店舊址）
過去東印度委員會與格拉斯哥東印度協會的會議，便是在東亭飯店的咖啡廳舉辦。

事實。儘管如此，格拉斯哥與利物浦的東印度協會仍相互聯繫，並決定為防止萬一，準備向議會提出請願書，並再次對倫敦新政權展開遊說活動。翌年二月，格拉斯哥代表團雖因天候不佳而無法到場，但其他由各地方城市派來的聯合代表團與格雷伯爵進行了私下會談。在這場會談的前一天，審議印度相關問題的特別委員會決定成立，克勞福等人仍以證人身分發表證言。

然而直至一八三二年初之前，國會改革成為英國國內最重要的政治議題，東印度貿易問題隱身其後，自由貿易運動也受到影響。格拉斯哥的遊說人士與克勞福、利物浦的關係者保持聯繫，討論往後的遊說活動戰略，最後暫停了遊說活動。

其後，在同年夏天舉行國會改革法案通過後的第一次大選。格拉斯哥的選區除了格拉斯哥東印度協會會員的羅伯特．尤溫與詹姆士．奧茲瓦爾德外，還包括對東印度貿易開放運動有極大貢獻而名聞遐邇的克勞福在內，共計六名人士登記參選，競爭兩個議席。而幾位候選人的政治立場，除了羅伯特．尤溫是進步保守主義者外，其他皆為自由主義者；但在東印度的貿易問題上，六名候選人皆一致支持自由化。十二月的投票結果，克勞福雖然敗選，但擁有強大支持基礎的當地商業領袖羅伯特．尤溫和詹姆士．奧茲瓦爾德獲選為議員，故與前次的自由貿易運動相同，東印度協會會員成功在國會內部安置了利害關係代表。

在之後的一八三三年一月至三月，格拉斯哥與利物浦的協會開始調整派遣代表團前往倫敦的時程。此外，當時雖已決定授予東印度公司特許狀更新的條件是中國貿易的自由化，但在其他方面仍有尚未確定的部分；為了做出定案，政府屢次徵詢地方利害關係者的意見。其中一項是有關英國人在印度內陸地區殖民活動的規定，由監督局諮詢包含格拉斯哥在內的地方利害關係者。但由於格拉斯哥缺乏擁有相關知識的人士，無法單獨對應，所以在與利物浦關係者和克勞福合作的形式下提出答覆。此外在徵收茶葉關稅方面，監督局向格拉斯哥就地方港口的保稅倉庫事宜進行照會，為此，格拉斯哥關係者與保稅倉庫所在的格拉斯哥港與格利諾克（Greenock）取得聯絡，又為了與監督局主席就此問題直接會談，因此在三月底與利物浦聯合派遣代表團至倫敦。在倫敦，芬雷與監督局展開一連數日的協商，由格拉斯哥前來的代表團與其他地方城市的代表團一同盡力投入活動。直至六月中旬新特許狀相關法案開始審議的時期為止，格拉斯哥東印度協會下的東印度貿易自由化遊說活動幾乎已劃下句點。最後，由於特許狀法案的成立，東印度公司對中國貿易的獨占權，以及對英國人在印度購買土地及所有權的限制，如同格拉斯哥與其他地方城市利害關係者所引頸期盼的那般，將於一八三四年四月之後廢除。同時，東印度公司將停止所有的商業活動，以英國的印度統治機關形式繼續存在。

總結來說，十九世紀上半葉在英國展開的兩次東印度貿易自由化運動中，各地方城市的利害關係者形成了全國性規模的聯絡網，藉此調整各自的活動，成功向政府展開了有效的遊說。其中由柯克曼．芬雷所率領的蘇格蘭格拉斯哥東印度委員會及格拉斯哥東印度協會，與利物浦的遊說團體一同積極運作，在當時英國在亞洲的通商與帝國政策的成形上扮演了不容忽視的重要角色。

第五章　印度洋西海域與大西洋奴隸制度／奴隸交易的廢除

鈴木英明

1　大西洋奴隸交易的發展與廢除奴隸運動

「自由・平等・博愛」與奴隸制度・奴隸交易

關於法國大革命對世界各地造成的影響，我們已經知道了不少。在本章即將討論的奴隸制度與奴隸交易的廢除上，法國大革命是引發海地革命（Haitian Revolution）的導火線，以及這起革命是世界史上最成功的奴隸起義，最後促成世界上成立第一個以黑人為主體的海地共和國，這些都已成為高中世界史教科書內容。另外在一七九四年，受到海地革命的強大影響，國民公會決定廢除奴隸制度。

法國大革命、海地革命、奴隸制度廢除，以及海地獨立。確實，若要說這一連串歷史事件有著因果關係，並沒有太多異議。問題在於，在與代表「自由・平等・博愛」的法國大革命理念距離遙遠的加勒比海，當時被稱為（法屬）聖多明哥（Saint-Domingue）的海地，實際上是如何看待這些事情。換句話說，這場起義當真是奴隸們受到法國大革命的刺激，為了追求自由而發起的行動嗎？

關於這個問題有不少看法。不過，近年來許多研究對於「自由・平等・博愛」理念直接連接法國大革命與海地革命的觀點，抱持著保留態度。不如這麼說，若把焦點集中在奴隸生活的世界，就很難不注意到這種將兩個革命連結在一起的觀點謬誤。換言之，許多奴隸雖然都知道法國大革命，但他們所獲得的消息是，過去他們的休息日只有星期日和天主教節日，而法國大革命能讓他們的休息日增加為每週三天。換言之，與其說法國大革命帶給他們「自由」，不如說是給他們週休三日的保證。這件事還有後續：種植園經營者反對週休三日，奴隸們為了維護自己的權利，便向法國請求派遣軍隊。後來起義規模擴大，部分奴隸領袖還如此表述：我們是法國國王、西班牙國王、剛果國王之臣。這說明了，法國革命的理念在距離遙遠的海地，以完全不同的方式被理解，最後導致當地革命。況且，法國大革命《人權宣言》（正式名稱為《人權與公民權宣言》）是宣告舊制度的死亡，然而奴隸們卻冀求站在舊制度頂點的「法國國王」救濟，此舉如實呈現出法國大革命與海地革命之間的距離。《人權宣言》最初便是以擁有一定程度財力的成年白人男性為對象，其他人並不適用該理念。女性當然在適用範圍之外，更別說奴隸是不分男女一律排除。

即便如此，海地的革命仍然成功了：在過程中，海地這個當時世界最大的砂糖產地，同時也

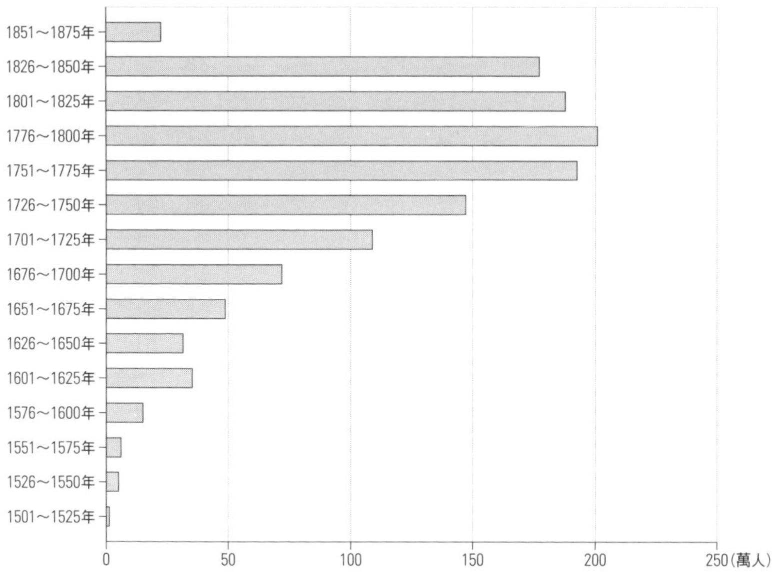

十六至十九世紀的大西洋奴隸交易當中，從非洲運出的人數（每 25 年為單位的推測值）

出處：http://www.slavevoyages.org/ assessment/ estimates，根據該網頁資料由筆者製成（最後瀏覽日：2018 年 7 月 31 日）

是世界上首屈一指的咖啡產地遭受毀滅性的損害，後來也無法恢復大革命前的生產地位。在此，出現了第二項探討法國大革命與奴隸制、奴隸交易的關係時須注意的重點。由於革命造成的混亂，過去海地所累積的資本與技術朝加勒比海地區大規模流出，促進了當地砂糖和咖啡增產，並直接造成勞動力需求的擴大。在這個時期供應加勒比海、南北美洲勞動力需求的，是從撒哈拉以南的非洲所運來的奴隸。事實上，十八世紀末是歷史上大西洋奴隸交易最興盛的時期。有鑒於此，就結果而言，法國大革命與其說是促成廢除奴隸交易，不如說提供了相反的助力。

總結法國大革命透過海地革命帶給奴隸制度與奴隸交易的兩大影響，是在某處所大聲呼籲的「自由」，被置於其他脈絡下理解，進而促使人們展開行動；以及因為某些人獲得「自由」，卻將另一批人推往「不自由」的處境。若某些人的「自由」是因為他人的「不自由」而獲得實現，那麼我們是否仍應該對這種「自由」抱持積極肯定的評價呢？希望能試著將這項問題放在大西洋及印度洋西海域的奴隸制度與奴隸交易，以及最後走向廢止的過程來思考。所謂的印度洋西海域，指的大約是以印度半島西岸為東界，非洲大陸東岸為西界，北至歐亞大陸，南抵馬達加斯加島及馬斯克林群島（Mascarene Islands），在此範圍內的海洋及周邊諸社會。

突然提到印度洋西海域，讀者想必感到驚訝。但在此區域內的奴隸交易與奴隸制度的發展，和前述內容並非毫無關聯。舉例來說，歐洲對砂糖和咖啡的需求約從十八世紀中葉左右開始增加，而伴隨著海地革命造成的混亂，正如前文所述，加勒比海與南美洲對奴隸的需求上升。為了因應此需求，印度洋西海域自十八世紀末起出口了眾多奴隸，特別是以莫三比克（Mozambique）為首的非洲大陸東南部及馬達加斯加島。十九世紀上半以後，由於對大西洋奴隸交易監視增強，印度洋路線的重要性隨之增大。這造成了十九世紀非洲大陸出口至南北美洲的奴隸人數中，莫三比克排名第三。換句話說，在海地等處取得「自由」的人們而產生的「不自由」之需求，其中很大一部分最後是由印度洋西海域所送出的人們來填補。此外，正如同加勒比海和南美洲生產以砂糖為主的世界商品需要奴隸，印度洋西海域的奴隸需求量也是出自同樣的理由，於十八世紀末出現增長。但進入十九世

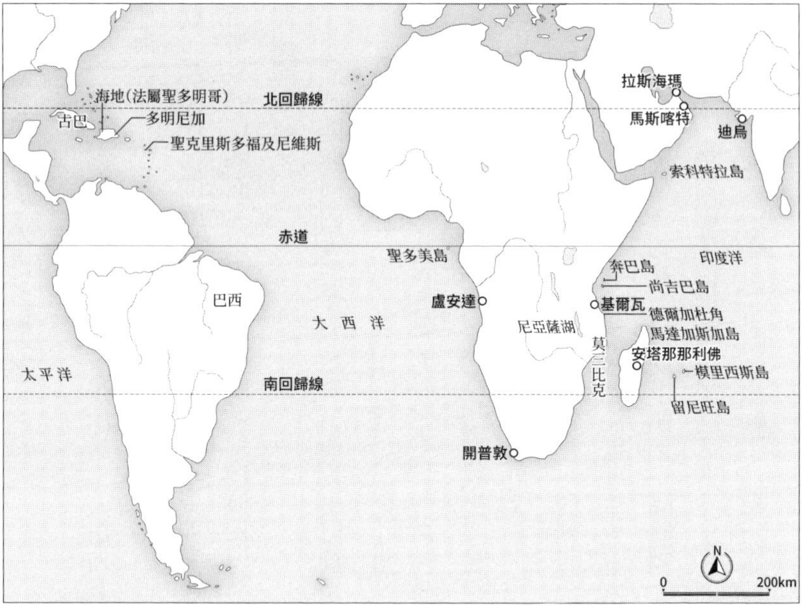

大西洋至印度洋西海域

紀後，與世界商品的需求高漲成正比，對於奴隸制度及奴隸交易的監視活動也越發嚴格，逐步朝廢奴之路摸索前進。

接下來，本文先把時間稍微往前追溯至大航海時代，探究大西洋奴隸交易的興盛，與橫跨大西洋的奴隸制度／奴隸交易廢除運動（以下簡稱廢奴運動）過程。接著將視野轉向印度洋西海域，探討這個海域成為世界商品生產地區的過程，以及此過程中產生了怎樣的廢奴運動。本文的時間軸大約涵蓋至十九世紀前半葉為止，將大西洋與印度洋西海域納入觀察範圍，並在最後重新對「追求自由的時代」進行考察。

發現新大陸與大西洋奴隸交易

橫跨大西洋的奴隸交易，是所謂「大航海時代」的副產品。十五世紀末至十六世紀初，加勒比海群島及巴西在西班牙與葡萄牙王室的統治下，開啟了由非洲航往西方的奴隸交易。一五二〇年代，加勒比海的阿拉瓦克人（Arawak）與加勒比人（Caribs）因與殖民者的戰爭，或哥倫布大交換所帶來的疾病而人口銳減，因此葡萄牙商人與熱那亞（Genoa）商人開始嘗試向這些地區販售來自非洲的奴隸。

此時期非洲的大西洋奴隸交易最大出口港是聖多美島（São Tomé Island）。幾內亞灣（Gulf of Guinea）上的這座小島——以日本來比喻，面積大約與佐渡島相當——至此踏上了做為奴隸交易據點的命運。運送奴隸的主要是葡萄牙商人，但他們並不是從某處抓來奴隸。一開始也嘗試過捕捉，但由於費用高昂，所以很早就改用購買的方式獲得奴隸。約在領有聖多美島的同一時期，葡萄牙與剛果王國——其領土位於聖多美島的對岸至內陸——締結了友好關係。以往非洲大陸西部便藉由穿越撒哈拉的貿易路線聯繫地中海沿岸，奴隸也沿著這條貿易路線，從當時正在伊斯蘭化的撒哈拉周邊莽原被運往伊比利半島。至於地理位置更南邊的剛果王國，並未利用橫越撒哈拉的奴隸貿易網，而是在葡萄牙的武力援助下擴大王國版圖。這場擴大版圖的戰爭，為奴隸的取得提供了重要的機會。由於葡萄牙提供剛果王國武力支援，因而在一五七六年取得位於剛果王國南端的盧安達（Luanda），做為奴隸出口的新據點；這座並非島嶼，而是位在大陸上的優良港口，提升了奴隸運輸的效率。

為什麼黑人會成為奴隸，被運至美洲？正如前文所述，包含加勒比海在內的美洲原住民對從舊大陸帶來的疾病抵抗力較弱；相對地，黑人早已具備了足夠的抵抗力，這是其中一個原因。再加上地中海沿岸與非洲近海的大西洋東部島嶼及聖多美島上，皆早已運用黑人從事甘蔗等種植園的栽培。對經營種植園的葡萄牙人和西班牙人而言，已經慣於使用黑人做為勞動力。實際上，最早被帶到美洲的黑人，是經過橫越撒哈拉的貿易路線、在伊比利半島被教化為基督徒的奴隸。但由於美洲種植園的擴大及原住民人數的減少，從伊比利半島運來的奴隸供不應求，因而轉為直接從非洲供給奴隸。另外像卡薩斯（Bartolomé de las Casas）等人，因目睹新大陸原住民遭受冷酷奴役，在廣為宣傳其困境並要求解放原住民的同時，也建議引進黑人做為替代勞動力——雖然後來卡薩斯本人亦對此深感懊悔——但這正好呼應了本章主題「某些人的自由是因為他人的不自由而獲得實現」。

圖 5-1　卡薩斯

有趣的是，當上述役使黑人為奴的理由被提出的同時，新大陸的發現讓基督徒在這件事上遇到了難題。聖經《創世紀》記載，人類皆為閃（Shem）、含（Ham）和雅弗（Japheth）（分別是亞洲人、非洲人、歐洲人的祖先）的子孫，除此無他；然而在新大陸發現的原住民，暴露出過去根據聖經來認識人類的認知方式有所局限。在新大陸首次遭遇的原住民究竟是何人，聖經中並無明確解釋。而非洲人身為迦南的後裔，故可做為亞洲人與歐洲人奴隸的理由——在《創世紀》諾亞方舟的故事中，迦南（Canaan，含之子）因激怒諾亞而遭受詛咒，其子孫將成為閃和雅弗的奴隸——也因此備受挑戰。基於聖經而將非洲黑人奴隸化，這種說法已然出現破綻。當然，這些事並未因新大陸的發現而瞬間翻盤；但究竟該如何理解新大陸原住民的神學論爭，在這之後持續了很長的一段時間。

啟蒙思想

根據聖經來認識人類，其中暴露出的不足，是促成啟蒙思想萌芽的重要因素。啟蒙思想時期的代表著作《百科全書》解釋，所謂的啟蒙思想家——法文為 philosophie——是指「能夠跨越偏見、傳統、社會常識與權威，簡言之就是大多數人在精神上所從屬的一切，嘗試用自己的頭腦去思考」的人。可以說啟蒙思想，就是從既存知識架構中追求自由的行為。奴隸制也是啟蒙思想家檢視的課題。然而對奴隸制的懷疑，並不一定就直接連結到具體的廢奴運動上。

在分析其理由之前，先來看看由啟蒙思想所孕育出對奴隸制的懷疑中，出現了什麼樣的論述。若從廣義的經濟觀點和人道主義觀點切入，內容可整理如下。當然，這兩股潮流並非相互對抗，而是和諧並存。例如，發現氧氣和光合作用性質的約瑟夫．普利斯特里（Joseph Priestley），便結合兩種觀點對奴隸制展開批判。接下來筆者將以此為基礎，先來檢視這兩種觀點的特徵。

從經濟觀點對奴隸制發出批判的重要人物，便是亞當．斯密。他在《國富論》中指出，在經濟效率上奴隸勞動力比自由民勞動力更差，這個論點廣為人知。此外，在其全集中簡稱為LJ（B）的《法學講義》（*Lectures on Justice, Police, Revenue and Arms*）也提到，奴隸是因為恐懼暴力而不得不勞動，並不存在自主思考改良手段的餘地，因此與自由民的勞動相較，如此非效率的勞動所耗費用較高。至於人道主義觀點，基本出發點則在於自然權利（natural rights）的確認。具體來說，所謂的「自然權利」是在政府成立前的狀態便已存在，關於生命、自由、財產及健康的權利是與生俱來的，無法讓渡給他人。霍布斯（Thomas Hobbes）以及洛克（John Locke）都有相同看法。就此觀點而言，強迫同為人類的黑人冒著生命危險搭乘奴隸船橫渡大海，在奴隸制度下從事嚴苛的勞動，便是對自然權利的侵害，是不被允許的。

然而這些人的思考及行動並非完全一致。有名的例子便是洛克本人投資了皇家非洲公司（Royal African Company），該公司壟斷了連結英格蘭與西非、加勒比海的三角貿易。這間公司雖然只在十七世紀末維持了短短二十幾年，不過那時正好是英國社會的砂糖消費量劇烈增長的時代。超過十萬名的黑人奴隸被運往加勒比海，而獲得巨額財富的不是別人，正是這間特許公司；洛克便是享有該公司利潤的其中一位投資者。此外，他也參與了北美殖民地卡羅萊納（Carolina）基本憲法的起草。一六六九年完成的卡羅萊納基本憲法第一百一十條寫著：「卡羅萊納的所有自由民，對其所有的黑人奴隸擁有絕對的權力和權威，不論奴隸有何意見或宗教信仰」。這項條文本身的構想究竟是否出自洛克雖不得而知，但可以知道的是，洛克參與了縝密細緻的編纂作業。換句話說，就算這項條文的起草並不是洛克本人負責，至少他在編纂過程中接受了它。

而在盧梭的《社會契約論》中，則可清楚看到對基於自然權利，對奴隸制度更為強烈的批判。眾所週知，盧梭的思想影響了法國大革命，但同時他也為奴隸制度與交易的反對運動提供了思想上的支柱。對當時擁護奴隸制陣營所依據的自然奴隸說，盧梭從完全從相反的角度提出反駁。所謂的自然奴隸說，是出自於亞里斯多德（Aristotle）的論點，認為在人類之中，有些人生來便應為奴。盧梭則主張並非如此，奴隸身分的人們，只是因其某一輩的祖先成為奴隸，之後無法從該身分中脫離罷了。原本「自由」的價值便是與生命相當，奪取他人自由使其為奴，等同於奪取他人的性命，這便牴觸了包含生命保障在內的自然權利，因此，所謂的奴隸不應該存在。

但即使是盧梭，也並未參與實際的廢奴運動。閱讀啟蒙思想家們的著作便能察覺到，他們提及奴隸制度和奴隸交易，與其說是為了批判現實的奴隸制度，不如說是將之與「自由」作對比，或是一種運用在其他事物論述中的比喻及具體實例，這樣的色彩更為強烈。當然，這不是說啟蒙思想家非實際參與廢奴運動不可，而且他們也曾針對奴隸制度和奴隸交易進行議論。但無論如何，啟蒙思想家們並未在現實世界採取行動。或許這是因為不管對洛克還是盧梭而言，奴隸制度和奴隸交易的現實感都十分稀薄。所謂的現實感，是指能將自己代入那些被當作奴隸買賣、運送、役使的人們，從而感同身受。反過來說，誠如後文將敘述的，實際的廢奴運動是由一群對奴隸制度和奴隸交易懷抱強烈「現實感」的人們所推動。在觸及這些內容前，我們先來檢視啟蒙思想的另一面。

啟蒙思想的另一個面貌

啟蒙思想確實是廢奴運動的基礎。然而，啟蒙思想卻也成為擁護奴隸制陣營的理論後盾。啟蒙思想的發展促進了「科學式」人種概念的發達，而「科學式」的根據又決定了不同人種的優劣。如前文所述，當聖經式的人類分類法已顯不足，那麼該如何理解新「發現」的人類，這個問題就成為啟蒙思想——不仰賴神，依靠人類的知性去理解事物——的一大課題。此時提出的是以膚色、毛髮、體格等外觀特徵將人類加以分類的「廣義人類學」的原型（prototype）。

舉例來說，在康德（Immanuel Kant）一七七五年的短篇論文〈論人的不同種族〉（Von den Verschiedenen Rassen der Menschen）中有白人、黑人、匈人（Huns，蒙古人）與印度人四個人種，並提及各人種的分類細節。康德反覆強調人類是同一起源，他因此主張「黑人和白人很明顯地並非是不同種的人類」。不過，這段引文還有後續，「但是，雙方是由不同的人種所構成」。接下來的論述中，康德也將黑人與白人明確置於相對的兩極。在此隱約可見啟蒙思想在奴隸制度上的另一面。簡言之，前一節曾介紹過，反對奴隸陣營的人道觀點根據，便是人類擁有相同的祖先；因此身為同樣的人類，其自然權利必須受到保護。這項信念也是後世廢奴運動強大的原動力之一。康德主張人類可上溯至共通祖先，這一點與從人道觀點出發批判奴隸制的陣營相同；但康德在認同人類是同一起源的同時，卻又明確指出人類中存在著差異。

確實，康德的觀點本身並未直接連結至擁護奴隸制度。然而同一時代，將人種分類論更為精緻化的約翰·布盧門巴赫（Johann Friedrich Blumenbach）的論述中，就可明確看到擁護奴隸制度的意味。布魯門巴赫不僅注意膚色、毛髮狀態等外觀特徵，還特別重視骨骼，嘗試進行更「科學」的人種分類。基於上述特徵，他將人類分為「高加索人種」（Caucasian）、「蒙古人種」（Mongolian）、「衣索比亞人種」（Ethiopian）、「美洲人種」（American）和「馬來人種」（Malayan）五個種類。他的考察不只是分類，還將人種分項加以排序。「高加索人種」的膚色是「人類真正的色澤」，是「最美的人類」，屬於最高層級；而「馬來人種」和「衣索比亞人種」則被定位在最下層。如此一來，便有了白人為優秀人種的科學式佐證，同時也證明黑人是為劣等人種。誠如後文所述，兩人種間的差異，在論點上大大肯定了奴隸制是做為前者（白人）讓後者（黑人）文明化的其中一個階段。

廢奴運動的環大西洋網絡

長期以來，廢奴運動都是在單一國別史，或是涵蓋母國與殖民地的帝國史架構下進行討論。例如普林斯頓大學（Princeton University）的琳達·柯利（Linda Colley）和井野瀨久美惠便曾指出，廢奴運動對於英國國民意識的養成有著巨大的貢獻。若要簡單回顧英國廢奴運動的研究史，首先必須從克拉朋聖徒*史觀開始。在這個觀點中認為，廢奴運動的動力來自於格蘭維爾・夏普（Granville Sharp）和湯瑪士・克拉克森（Thomas Clarkson）兩位堪稱英國廢奴運動始祖「廢除奴隸交易促進協會」（Committee for the Abolition of the Slave Trade，以下簡稱為「協會」）的創辦人；以及後來加入這個團體，曾在英國議會內竭力推動的威廉・威伯福斯（William Wilberforce）等廢奴運動功臣們（克拉朋聖徒）的活躍。相對地，千里達及托巴哥（Trinidad and Tobago）的首任總統艾瑞克・威廉斯（Eric Eustace Williams）則認為，取消保護關稅降低了西印度群島的獲利，經濟層面的因素是為廢奴主因。但對此論點亦有其他看法表示，西印度群島的投資報酬率並未同艾瑞克・威廉所指出的那般下降；對大英帝國而言，廢除奴隸制反倒是一種經濟上的自殺行為；艾瑞克・威廉的學說所引起的經濟史論爭，至今未有定論。在廢奴運動像這樣以國家史及帝國史的框架，開展出熱烈討論時，嘗試超越國家單位、以大西洋規模來掌握廢奴運動的發展，這樣的切入角度近年來也受到矚目。

在大西洋規模的廢奴運動上，擔任先驅的是貴格會（Quaker）。貴格會通常以「信徒皆祭司」為理念，沒有固定信條，也沒有階級化的教會結構，諸如拒絕參戰、男女平等主義等主張亦廣為人知。十七世紀中期成立於英格蘭，後來在北美洲也出現據點。貴格會與廢奴運動的關係十分深遠，

* Clapham Saints，指英國福音派基督徒所形成的改革派團體克拉朋聯盟（Clapham Sect），他們參與許多一七八〇至一八三〇年間英國國內的改良運動，也熱衷於國內外傳教，因其事業而被戲稱為「聖徒」。

早在一六八八年，四名貴格會成員便在賓夕法尼亞州日耳曼鎮（Germantown）寫下對奴隸制的異議書；因此貴格會的信仰本身，似乎可與反奴隸思想直接連結。但這種看法仍需要持某種程度的保留，至少在當時日耳曼鎮就不全然是反奴隸。日耳曼鎮是貴格會信徒的城鎮，而提出異議的是剛從歐洲前來的貴格會信徒；他們是看到當地貴格會信徒使用奴隸的情況後，才提出抗議。在此希望讀者注意一點，北美洲這裡存在著歐洲啟蒙思想家們所欠缺的、對奴隸的「現實感」。在這個時點，反奴隸尚未成為貴格會全體的共同思想。但後來經過因約翰．伍爾曼（John Woolman）等人蓬勃的廢奴運動之後，才於一七七八年費城的年度大會上通過決議，繼續擁有奴隸的貴格會信徒將施以除名處分。

這些北美洲的貴格會活動，也在英國的貴格會之間傳播，並逐漸在他們之間醞釀出問題意識。有不少研究成果指出，貴格會將這場運動訴諸於「道德」，是這群非英國國教徒在英國社會的生存戰略。然而，明明運動僅由非英國國教徒的他們所組織，卻推論其主張具有足以撼動輿論的影響力，未免就有些過於天馬行空。

正好在那個時期，劍橋大學舉辦了拉丁文論文競賽，題目是「違反個人意願將其做為奴隸合法與否」。參加比賽的學生之一湯瑪士．克拉克森在尋找參考資料時，湊巧拿起了《關於幾內亞的若干歷史記敘》（*Some Historical Account of Guinea*，一七七二年）。他在論文比賽中取得了最佳論文獎，內心對於奴隸問題的意識也因此覺醒。他湊巧拿起的這本書，是美國貴格會廢奴運動者安東尼．貝內傑特（Antony Benezet）的著作。安東尼．貝內傑特不但成立了黑人子弟學校，又基於上帝之前人人平等、非暴力等貴格會基本信念，並在孟德斯鳩（Montesquieu）和蘇格蘭啟蒙思想影響的加乘之下，接二連三地針對廢奴議題撰寫著作和書信。其中最具代表性的作品，就是湯瑪士．克拉克森所參考的那本書。

一七八七年成立的「協會」由貴格會教徒和湯瑪士．克拉克森，加上視「道德」恢復為重要課題的英國國教福音派人士所組成。不久後威廉．威伯福斯也加入「協會」。威廉．威伯福斯早已在下議院推動廢奴運動，他的加入讓「協會」取得了通往國政的管道。正如後文所述，「協會」一面吸引大眾關注、一面推展廢奴的運動，一八〇七年議會遂通過廢除奴隸交易的決議。

在法國，受到英國運動的影響，「黑人之友協會」（Société des amis des Noirs）於一七八八年成立。該會以吉倫特派（Girondins）領導者布里索（Jacques Pierre Brissot）為中心，由身兼數學家、哲學家、社會科學家，同時也是法國大革命時期的政治家孔多塞（Nicolas de Condorcet）擔任會長，擁有約百名左右的會員。布里索在黑人之友協會組成的前一年前往英國，在當地受邀與湯瑪士．克拉克森等「協會」的主要成員會面，這便是該會成立的契機。黑人之友協會成立後，湯瑪士．克拉克森前往法國輔助活動。另外，從黑人之友協會的活動，例如翻譯英國「協會」發行的小冊子等等，也展現出兩會的頻繁交流。各國的廢奴運動就像這樣，藉由橫跨大西洋的網絡相互串連推展。

圖 5-2　被認為是一八四一年反奴隸制度會議時贈與湯瑪士・克拉克森的餐具

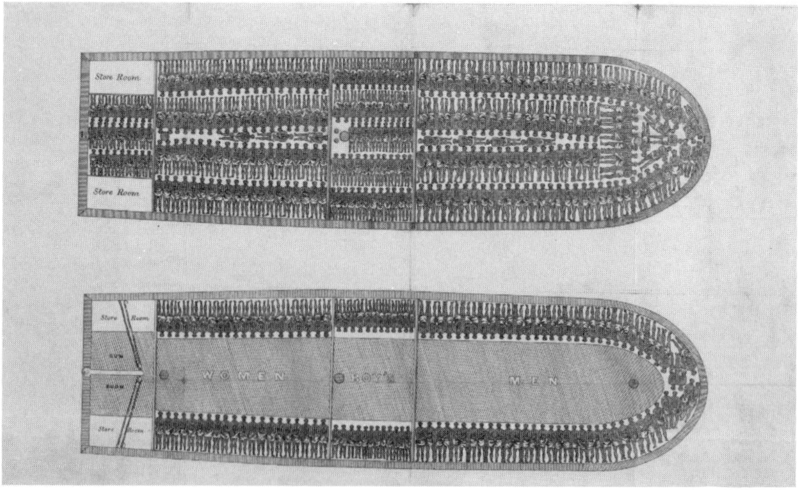

圖 5-3　奴隸船的船內圖，顯示出可乘載奴隸的數量

現實感的增加

光是仰賴跨海的知性交流，並無法導致一八〇七年英國議會決議通過廢除奴隸交易。不如說就像是近年來所注意到的，促成議會通過廢除奴隸交易的關鍵，是社會大眾對廢奴運動的壓倒性支持，尤其是英國。在這一點上，「協會」擬定了有效的戰略。他們定期向報紙投稿北美等地的動向，抓住大眾關心的焦點；寫著「我不是人，也不是你的兄弟嗎」的文字，中央是被鎖鏈銬著的雙手合十、雙膝跪地的黑人圖像浮雕飾品或徽章、盤子，皆被許多人接受。而被認為最具成效的是小冊子和書籍。例如，從一七八七至一七八八年的「協會」預算中，超過一半的經費被分配在小冊子的出版上。前頁的圖片經常出現在歷史資料集中，這張顯示奴隸船究竟可以裝載多少奴隸的示意圖，也是因為他們的活動才廣為人知。另外在這個時期，生活在英國的黑人發行的出版品也很常見。其中最暢銷的，就是奧拉達・艾奎雅諾（Olaudah Equiano）的自傳。*自稱出身西非伊博族（Igbo）的這號人物，在十一歲時被誘拐，在幾位主人手下以奴隸身分度過了十年的生活，最後自己出錢贖回自己，獲得解放。之後他定居倫敦，四十四歲時發行自傳。這部自傳直到他逝世為止一共再版了九次，十分暢銷。

那麼，為何英國的人們會對廢奴運動如此熱心呢？要理解箇中緣由的重要關鍵，就是本文中屢次提及的「現實感」。這並非能單純歸因於改信了大部分讀者信仰的英國國教會的艾奎雅諾自傳裡

---

* 自傳書名為“The Interesting Narrative of the Life of Olaudah Equiano.”

那股強烈的臨場感，或是「協會」透過報紙向讀者日復一日傳達北美動向的緣故。到了十八世紀，倫敦的黑人人數也逐漸增加。與啟蒙思想家們對遙遠南方奴隸制的紙上談兵不同，十八世紀中葉以後，黑人成為對倫敦市民而言比過往更為接近的存在。威廉．賀加斯（William Hogarth）留下的版畫便如實記下了這項事實。他詳細描繪出大城市倫敦人們生活樣貌的銅版畫作品在當時相當流行，而版畫中時常可見黑人的身影。有時候是上流家庭的僕役，或在城鎮中趁亂偷摸年輕女性乳房，黑人出現在版畫中的各種場景裡。雖然難以正確統計十八世紀倫敦黑人的人口規模，但一般認為至少達到五千人之譜。

至於黑人奴隸所身處的立場，對這個時代大多數的人們來說，絕非與己無關。因工業革命而成為工廠勞工的人們，一面將自己的處境與奴隸重疊，一面投入廢奴活動，這其中應不乏希冀廢除奴隸後、自身待遇亦可能改善的心情。實際上，廢奴運動在曼徹斯特獲得的支持度，比利物浦要來得高，尤其在一七八八年的請願運動中，曼徹斯特取得了相當於全體市民百分之二十的署名，全國的署名人數則多達六萬。運動熱烈響應的情況並未衰退，四年後的署名達到四十萬份。運動者們跨越大西洋的交流，以及在英國國內大眾對奴隸所抱持的現實感，在這兩者相互交錯之下所開展的運動，這股輿論壓力讓英國議會無法忽視，最終在一八〇七年通過廢除奴隸交易的決議。

圖 5-4　十八世紀中葉，威廉・賀加斯描繪居住在大城市倫敦人們模樣的銅版畫。黑人的身影（畫面左方）在作品中屢次登場。

2 印度洋西海域南部

印度洋西海域向南北美洲的奴隸供給

十八世紀末，橫跨大西洋的廢奴運動如火如荼，但實際上這也是奴隸交易在歷史上最為蓬勃的時代。曼徹斯特勞工所啜飲的紅茶（用來替代早餐），加在紅茶內的砂糖，或是擺在巴黎咖啡館內談論悲慘奴隸交易人們身旁的咖啡，都是在大海另一端的遙遠南方、由奴隸們汗流浹背所生產的產品。只要這些產品的消費量上升，種植園的經營者們就會設法提高生產量。這就直接連結到勞動力需求的增加，換句話說就是奴隸交易的擴大。

第二七八頁的圖表，是從印度洋運達包含加勒比海在內、南北美洲的奴隸推測數量。從圖表中可明顯得知，該數量自十七世紀的最後二十五年起至十八世紀期間呈現顯著增長。這份圖表顯示的是按船隻國籍推算的到達人數累計數量，從表中可以看到，十七世紀最後二十五年間法國船隻運送的人數，較過往累積總和還要高出十四．五倍之多；這也是法屬聖多明哥（後來的海地）製糖業急速成長的佐證。另外，進入十九世紀後，因海地革命而從聖多明哥流出的技術和資本進入古巴和巴西，奴隸交易的軸心也隨之移動。這如實反映在葡萄牙和西班牙籍船隻運送人數的急速增加上。而在這些數字之中，亦包括不少從印度洋西海域送出的奴隸。

來自印度洋西海域的奴隸，主要是出自非洲東南部和馬達加斯加島。馬達加斯加島中央高地安塔那那利佛（Antananarivo）的伊默里納王國（Imerina），自一七八七年國王安德里亞南普伊奈梅里納（Andrianampoinimerina）即位，直到繼位國王拉達馬一世（Radama I）統治結束的一八二八年為止，除了島上南部與東部部分地區外，伊默里納王國的版圖幾乎涵蓋了這座世界第四大島的全部面積。當然，領土擴張得藉由武力，戰俘則成為奴隸，其中多數被出口至島外。

而在非洲東南部，葡屬莫三比克早已持續向大西洋出口奴隸，所出口的奴隸則由腹地供給。在流經葡屬莫三比克南部的林波波河（Limpopo River）與尚比西河（Zambezi River）之間的辛巴威（Zimbabwe）高原，存在著非洲東部歷史上罕見的大規模王國，紹納人（Shona）建立的莫諾莫塔帕王國（Monomotapa）。但做為王國經濟基礎的金礦，採掘量早從十五世紀起就已下降；加上十一世紀後，兇猛的采采蠅*逐漸擴張分布範圍，在該地區被視為權力象徵而地位重要的家畜面臨生存困難。到了十八世紀後期，莫諾莫塔帕王國已幾乎分崩離析，呈現群雄割據的狀態。

除了莫三比克之外，自十八世紀後期開始嶄露頭角的新奴隸港，是靠近現今莫三比克與坦尚尼亞（Tanzania）國界的基爾瓦（Kilwa）。將基爾瓦闢為奴隸港的主要是法國商人。被運往基爾瓦的奴隸，多數應是來自於尼亞薩湖（Nyasa）附近。隨著莫諾莫塔帕王國的瓦解，十八世紀以後許多集團移居到這片湖的周邊，這一帶逐漸人口稠密。而湖的西南岸在十九世紀時仍未受到采采蠅的威脅，這點也是吸引移居者的原因。

* Tsetse fly，被牠叮咬後會罹患非洲錐蟲病（又稱昏睡病），人畜皆會受害。

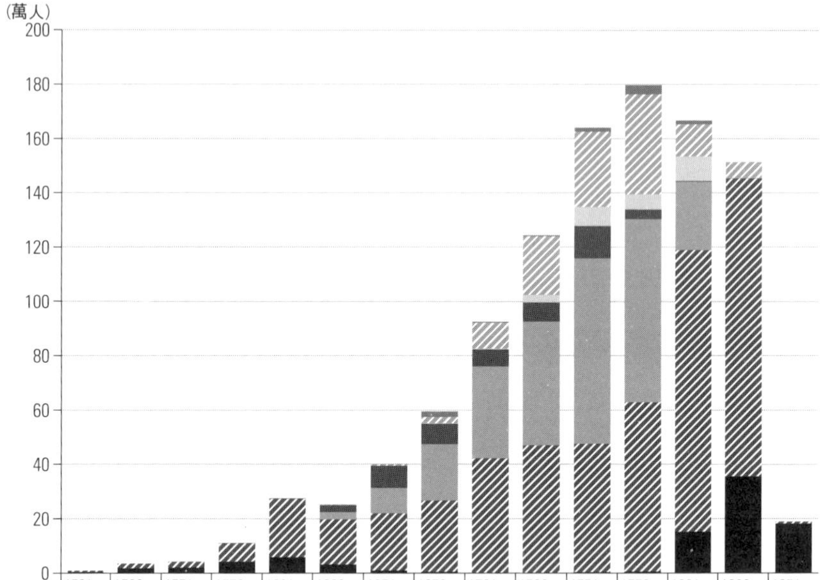

人口總數	1501～1525年	1526～1550年	1551～1575年	1576～1600年	1601～1625年	1626～1650年	1651～1675年	1676～1700年	1701～1725年	1726～1750年	1751～1775年	1776～1800年	1801～1825年	1826～1850年	1851～1875年
丹麥	0	0	0	0	0	836	544	20,374	3,882	3,820	14,711	33,215	14,351	0	0
法國	0	0	50	0	0	1,479	5,456	22,265	95,357	216,213	278,479	369,121	117,969	58,579	0
美國	0	0	0	0	0	702	0	2,548	2,612	27,500	70,624	56,601	89,990	1,662	413
荷蘭	0	0	0	1,160	1,577	26,106	81,918	74,878	62,477	71,268	117,855	35,202	2,475	324	0
英國	0	0	1,188	168	0	26,315	93,209	208,431	339,007	455,284	682,454	673,590	253,678	0	0
葡萄牙／巴西	4,914	17,771	22,174	67,879	214,808	166,017	209,690	261,523	421,232	470,236	476,596	623,298	1,037,342	1,099,018	7,318
西班牙／烏拉圭	4,462	17,763	19,720	42,037	58,445	31,422	9,464	4,670	0	0	3,634	5,601	151,367	354,813	181,526

十六至十九世紀間，抵達南北美洲的奴隸人數（船隻國籍別、推測值、每二十五年）

出處：筆者根據 http:// www.slavevoyages.org/assessment/estimates 製成

（最後閱覽日：2018 年 7 月 31 日）

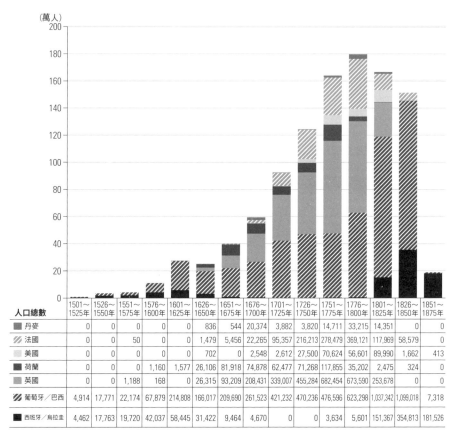

被運送至種植園的奴隸主要是做為農業勞動力，因此受歡迎的並非狩獵採集民族或畜牧民族，而是農耕民族。這些地帶皆是擁有許多農耕民族的地區。當集團之間發生衝突，被捕捉的俘虜便會被運送到沿岸地帶。自十八世紀末葉至一八三〇年代期間，在非洲東部和南部的乾旱以及被稱為「姆菲卡尼」（Mfecane）的祖魯王國（Zulu）遠征所引發的戰亂，也加速了奴隸人數的增長。

在非洲歷史的脈絡下必須指出一點，這些變化引發了嚴重的人口減少問題。在奴隸需求量急速上升初期，奴隸是來自鄰近地區的腹地，但需求量居高不下，奴隸的供給地便轉向更為內陸的地區。一八〇四年造訪莫三比克沿岸的奴隸商人耶皮塔利斯多．柯藍記錄，在當地看見的奴隸裡，比起沿岸腹地的馬夸人（Makhuwa），來自更內陸地區的約奧人（Yao）較多。除此之外，他甚至還看見了比約奧人更內陸的馬拉威人（Malawi）。從其他訪問者的紀錄也可以確認，一八一〇年代初葉的基爾瓦腹地已經無人居住，不久後在更北部的尚吉巴島（Zanzibar）對岸等地也發生了同樣現象。諸如此類人口減少的狀況，甚至關係到社會的存亡。

馬斯克林群島的法國大革命

正當印度洋西海域因應加勒比海和南北美洲大量的奴隸需求，以前所未有的規模供給奴隸之際，印度洋西海域內部對奴隸的需求也逐漸成長，其中心地為馬斯克林群島（Mascarene Islands）。馬斯克林群島是馬達加斯加島東側海域諸島的總稱。原本是無人島的這些島嶼中，在十七世紀中葉後成為各國東印度公司的中繼站而開始發展的，是留尼旺島（Réunion，又稱波本島〔Île Bourbon〕）和模里西斯島（Mauritius Island，又稱法國島〔Isle de France〕）。若要經由好望角自大西洋前往印度，從馬達加斯加島東部海域北上是最常被利用的航線，而這兩座島嶼是最佳的停靠港。

葡萄牙船則於十六世紀初抵達這兩座島嶼，十七世紀中葉以後，法國東印度公司占領留尼旺島，荷蘭東印度公司占領模里西斯島，成為各自的中繼站。然而模里西斯島的開發計畫受挫，荷蘭東印度公司在十八世紀初從島上撤退，最後由法國東印度公司宣告擁有這座島嶼的所有權。其後，兩島在拉布爾多內（Bertrand-François Mahé de La Bourdonnais）的指揮下成功發展。一七六七年，兩島從法國東印度公司移交波旁王朝管轄，但仍舊扮演著商船中途停靠站的角色，同時也成為法國艦隊攻擊英國印亞據點及法國私掠船的基地。一七八〇年代後兩島成為自由港，開放歐美商船進入，並逐漸成為印度洋西海域南部的商業樞紐。

自波旁王朝起最早被派至兩島的監督官員皮埃爾．波微（Pierre Poivre），他將熱帶產品帶進島內，試圖發展熱帶栽培業。他帶入棉花、靛藍與各種辛香料，嘗試各種可能性，但因熱帶氣旋等天災影響，加上無法融入國際市場，這些嘗試皆以失敗告終。在這個時期，丁香從荷蘭統治的馬魯古（摩鹿加）群島偷偷帶出，後來在尚吉巴島種植成功，然而馬斯克林群島的丁香栽培也未能成功。至於蔗糖，在荷蘭東印度公司時代曾一度導入，後來又在一七二一年拉布爾多內時期被再度引進，卻未立即獲得成果；直到十八世紀下半葉，許多艦隊和私掠船開始停靠港口之後，蔗糖才做為供應這些船隻的亞力酒（Arak）原料，漸漸提高生產量。其後與加勒比海的砂糖產地相同，模里西斯島

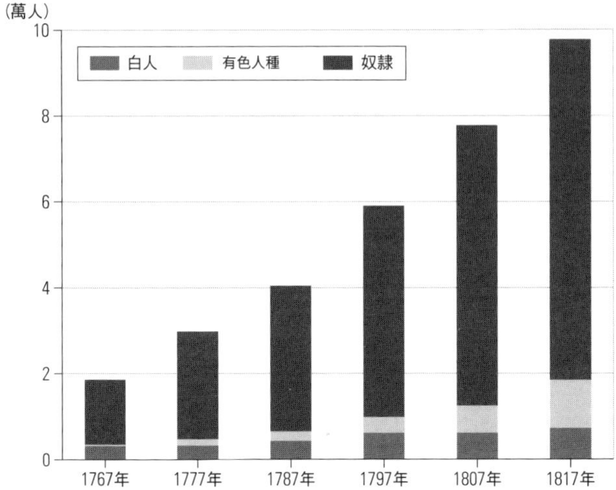

模里西斯島的人口結構

出處：筆者根據 Robert Montgomery Martin, *Statistics of the Colonies of the British Empire: From the Official Records of the Colonial Office*, London. W. H. Allen and Co., 1839, P503 製成。

的砂糖也趁著海地局勢的混亂而提高了產量。在法國大革命前，島上只有八至十間左右的製糖廠，但到一八一〇年代卻暴增為六十至八十間之多。關於生產量的變化雖然欠缺詳細數據資料，但至少在一八一〇年，栽種面積達到九千至一萬阿龐（arpent，每阿龐約為五・一平方公里）。

伴隨著砂糖增產而提高的勞動力需求，當然大多是仰賴奴隸。以模里西斯島為例，奴隸所占總人口比例在一八〇七年高達百分之八十四以上，與海地革命爆發前的一七八七年相較，奴隸人口的增加率高達百分之九十三（請參照上面的圖表）。主要的奴隸供給地是以馬達加斯加島及基爾瓦為中心的非洲東部沿岸，亦有遠從西非、東南亞被帶過來的奴隸。敘述到這裡似乎有些令人不解之處。既然馬斯克林群島屬於波旁王朝領土，想當然爾，應該也會受到法國大革命的影響，而國民公會應該早在一七九四年便廢除了所有殖民地的奴隸制度。即便如此，圖表中卻包含了一七九四年以後的統計數字。

事實上，馬斯克林群島的殖民者們拒絕了國民公會的廢奴宣言。他們在法國大革命爆發後的一七八九年十一月成立殖民者議會，組成自己的憲兵隊，確立了一定程度的自治。一七九四年法國宣告廢除奴隸制，兩年後的一七九六年在殖民者議會遭到正式否決。殖民者議會並對此發出長達四千字的聲明。這份聲明書承認奴隸制是可恥且不人道的制度，也陳述未來應予以廢除，並指出馬斯克林群島的經濟是由奴隸制所支持，若即刻廢除奴隸制——可以海地為鑑——恐怕會造成經濟與社會體系的直接崩潰。

之後，殖民者議會逮捕並處罰革命派成員，並肅清可能企圖叛亂的逃亡奴隸，以強大的權力維持體制。實際上，在殖民者會議否決廢除奴隸制的前一年，國民公會便已通過本國與殖民地之間新行政制度的法案，並且命令殖民者會議解散，但亦遭到拒絕。後來法國由拿破崙掌握實權，奴隸制正式復活。如此一來，馬斯克林群島保持著實質獨立狀態，並強化以奴隸勞動為基礎的砂糖生產。

圖 5-5　模里西斯島的甘蔗田，後方的建築物為製糖廠。

法克的苦惱

模里西斯島的甘蔗栽培業在上述的背景下步入正軌，時值拿破崙戰爭爆發，戰線亦擴及馬斯克林群島。一八一〇年，馬斯克林群島被英國占領。其後根據一八一四年《英法條約》，留尼旺島歸還法國，模里西斯島則由英國統治。在模里西斯的歷史脈絡上，這段英國統治時期非常重要。由於受英國統治，模里西斯島成為航海條例的適用對象，無法繼續保有自由港的地位；換句話說，將難以維持商業繁榮。而以商業港口而言，模里西斯島又與同樣是英國殖民地的開普敦（Cape Town）距離過近，彼此相互競爭。但在農業上，與多山的留尼旺島不同，平地較多的模里西斯島有發展的可能性，而實際上模里西斯島的砂糖產量也已提升。加上一八一五年成立的《穀物法》是英國是最後的穀物法，貿易保護色彩強烈，讓模里西斯島在對英出口方面比外國產的農作物更具優勢。基於上述緣由，模里西斯島的經濟主軸從商業移至農業，出現巨大轉變。

到了一八二二年，砂糖已占據模里西斯島總出口商品的百分之八十七。如果還記得一八〇七年英國議會已決議廢除奴隸交易，不免會對此感到驚訝，不過至一八二〇年為止，從葡屬莫三比克運來的奴隸，已成為這座島上除了克里奧爾人（Creole，土生白人）外最大規模的集團。換言之，奴隸交易在英國統治期間仍繼續運作，而模里西斯島砂糖產量增加，也是透過奴隸勞動力達成。

一八一〇年，英國占領馬斯克林群島，任命羅伯特·唐森·法克（Robert Townsend Farquhar）為首任總督。歷任駐安汶島（Ambon）官員及檳城大使等職務的法克，在一八〇七年曾出版題為《因廢除非洲奴隸交易而產生西印度群島的農業勞動者需求，其對應方法之諸項建言》（*Suggestions arising from the abolition of the African slave trade for supplying the demands of the West India colonies with agricultural labourers*）的小冊子。正如名稱所示，內容是在探討奴隸交易廢除後，西印度群島勞動力問題的解決方案。他的出發點是，失去勞動力的種植園經濟將無法成立。模里西斯島也正面臨同樣的問題。身為英國任命的總督，法克雖有義務宣告廢除奴隸交易，但另一方面他也默認走私奴隸行為。

即便如此，法克仍受到母國指示，再三要求徹底監視奴隸交易。面對這些問題，他嘗試從印度運來勞工。事實上，在先前提過的小冊子中，法克主張解決西印度群島勞動力問題的方法，就是雇用中國勞工。雖說小冊子所提及的方法與現實實踐上存在著中國人與印度人的差異，但法克試圖從人口密集地雇用勞工，並運到當地解決勞動力問題，就這點而言，他親自實踐了自己的想法。然而最後，卻因印度勞工無法在當地扎根而失敗。法克就在勞動力問題未能解決的狀況下，在一八二三年被解除總督職務，踏上歸國之路。

奴隸制度的新形態

當奴隸交易廢除後，處理奴隸制度也只是時間上的問題。而對模里西斯島來說，加速這個不可逆局勢的催化劑，是奴隸逃亡問題。早從波旁王朝統治開始之後，這項問題便浮上檯面。雖說是逃

圖 5-6　路易港的阿普拉瓦西·加特地區（Aapravasi Ghat）
契約勞工抵達後會先拘留於此，以進行檢疫或確認契約。

亡，但比起長時間的逃亡，模里西斯島發生的奴隸逃亡幾乎集中於一至三個月的期間，持續半年以上的例子相當罕見。若奴隸在農忙期間逃走，對農場主人而言是非常沉重的打擊，對於以出租奴隸營生、持有較少奴隸的奴隸主來說，也會造成非常大的經濟損失。此外，這些逃走的奴隸在逃亡過程中也可能成為暴徒，是殖民政府的一大隱憂。在波旁王朝統治期間，逃亡奴隸的規模約占奴隸總人數的百分之五，但在英國開始統治的一八二〇年代，則上升至百分之十一。另外，傳染病造成的影響也非常嚴峻。舉例來說，一八一九年起至一八二〇年初流行的霍亂，短時間內便奪去了七千名奴隸的性命。勞動力問題近在眼前。

一八三三年，英國議會通過廢奴法案。模里西斯島也在翌年的一月十七日公布法令，公告以英文、法文，以及奴隸們能夠理解的克里奧爾語書寫。當然，如同其他殖民地，這則公告並非意味著奴隸們能隨即獲得完全的自由。在滑鐵盧戰役名譽負傷，之後曾任多米尼克（Dominica）聖克里斯多福及尼維斯（Saint Kitts and Nevis）總督，當時的模里西斯總督威廉・尼克萊（William Nicolay）將這份公告送至母國之際，也附上關於逃亡奴隸處罰條款的法令改正版。前面提過，逃亡奴隸是模里西斯島的一大問題，也訂定了相關的嚴厲懲罰。或許有人會認為若廢除奴隸制度，逃亡奴隸也會消失。確實，原則上的確如此。然而不僅是模里西斯島，大英帝國廢除奴隸制度時，也導入了「師徒制」。獲得解放的奴隸有義務在一定期間內待在主人身邊，累積今後踏出社會所需的經驗。這段期間雖得支付微薄的薪水給原奴隸，但這項措施與其說是為原奴隸著想，不如說是為了原奴隸所有人而設的過渡措施。想當然爾，被安排在師徒制中的原奴隸們，只要察覺這與原來的奴隸制度並無二異，就仍會企圖逃亡。威廉・尼克萊的改正版法令正是為了因應此狀況，先下手為強。事實上自一八三五年至一八三七年，這三年內在學徒期間逃亡的原奴隸人數高達全體的百分之七・七。此外，許多完成學徒修煉的原奴隸們早就離開種植園，在港口城市或是這座還有許多未開發自然資源的島上某處，開始經營自己的生活。不管是誰都清楚得很：他們不太可能再次回到種植園。

這時，法克的嘗試再一次獲得了挑戰機會。自一八三四年至一八三八年的短短幾年間，從印度抵達模里西斯島最大港口——路易港（Port Louis）的契約勞工多達二萬四千人。一八四六年，模里西斯島上的印度裔人口達到全島總人口的三分之一，一八七一年甚至達到全島人口的三分之二強。其中包含眾多的女性移民。在一八三八年時，女性移民的比例尚未超過百分之二，到了一八五五年已達百分之三十，並在一八五九年至一八六五年間逐漸攀升至百分之五十。原本在一八三八年之前，由於勞動力的私人仲介詐欺和誘騙等惡行橫生，加上運送過程死亡率非常高，政府曾一度停止契約勞工移民，但其後又在政府主導下於一八三八年再次開放。除了契約勞工外，囚犯們也被當成勞動力，從印度被運往模里西斯島。以進化論著名的達爾文（Charles Robert Darwin）在《小獵犬號航海記》（*The Voyage of the Beagle*）一書中記述如下：

> 這些從印度被帶來的囚犯們，被終身放逐於此，數量約有八百人。他們被運用在各式各樣的公共事業上。在看到這些人之前，我從未想像過印度的人們有著如此高貴的面容。

勞動力的調度在空間上有了決定性變化。雖仍有例外，但以往勞動力基本上是在既有的印度洋交易架構中取得。然而在奴隸制廢除後的世界，勞動力不再經由過去的印度洋交易網，而是由大英帝國的架構中獲取。囚犯的人數與契約勞工相較雖然是九牛一毛，但若將他們納入考量，那麼帝國的法律秩序也成為掌控人力移動的要因之一。

3 印度洋西海域北部

溫和的奴隸制度

閱讀十八世紀下半遊覽印度洋西海域的歐美旅行者遊記，大多都會以某種形式提及奴隸制度。當然，奴隸也曾出現在這之前的遊記中，但進入十八世紀下半，旅行者們不光是提到在當地遇見的各個奴隸，往往還會饒富興味地觀察奴隸與主人，或是奴隸與社會的關係。除此之外，對奴隸市場的描述大都十分詳細。造成這種現象的背景毋需贅述，正是前文提到的歐美廢奴運動。但勾起旅行者興趣的理由，並不僅於此。在印度洋西海域的諸多社會中親眼看到的奴隸制度，與他們在本國所耳聞的大相逕庭。

威廉・賀伍德（William Heude）是在英國東印度公司的馬德拉斯（Madras，即印度清奈）基地工作的軍官，他將自己一八一六年十月從孟買出發，經由陸路往倫敦時的經歷寫成遊記。賀伍德在遊記中提到馬斯喀特（Muscat）的奴隸市場時，字裡行間對於描述奴隸制度有所猶豫，接著寫下了這段文字：

> 可以確定的是，在馬德拉斯，奴隸們受到一定程度的關愛。（中略）他們住在主人的家中，在同一個屋簷下用餐、睡覺，與主人吃同一盤飯，使用主人的杯具。只要奴隸們不犯錯，就絕對

不會再被賣出。優秀且忠誠的奴隸受到相當的尊重。倘若主人陷入貧困仍不願賣出他的奴隸，便會轉讓給自己的好友，好友則會因奴隸的忠誠而更加善待。

類似的感想不時出現在印度洋西海域的許多旅行家和派駐人員之間。與大西洋的狀況相同，要他們對親眼所見的奴隸制度不分青紅皂白地全面否定和批判，還是會感到躊躇和猶豫。

在印度洋西海域周邊存在著型態多樣的奴隸制度。它們的共通特徵，就是在自由人與奴隸之間並非是對比關係，而是連續關係。此外，非奴隸者的社會地位並不總是高於奴隸。借用清水和裕的說法：「若是將完全不具備法律行為能力、屬於『完全的物品』的奴隸視為一端，而將完全自由、不受任何社會性制約、虛構性的『自由人』視為另一端，那麼現實生活在伊斯蘭社會的人們，便是存在於連結這兩個端點的某個位置上，寬鬆地聯繫在一起。」雖然清水的分析重點是伊斯蘭世界的奴隸制度，這般說法卻也適用於印度洋西海域的許多奴隸制度上。人們將自身定位在保護和服務奉獻的連鎖中的某一處，這對奴隸還是自由人來說都是一樣的。這跟孕育出如此狀況的社會背景非常有關。奴隸在印度洋西海域周邊眾多社會裡，與主要用於種植園勞動的大西洋不同，他們基本上皆與主人共同生活，負擔主人家務。舉例來說，在非洲東部沿岸的斯瓦希里（Swahili）社會，奴隸的一般稱呼是「mtumwa」，原義為「被使用者」，這個「被使用者」包含著「被役使」以及「派遣出去」兩個含義。換句話說，在斯瓦希里社會所謂的奴隸，原本便是指由主人各種「役使」的存在，同時也包含了做為主人代理人的含義。為此，奴隸被要求必須具備主人使用的語言、習慣和文化等全方面素養，成為主人社會中的成員。換言之，在這個海域周邊的各個社會，奴隸朝著主人社會的方向同化。若能成功符合這項需求，雖然難以取得比主人社會地位還要高的位置，但奴隸個人的社會地位仍然可能在不超越主人的範圍內向上爬升。

這種同化制度不僅可能使社會地位上升，甚至還可能提升生存的可能性。在伊斯蘭法中，奴隸確實是所有者，也就是主人的財產；雖然與家畜同為「會發聲之財產」，但主人有義務負責奴隸的衣食起居，必須保障其身而為人的最低限度生活；主人自然也不具有奴隸的生殺大權，亦禁止施行過度懲罰。像這種奴隸受到保障的最低限度生活，亦不限於伊斯蘭法社會。因此，在印度洋西海域周邊遭遇饑荒、天候不佳、野獸侵襲、蟲害等頻繁發生的危機時，時常可見將自己委託給奴隸商人，或將子女當成奴隸販賣以換取生存機會的例子。

被運出的世界商品、被累積的財富、被運進的奴隸

十九世紀上半葉，印度洋西海域的奴隸制度出現了新的要素，而這應該放在該海域內部奴隸交易規模擴張下來理解。因此，首先就來簡單介紹印度洋西海域的奴隸交易。

與大西洋不同，由非洲往阿拉伯半島、波斯灣、印度半島的印度洋西海域北部奴隸交易，相關規模的推測數據極為籠統粗略。最大的原因是缺乏佐證史料。在大西洋方面，奴隸船出入港口留下

了龐大的紀錄，然而印度洋西海域北部卻不存在類似的紀錄。究竟是原本就沒有紀錄，還是原本有紀錄卻已散逸？雖然還有許多不明之處，恐怕各港口狀況不同，必須同時考量兩種狀況。因此，研究者只能以片斷紀錄為線索，推測出交易量。另外，若是認為有專門運送奴隸的奴隸船往來這片海域，那就大錯特錯了。奴隸是和其他貨物一起被運送的商品，只占了船上部分的空間。正因如此，在推測計算的工作上困難重重，推測出來的數值也因研究者而不同，但不管是哪一個推測數據都有共通點，就是與其他時代相較，十九世紀的交易規模較大。

換句話說，當橫跨大西洋兩岸的廢奴運動邁向高潮，廢奴宣言在歐洲實際發表之際，正好是印度洋西海域內部的奴隸交易迎來高峰的時期。造成此局面的重要因素，若是要以世界體系理論來總結，那就是被世界經濟吸納了。換個說法，就是在印度洋西海域有不少地區開始生產世界性商品。最容易拿來說明的例子，應該是非洲東部海域的尚吉巴島。皮埃爾．波微原本想在馬斯克林群島上栽培丁香，後來在尚吉巴島栽種成功。以幾乎等同偷盜的方式，從馬魯古群島被帶到馬斯克林群島的丁香苗株，究竟是如何從馬斯克林群島帶至尚吉巴島，說法紛紜。但無論如何，在一八三〇年代，尚吉巴島及鄰近的奔巴島（Pemba Island）迎來了「丁香狂熱」的時代。與一八三〇年代末期和一八四〇年代中葉相較，丁香產量呈現飛躍性成長，約成長了十一倍之多。之後在丁香持續增產的這些島上又引入了椰樹和蔗糖，開始了種植園栽培業，結果導致一八六〇年代左右，島內主要糧食自給困難的現象日漸顯著。除了過去生產糧食的土地都被用來栽種經濟作物外，被運入島內的奴隸勞動力也讓島內的人口上升。解決這項問題的方法，也是透過種植園：在對岸的非洲大陸出現了專門生產糧食的種植園。如此一來，以這兩座島為起點，出現了經濟作物種植園與糧食種植園的種植園栽培業連鎖關係。

受到世界市場影響，做為農業勞動力的奴隸增加，也為既存的奴隸制度帶來了變化。除了過去的家庭奴隸外，又加上在種植園從事體力勞動的奴隸。在斯瓦希里社會，在種植園勞動的奴隸被稱為「mshenzi」或「mjinga」。這些都是帶有「野蠻人」意義在內的貶義稱呼，與沿岸地區社會誕生的奴隸稱謂「mzalia」有著明確區別。換句話說，mshenzi 和 mjinga 不須（不能）理解主人社會的語言、習慣和文化，亦即無法同化至主人的社會，抑或被視為是十分難以同化的存在，也因此適合在種植園從事肉體勞動。這類奴隸通常會用一塊布料，男性的話是圍在腰際，女性則是覆蓋胸部以下的部分。這塊布是未經漂白的棉布，被稱為「Mericani」。正如從字面上可以想像到的，這是產於美國南方的布料。

如同因應世界商品需求的高漲，印度洋西海域北部的奴隸交易活動也呈現活躍的狀態。過去僅做為奴隸交易中繼站的非洲東部沿岸及其島嶼，其本身也出現了對奴隸的需求。奴隸不僅被分配到錢滾錢般的新種植園開發上，另一方面也被用來誇耀自身的財富。引用當時英國領事的言論，在這個時代的尚吉巴島，人們的財富「常可從他口中自己所擁有非洲奴隸數量來推算」。財富是由奴隸的勞動所創造，也是藉由奴隸來誇耀。接著，就連奴隸也開始擁有奴隸。奴隸交易迎來了顛峰時期。

在印度洋西海域廢除奴隸交易活動的過程

與大西洋的狀況相同，在印度洋西海域，奴隸交易也是早奴隸制度一步，被英國廢除。廢除的契機是一八二〇年，與波斯灣阿拉伯半島各政權簽訂的總和平條約。一八一八年，東印度公司擁有的孟買海軍在並無確切證據的情況下，指稱卡西姆家族（Al-Qasimi）及同伴為「海盜」，之後發動討伐並攻陷根據地，也就是現今阿拉伯聯合大公國（United Arab Emirates）的拉斯海瑪（Ras Al Khaimah）。這個時期的波斯灣並不存在大型政權，以港口為單位的小政權四處林立。英國在群雄割據的波斯灣地區以討伐「海盜」誇耀武力，隨即取得了「波斯灣守護者」的地位。總和平條約就是在這樣的背景下，由英國主導、經阿拉伯半島許多政權簽署而成。其中第九條的內容，是「從非洲沿岸及其他任何場所帶走奴隸、男子、女子、小孩並以船舶運送之，是為掠奪、海盜行為，友好關係的阿拉伯絕不作出上述行為」。

此後直至一八四〇年代末，這段期間英國與印度洋西海域當地政權陸續簽定了各式各樣限制奴隸交易的條約。其中值得注目的是與薩義德朝（The Al Bu Said）之間締結的一連串條約。起源於阿曼（Oman）的薩義德朝，在當時接二連三掌握了非洲東部沿岸的港口，成為沿岸地區的新盟主。薩義德朝在新取得的尚吉巴島建築宮殿，自非洲東部沿岸至波斯灣一帶、這條印度洋西海域北部最大奴隸交易路線上的勢力逐漸鞏固。對於希望廢除奴隸交易的英國而言，薩義德朝是最重要的交涉對象。並未簽署總和平條約的薩義德朝，在一八二二年首次與英國締結條約。這部通稱為《摩斯比條約》（*Moresby Treaty*）當中的第六項條文，載明所有船隻皆有義務攜帶有關出發港和目的港的證明文件。條約締結五天後追加的條文內容，則載明英國有權檢查並緝捕的權限範圍，是非洲東部的德爾加杜角（Cabo Delgado）、索馬利亞半島〔Somali Peninsula，又稱非洲之角（Horn of Africa）〕外海的索科特拉島（Socotra）東方六十哩處，以及上述地點與印度卡提阿瓦（Kathiawar）半島的第烏（Diu）所連結起來的界線以東海域。條約後來在一八三九年經過修訂，又進一步擴大了英國艦隊的管轄海域。接著在一八四七年簽訂的《哈默頓條約》（*Hamerton treaty*）中，獲得許可的奴隸運送範圍僅限於薩義德朝非洲東部領土基爾瓦島附近的南緯九度二分，至拉穆島（Lamu Island）附近的南緯一度五十七分之間，此外皆屬於英國艦隊監視和緝捕的範圍海域。

儘管如此，這一連串條約的簽署，在十九世紀上半幾乎毫無實質意義。因為此時被委託監視印度洋西海域奴隸交易的英國東印度公司，所屬的印度海軍並未積極投入監視活動，在一八二〇年至一八四二年間連一艘違規船也沒捕捉到。

當然，這是因為英國東印度公司擔心，積極取締奴隸交易將可能對整體貿易活動帶來不良影響；也因為印度海軍實在是繁忙至極。以一八五八年為例，三十一艘船艦就必須負責自非洲東部至中國沿岸這一片浩瀚海域的防衛和調查活動。加上兩次的英緬戰爭（一八二四～一八二六年、一八五二年）及鴉片戰爭（一八四〇～一八四二年）等戰事，印度海軍也被迫出動。因此，就連英國應該扮演守護者的波斯灣地區，在總和平條約簽署後海盜仍頻繁出沒，無法確保這條重要「帝國航線」（Empire Route）的治安。當然，國王直屬的英國皇家海軍（Royal Navy）也在印度洋各地設置基地。然而，在一八三三年英國東印度公司的貿易獨占權遭撤後，由於新興港腳商人勢力的崛起，其主力便將重點放在維持東亞海域的海上安全。

如此一來，能夠用來監視奴隸交易活動的戰力便十分有限，分派到監視隊的船艦也全都是老舊型號。讓監視隊員感到洩氣且厭煩的還不僅於此。捕獲船隻後，必須經由捕獲法庭進行審查，確認遭捕獲的船隻是否真為奴隸船。倘若經審查確認該船為奴隸船，將會按規定將獎金發給緝拿船長。然而印度海軍的捕獲法庭僅設於孟買，為了審查，監視隊必須帶著緝捕到的船一同前往孟買。對監視隊而言，麻煩在於直到審查程序結束為止，他們都必須負起責任照料遭捕船隻上的奴隸和船員；更麻煩的是，審查過程耗時費日，甚至有長達二年的例子存在。基於這些緣故，印度海軍對監視活動消極以對，整個一八五〇年代幾乎沒有交出任何成果。

「追求自由的時代」所孕育出的不自由

實際上，印度洋西海域的奴隸交易要到一八六〇年代之後才開始受到整治。一八七三年，尚吉巴的蘇丹公開宣布廢止奴隸交易，然而奴隸走私直到二十世紀初仍持續進行。在尚吉巴，一八九七年宣布廢除奴隸制度。但另一方面，在印度洋西海域，無論是否為歐洲殖民地，依舊繼續從事世界商品的生產。

圖 5-7　英國保護地（protectorate）時代建於奴隸市場遺跡的英國國教堂（尚吉巴島）

所謂的「廢除奴隸」，這個世界歷史上共通的體驗，確實是以「追求自由的時代」為契機，而有了相當大的進展。印度洋西海域也不例外。但這一切絕非單線式的發展。世界市場加速統合，有些商品正展現出前所未見的需求高漲。為了因應需求提高生產量，最簡單有效的方式是增加勞動力，這也直接造成奴隸交易的蓬勃。就在法國大革命正熾的時代，世界也正處於奴隸交易最為繁盛的時代。

若是將印度洋西海域各地廢除奴隸交易與奴隸制度的時間製成年表，那麼，法國大革命高喊的「自由」理念，在印度洋西海域獲得實現所耗費的時間，或許可以用「時差」來解釋。若是從先進地區所實現的成就逐漸擴及其他地區的角度來看，這應該算是合適的說明。正如前述，在印度洋西海域，以奴隸交易據點尚吉巴為例，廢除奴隸交易是在一八七〇年代，廢除奴隸制度則是在一八九〇年代。這並非尚吉巴蘇丹個人自發性的作為，也不是奴隸叛亂帶來的改變。其中明顯有著來自英國的壓力。同時我們也了解到，光是將焦點集中在這片海域，並無法釐清印度洋西海域奴隸交易的繁榮及奴隸制度的發展。舉例來說，尚吉巴島生產的丁香，大半數都流入了歐美市場。

至於馬斯克林群島，奴隸交易和奴隸制度的廢除更加徹底。確實，當地的奴隸們獲得了自由。然而實際上，為了取代被廢除的制度而導入的新制度，新來的人們——根據「契約」收取薪資——承擔了與奴隸並無二異的勞務工作。雖然政府有鑒於私人契約時代的亂象叢生，因而負責管理這些移入者，但從行政官員的書信裡，仍能在這個時代找到下面的例子：

> 印度勞工所承擔的勞動量，幾乎都是由他們及其雇主，在從印度出發前就已經取得共識。然而，當時並未提及殖民地的實際狀況，雖然多少會修改，但現實狀況是，勞動時間是從日出開始到日落為止，中間扣除二個小時、甚至三個小時的用餐時間。*

今日的研究者們對於是否能將廢奴後的契約勞工制與奴隸制劃上等號，態度極為謹慎。但另一方面，特別是在契約勞工導入的初期，考量其運送和勞動條件的狀況，將之稱呼為「新奴隸制」──如同休伊．廷克（Hugh Tinker）所提倡的──的看法，並未引起太多的反對意見。這促使我們必須承認，自由的理念並不會立刻保障某人的自由；我們也必須牢記，自由在獲得實現之前，仍需要經過很長的一段路。只要參照英國社會學家兼社會運動者凱文．貝爾斯（Kevin Bales）的「現代奴隸制」論述，就能夠明白，這條路直至今日仍未抵達終點。又或者認為就這麼繼續向前，總有一天可以抵達終點，這種想法本身說不定也是一種錯誤。

無論如何，所謂「追求自由的時代」，並不是對任何人都具有同樣意義。而諷刺的是，這個時代的成立，是透過迫使某處的人們陷入新的不自由，才得以實現。

＊日落後要補足二個小時、三個小時。

圖3-4	Marryat, F., *Borneo and Indian Archipelago: with drawings of costume and scenery*, London, 1848.
圖3-5	Leiden University Libraries KITLV 106598 (CC BY 4.0)
圖3-6	Nieuhof, J., *Johan Nieuhofs Gedenkweerdige Brasiliaense zee-en lantreizen*, Amsterdam, 1682.
圖3-7	Marryat, F., *Borneo and Indian Archipelago: with drawings of costume and scenery*, London, 1848.
圖3-8	太田淳提供
圖3-9	赤嶺淳提供
圖4-1～4-4	熊谷幸久提供
圖4-5	公眾領域
圖4-6	公眾領域
圖4-7	熊谷幸久提供
圖5-1	公眾領域
圖5-2	鈴木英明提供
圖5-3	公眾領域
圖5-4	公眾領域
圖5-5～5-7	鈴木英明提供

圖2-7	公眾領域
圖2-8	Hayes, D., *Historical Atlas of the Northe Pacific Ocean, Maps of Discovery and Scientific Exploration, 1500-2000*, Seattle, 2001
圖2-9	公眾領域
圖2-10	公眾領域
圖2-11	Courtesy of the Library of Congress, Rare Book and Special Collections Division, LC-USZ 62-17372
圖2-12	Postnikov, M., Falk, M., *Exploring and Mapping Alaska: The Russian America Era, 1741-1867*, University of Alaska Press, 2015.
圖2-13	公眾領域
圖2-14	公眾領域
圖2-15	公眾領域
圖3-1	Rouffaer, G. P. and J. W. Ijzerman(eds.), *De eerste schipvaart der Nederlanders naar Oost-Indië onder Cornelis de Houtman 1595-1597: journalen, documenten en andere bescheiden*, The Hague: Martinus Nijhoff, 1915.
圖3-2	佐久間香子提供
圖3-3	赤嶺淳提供

圖片來源

圖1-1～1-7	松嶌明男提供
圖1-8	Pinol, J.-L., dir., *Atlas historique des villes de France*, Paris, 1996.
圖1-9	松嶌明男提供
圖1-10	Archives du département du Rhône et de la métropole de Lyon, 1Q/885.
圖1-11	Archives du département du Rhône et de la métropole de Lyon, 1Q/964/1.
圖1-12	松嶌明男提供
圖2-1	公眾領域
圖2-2	森永貴子提供
圖2-3	公眾領域
圖2-4	公眾領域
圖2-5	Hayes, D., *Historical Atlas of the Northe Pacific Ocean, Maps of Discovery and Scientific Exploration, 1500-2000*, Seattle, 2001
圖2-6	Hayes, D., *Historical Atlas of the Northe Pacific Ocean, Maps of Discovery and Scientific Exploration, 1500-2000*, Seattle, 2001

International History of Anti-slavery, c. 1787-1820, Cambridge, 2013.
Suzuki, H., *Slave Trade Profiteers in the Western Indian Ocean: Trade and Suppression in the Nineteenth Century*, New York, 2017.
Teelock, V., *Bitter Sugar: Sugar and Slavery in 19th Century Mauritius*, Moka, 1998.
Thornton, J. K, I Am the Subject of the King of Congo: African Political Ideology and the Haitian Revolution, *Journal of World History*, 4-2, 1993.
Tinker, H, *A New System of Slavery: The Export of Indian Labour Overseas 1830-1920*, London, 1993.

松嶌、森永及熊谷等人之撰文，為科學研究費補助金所資助之現地調查的部分成果。

第五章　印度洋西海域與大西洋奴隸制度／奴隸交易的廢除

井野瀬久美惠『大英帝国という経験』講談社 2007年
清水和裕『イスラーム史のなかの奴隷』山川出版社 2015年
鈴木英明「インド洋西海域と『近代』——奴隷の流通を事例にして」『史学雑誌』116巻7号2007年
鈴木英明「ジョアスミー海賊とは誰か?一幻想と現実の交錯」東洋文庫編『東インド会社とアジアの海賊』勉誠出版 2015年
浜忠雄『ハイチ革命とフランス革命』北海道大学図書刊行会 1998年
平野千果子「フランス植民地主義の歴史——奴隷制廃止から植民地帝国の崩壊まで』人文書院2002年
弓削尚子『啓蒙の世紀と文明観』山川出版社 2004年
イクイア—ノ、オラウダ(久野陽一訳)『アフリカ人,イクイアーノの生涯の興味深い物語』研究社2012年
ウィリアムズ,エリック(中山毅訳)『資本主義と奴隷制——ニグロ史とイギリス経済史』理論社1968年
コリー,リンダ(川北稔訳)『イギリス国民の誕生』名古屋大学出版会 2009年
Allen, R. B., *European Slave Trading in the Indian Ocean, 1500-1800*, Athens, 2014.
Darwin, C., *Joumal and Remarks. 1832-1836*, London, 1839.
Drescher, S., *Abolition: A History of Slavery and Antislavery*, Cambridge, 2009.
Heude, W., *A Voyage up the Persian Gulf and a journey overland from India to England in 1817*, London, 1819.
Klein, H. S., *The Atlantic Slave Trade*, new ed., Cambridge, 2010.
Lovejoy, P. E., *Transformations in Slavery: A History of Slavery in Africa*, 3rd ed., Cambridge, 2012.
Oldfield, J. R., *Popular Politics and British Anti-Slavery: The Mobilisation of Public Opinion against the Slave Trade, 1787-1807*, London, 1998.
Oldfield, J. R, *Transatlantic Abolitionism in the Age of Revolution: an*

Brogan, C., *James Finlay & Company Limited: manufacturers and East India 1750-1950*, Glasgow, 1951.

Cain, P.J., Hopkins, A. G., *British Imperialism 1688-2015*, Third Edition, London/New York, 2016.

Corn, B. S., Recruit and Training of British Civil Servants in India, 1600-1860, Brailbanti, R. (ed.), *Asian Bureaucratic Systems Emergent from the British Imperial Tradition*, Duke University Press, 1966.

Devine, T. M., *The Tobacco Lords: A Study of the Tobacco Merchants of Glasgow and Their Trading Activities*, Edinburgh, 1975.

Greenberg, M., *British Trade and the Opening of China 1800-42*, Cambridge University Press, 1961.

Kumagai, Y., *Breaking into the Monopoly: Provincial Merchants and Manufacturers' Campaigns for Access to the Asian Market, 1790-1833*, Leiden/Boston, 2012.

Lawson, P., *The East India Company: A History*, London/New York, 1993.

Marshall, P.J., *East India Fortunes: The British in Bengal in the Eighteenth Century*, Oxford, 1976.

Philips, C. H., *The East India Company, 1784-1834*, Manchester University Press, 1940.

Tripathi, A., *Trade and Finance in the Bengal Presidency 1793-1833*, Oxford University Press, 1979.

Webster, A., *The Twilight of the East India Company: The Evolution of Anglo-Asian Commerce and Politics, 1790-1860*, Woodbridge, 2009.

Webster, A., The strategies and limits of gentlemanly capitalism: the London East India agency houses, provincial commercial interests, and the evolution of British Economic policy in South and South East Asia 1800-1850, *The Economic History Review*, Vol. LIX, No. 4, 2006.

Webster, A., The political economy of trade liberalization: the East India Company Charter Act of 1813, *The Economic History Review*, Vol. XLIII, No.3, 1990.

第四章　蘇格蘭的自由貿易運動

秋田茂『イギリス帝国の歴史』中央公論新社 2012年

今田秀作『パクス・ブリタニカと植民地インド――イギリス・インド経済史の《相関把握》』京都大学学術出版会2000年

熊谷幸久「19世紀初頭の英国のアジア通商政策に対する地方商人および製造業者の影響――1812年から1813年にかけてのグラスゴー東インド協会による東インド貿易開放運動を中心に」『歴史と経済』第206号 2010年

熊谷幸久「東インド貿易の開放と西インド利害関係者――グラスゴー東インド協会内の西インドプランテーション経営者について(1812～1833年)」『京都精華大学紀要』第37号2010年

熊谷幸久「ジェームズ・フィンリイ商会の通信記録から見た東インド貿易」関西大学経済史研究会編『経済発展と交通・通信』関西大学出版部 2015年

ケイン,P.J.,ホプキンズ,AG.(竹内幸雄,秋田茂訳)『ジェントルマン資本主義の帝国I 創成と膨張1688-1914』名古屋大学出版会1997年

ケイン,P.J.,ホプキンズ,A.G.(竹内幸雄,秋田茂訳)『ジェントルマン資本主義の帝国II 危機と解体1914-1990』名古屋大学出版会1997年

スミス, アダム(山岡洋一訳)『国富論――国の豊かさの本質と原因についての研究』(上・下)日本経済新聞出版社 2007年

浜渦哲雄『イギリス東インド会社――軍隊・官僚・総督』中央公論社 2009年

羽田正『東インド会社とアジアの海』講談社2007年

松本睦樹『イギリスのインド統治――イギリス東インド会社「国富流出」』阿吽社1996年

Bowen, H. V., Sinews of trade and empire: the supply of commodity exports to the East India Company during the late eighteenth century, *The Economic History Review*, Vol.LV, No.3, 2002.

Bowen, H. V., *The Business of Empire: The East India Company and Imperial Britain, 1756-1833*, Cambridge University Press, 2008.

Ota, A., Trade, Piracy, and Sovereignty: Changing Perceptions of Piracy and Dutch Colonial State Building in Malay Waters, c. 1780-1830, Ota, A. (ed.), *In the Name of The Battle against Piracy: Ideas and Practices in State Monopoly of Maritime Violence in Early-Modern Europe and Asia*, Leiden/Boston, 2018.

Reid, A., *Southeast Asia in the Age of Commerce 1450-1680*, 2 vols, Yale University Press, 1988-1993.

Reid, A., A New Phase of Commercial Expansion in Southeast Asia, 1760-1850, Reid, A. (ed.), *The Last Stand of Asian Autonomies: Responses to Modernity in the Diverse States of Southeast Asia and Korea, 1750-1900*, Basingstoke/London, 1997.

Sandhu, K. S., Wheatley, P. (eds.), *Melaka: The Transformation of a Malay Capital, c. 1400-1980*, 2 vols, Oxford University Press, 1983.

Tagliacozzo, E., A Necklace of Fins: Marine Goods Trading in Maritime Southeast Asia, 1780-1860, *International Journal of Asian Studies*, 1-1, 2004.

Tagliacozzo, E., A Sino-Southeast Asian Circuit: Ethnohistories of the Marine Goods Trade, Tagliacozzo. E., Chang, Wen-chin (eds.), *Chinese Circulations: Capital, Commodities, and Networks in Southeast Asia*, Duke University Press, 2011.

Tagliacozzo, E., Chang, Wen-chin eds.), *Chinese Circulations: Capital, Commodities, and Networks in Southeast Asia*, Duke University Press, 2011.

Trocki, C. A, *Prince of Pirates: The Temenggongs and the Development of Johor and Singapore, 1784-1885*, 2nd edition, Singapore, 2007.

Veth, P.J., *Borneo's Westerafdeeling, geographisch, statisch, historisch, voorafgegaan door eene algemeene schets des ganschen eiland*, Zaltbommel, 1854-56.

Vos, R, Gentle Janus, *Merchant Prince: the VOC and the Tightrope of Diplomacy in the Malay World, 1740-1800*, Leiden, 1993.

Warren, J. F., *The Sulu Zone, 1768-1898: The Dynamics of External Trade, Slavery, and Ethnicity in the Transformation of a Southeast Asian Maritime State*, Singapore University Press, 1981.

Warren, J. F., *Iranun and Balangingi: Globalization, Maritime Raiding and the Birth of Ethnicity*, Singapore University Press, 2002.

桜井由躬雄「総説」桜井躬雄編『岩波講座東南アジア史4 東南アジア近世国家群の展開』岩波書店2001年

鈴木恒之「オランダ東インド会社の覇権」石井米雄編『岩波講座東南アジア史3 東南アジア近世の成立』岩波書店 2001年

早瀬晋三『海域イスラーム社会の歴史——ミンダナオ・エスノヒストリー』岩波書店 2003年

間々田孝夫『第三の消費文化論——モダンでもポストモダンでもなく』ミネルヴァ書房 2007年

ポメランツ,K.（川北監訳）「大分岐——中国,ヨーロッパ,そして近代世界経済の形成』名古屋大学出版会2015年

ミンツ,シドニーW.(川北稔,和田光弘訳)『甘さと権力——砂糖が語る近代史』平凡社 1988年

Abeyasekere, S., *Jakarta: A History*, Oxford University Press, 1989.

Andaya, B. W., *To Live as Brothers. Southeast Sumatra in the Seventeenth and Eighteenth Centuries*, University of Hawai'i Press, 1993.

Andaya, L. Y., *Leaves of the Same Tree: Trade and Ethnicity in the Straits of Melaka*, University of Hawaii Press, 2008.

Blussé, L., The Chinese Century: The Eighteenth Century in the China Sea Region, *Archipel*, 58, 1999.

Colombijn, F., Foreign Influence on the State of Banten, 1596-1682, *Indonesian Circle*, 50, 1989.

Elson, R. E., International Commerce, the State and Society: Economic and Social Change, Tarling, N. (ed), *The Cambridge History of Southeast Asia, Volume 2, Part 1: From c. 1800 to the 1930s*, Cambridge University Press, 1999 [1992].

Jacobs, E. M., Merchant in Asia: The Trade of the Dutch East India Company during the Eighteenth Century, Leiden, 2006.

Kathirithamby-Wells, J., The Age of Transition: The Mid-Eighteenth to the Early Nineteenth Centuries, Tarling, N. (ed.), *The Cambridge History of Southeast Asia, Volume 1: From early times to c. 1800*, Cambridge University Press, 1992.

Kathirithamby-Wells, J., Villiers, J. (eds.), *The Southeast Asian Pont and Polity: Rise and Demise*, Singapore University Press, 1990.

Ota, A., Pirates or Entrepreneurs? Migration and Trade of Sea People in Southwest Kalimantan, c. 1770-1820, *Indonesia*, 90, 2010.

Gibson, J., Skins, O., *Ships, B., and Goods, C., The Maritime Fur Trade of the Northwest Coast, 1785-1841*, McGill Queens University, 2001.

Grinev, A. V. *The Tlingit Indians in Russian America, 1741-1867*, University of Nebraska Press, 2005.

Hayes, D., *Historical Atlas of the North Pacific Ocean, Maps of Discovery an Exploration, 1500-2000*, Seattle, 2001.

Hayes, D., *Historical Atlas of the Pacific Northwest, Maps of Exploration and Discovery*, Seattle, 2000.

Kahan, A., *The Plow, the Hammer and the Knout, An Economic History of Eighteenth Century Russia*, University of Chicago Press, 1985.

Vinkovetsky, I., *Russian America, An Overseas Colony of a Continental Empire, 1804-1867*, Oxford University Press, 2001.

Болховитинов, Н. Н. (ред.), *История Русской Америки*, Т.1-3, М., 1997-99.

Петров А. Ю., *Российско-американская компания: деятельность на отечественном и зарубежном рынках (1799—1867)*, М., 2006.

Петров А. Ю., *Наталия Шелихова у истоков Русской Америки*, М., 2012.

第三章　東南亞海盜與「華人世紀」

太田淳「ナマコとイギリス綿布——19世紀半ばにおける外島オランダ港の貿易」秋田茂編『アジアからみたグローバルヒストリー——「長期の18世紀」から「東アジアの経済的再興」へ』ミネルヴァ書房 2013年

太田淳『近世東南アジア世界の変容グローバル経済とジャワ島地域社会』名古屋大学出版会2014年

太田淳「マレー海域の貿易と移民——一八～一九世紀における構造変容」『中国——社会と文化』31 中国社会文化学会 2016年

太田淳「時間」山本信人編『東南アジア地域研究入門3 政治』慶應義塾大学出版会 2017年

川北稔『砂糖の世界史』岩波書店 1996年

木崎良平『漂流民とロシア――北の黒船に揺れた幕末日本』中公新書 1991年
木崎良平『光太夫とラクスマン――幕末日露交渉の一側面』刀水書房 1992年
佐山和夫『わが名はケンドリック――来日米人第1号の謎』(新版)彩流社 2009年
西村三郎『毛皮と人間の歴史』紀伊国屋書店 2003年
森永貴子『ロシアの拡大と毛皮交易――16～19世紀シベリア・北太平洋の商人世界』彩流社 2008年
森永貴子『イルクーツク商人とキャフタ貿易――帝政ロシアのユーラシア商業』北海道大学出版会 2010年
森永貴子『北太平洋世界とアラスカ毛皮交易――ロシア・アメリカ会社の人びと』東洋書店 2014年
クック(増田義郎訳)『クック 太平洋探検』(①～⑥)岩波文庫 2004～05年
望月哲男編著『創造都市ペテルブルク――歴史・科学・文化』北海道大学出版会 2007年
タイユミット,E.(増田義郎監修)『太平洋探検史――幻の大陸を求めて』創元社 1993年
ディドロ(浜田泰祐訳)『ブーガンヴィル航海記補遺　他一篇』岩波文庫 1953年
フォルスター(服部典之訳)『フォルスター 世界周航記』(上・下)岩波書店 2006～07年
フォルスター,G.(森貴史・越克・大久保進共訳)『ゲオルク・フォルスターコレクション自然・歴史・文化』関西大学出版部 2008年
ホロウェイ,D.(池央耿訳)『ルイスとクラーク――北米探検の横断』草思社 1977年
ラペルーズ(佐藤淳二訳)『ラペルーズ 太平洋周航記』(上・下)岩波書店 2006年
レペニース,W.(小川さくえ訳)『十八世紀の文人科学者たち リンネ,ビュフォン,ヴィンケルマン,G.フォルスター,E.ダーウィン』法政大学出版局 1992年

堂 2012年
イリイッチ,I.(金子嗣郎訳)『脱病院化社会』晶文社1979年
エルズリッシュ,C.,ピエレ,J. (小倉孝誠訳)『〈病人〉の誕生』藤原書店 1992年
ヴォヴェル,M.(谷川稔訳)『フランス革命と教会』人文書院 1992年
フュレ,F.(大津真作訳)『フランス革命を考える』岩波書店 1989年
ヘンリー,J.(東慎一郎訳)『一七世紀科学革命』岩波書店 2005年
ボベロ,J.(三浦信孝訳)『フランスにおける脱宗教性の歴史』白水社 2009年
ポミアン,K.(松村剛訳)『増補・ヨーロッパとは何か——分裂と統合の1500年』平凡社 2002年
ルフェーヴル,G.(高橋幸八郎・柴田三千雄・遅塚忠躬訳)『1789年——フランス革命序論』岩波書店1975年
レモン,R.(工藤庸子他訳)『政教分離を問いなおす——EUとムスリムのはざまで』青土社 2010年
Boudon, J.-O., *Napoléon et les cultes: les religions en Europe à l'aube du XIXe siècle 1800-1815*, Paris, 2002.
Boudon, J.-O., *Histoire du Consulat et de l'Empire*, 1799-1815, Paris, 2003.
Boudon, J.-O., *Religion et politique en France depuis 1789*, Paris, 2007.

第二章　毛皮連結起的太平洋世界

秋月俊幸『千島列島をめぐる日本とロシア』北海道大学出版会 2014年
大嶽幸彦『探検家と地理学者——18世紀フランスの啓蒙思想と地誌学』古今書院 2016年
木村和男『カヌーとビーヴァーの帝国——カナダの毛皮交易』山川出版社 2002年
木村和男『毛皮交易が創る世界——ハドソン湾からユーラシアへ』岩波書店 2004年
木村和男『北太平洋の「発見」——毛皮交易とアメリカ太平洋岸の分割』山川出版社 2007年

遅塚忠躬『ロベスピエールとドリヴィエ――フランス革命の世界史的位置』東京大学出版会1986年
中野智世・前田更子・渡邊千・尾崎修治編著『近代ヨーロッパとキリスト教――カトリシズムの社会史』勁草書房 2016年
二宮宏之・阿河雄二郎『アンシアン・レジームの国家と社会――権力の社会史へ』山川出版社2003年
二宮宏之『フランスアンシアン・レジーム論――社会的結合・権力秩序・叛乱』岩波書店2007年
服部春彦・谷川稔編『フランス史からの問い』山川出版社 2000年
服部春彦『文化財の併合――フランス革命とナポレオン時代』知泉書館
服部春彦『経済史上のフランス革命・ナポレオン時代』多賀出版 2009年
深沢克己・高山博編『信仰と他者――寛容と不寛容のヨーロッパ宗教社会史』東京大学出版会2006年
深沢克己・桜井万里子編『友愛と秘密のヨーロッパ社会文化史――古代秘儀フリーメイソン団まで』東京大学出版会 2010年
古谷大輔・近藤和彦編『岩のようなヨーロッパ』山川出版社 2016年
前田更子『私立学校からみる近代フランス――19世紀リヨンのエリート教育』昭和堂 2009年
松嶌明男『礼拝の自由とナポレオン――公認宗教体制の成立』山川出版社2010年
松嶌明男『図説ナポレオン』河出書房新社 2016年
安酸香織「近世エルザスにおける帝国等族とランス王権――十帝国都市をめぐる紛争と調停の事例から(1648-79)」『西洋史研究』第45号2016年
山本文彦『近世ドイツ国制史研究――皇帝・帝国クライス・諸侯』北海道大学図書刊行会1995年
渡辺和行『近代フランスの歴史学と歴史家――クリオとナショナリズム』ミネルヴァ書房2009年
アンダーソン,B.(白石隆・白石さや訳) 『定本　想像の共同体―ナショナリズムの起源と流行』(社会科学の冒険2-4)書籍工房早山 2007年
アンダーソン,RD.(安原義仁・橋本伸也監訳)『近代ヨーロッパ大学史』昭和

第一章　迎向近代的轉捩點——法國大革命

安藤隆穂編『フランス革命と公共性』名古屋大学出版会 2003年

石井正己編『博物館という装置——帝国・植民地・アイデンティティ』勉誠出版 2016年

上垣豊『ナポレオン——英雄か独裁者か』山川出版社2013年

上垣豊『規律と教養のフランス近代——教育史から読み直す』ミネルヴァ書房 2016年

近藤和彦『民のモラル——ホーガースと18世紀イギリス』筑摩書房 2014年

佐々木真『増補新装版　図説フランスの歴史』河出書房新社 2016年

柴田三千雄『フランス革命はなぜおこったか』山川出版社 2012年

杉本淑彦『ナポレオン伝説とパリ——記憶史への挑戦』山川出版社 2002年

杉本淑彦「ヴィヴァン・ドノン『ボナパルト将軍麾下の上下エジプト紀行』の200年」『パブリック・ヒストリー』2号 2005年

鈴木杜幾子『画家ダヴィット——革命の表現者から皇帝の首席画家へ』晶文社1991年

鈴木杜幾子『ナポレオン伝説の形成——フランス19世紀美術のもう一つの顔』筑摩書房1994年

関哲行・踊共二『忘れられたマイノリティ——追害と共生のヨーロッパ史』山川出版社2016年

竹中幸史『図説フランス革命史』河出書房新社 2013年

田中佳「フランス革命前夜における美術行政と公衆の相関——ダンジヴィレの「奨励制作」(1777-1789)を事例として」『西洋史学』242号 2011年

谷川稔『十字架と三色旗——近代フランスにおける政教分離』岩波書店 2015年

谷川稔・渡辺和行編著『近代フランスの歴史国民国家形成の彼方に』ミネルヴァ書房2006年

田村理『フランス革命と財産権——財産権の「神聖不可侵」と自然権思想』創文社1997年

遅塚忠躬『フランス革命——歴史における劇薬』岩波書店 1996年

主要參考文獻

總論　追求自由的時代

岸本美緒, 宮嶋博史『明清と李朝の時代』(中公文庫世界の歴史)中央公論新社 2008年

小林章夫『コーヒー・ハウス——18世紀ロンドン, 都市の生活史』(講談社学術文庫) 講談社 2000年

島田竜登「18世紀前半におけるオランダ東インド会社のアジア間貿易」『西南学院大学経済学論集』43巻1.2合併号2008年

島田竜登「グローバル時代の歴史学——グローバル・ヒストリーと未来を見つめる歴史研究」比較文明学会30周年記念版編集委員会『文明の未来—いま,あらためて比較文明学の視点から』東海大学出版部 2014年

水島司「インド近世をどう理解するか」『歴史学研究』821 2006年

アレン,RC.(眞嶋史叙・中野忠・安元稔・湯沢威訳)『世界史のなかの産業革命——資源・人的資本・グローバル経済』名古屋大学出版会 2017年

ブリュア,ジョン(大久保桂子訳) 『財政=軍事国家の衝撃——戦争・カネ・イギリス国家1688-1783』名古屋大学出版会2003年

ポメランツ,K. (川北監訳)「大分岐——中国,ヨーロッパ,そして近代世界経済の形成』名古屋大学出版会2015年

マディソン,アンガス(金森久雄監訳) 『経済統計で見る世界経済2000年史』柏書房2004年

ミンツ,シドニーW. (川北・和田光弘訳)『甘さと権力——砂糖が語る近代史』平凡社,1988年

Blussé, L., Femme, G. (eds.), *On the Eighteenth Century as a Category of Asian History: Van Leur in Retrospect*, Aldershot, 1998.

Posthumus, N. W., *Nederlandsche prijsgeschiedenis*, Vol.1, Leiden, 1943.

Shimada, R., *The Intra-Asian Trade in Japanese Copper by the Dutch East India Company during the Eighteenth Century*, Leiden, 2006.

鈴木英明

國立民族學博物館全球化現象研究部副教授，東京大學大學院人文社會系研究科博士後期課程學分取得退學，博士（文學）。1978年生，專長為印度洋海域史。

主要著作：

〈印度洋西海域周邊諸社會近世至近代的過渡期及其矛盾——著眼於奴隸制·奴役交易的展開〉《史苑》77-2(2017)

Abolitions as a Global Experience (ed.), Singapore: NUS Press, 2015

Slave Trade Profiteers in the Western Indian Ocean: Suppression and Resistance in the Nineteenth Century, New York: Palgrave Macmillan, 2017

Environmental Knowledge and Resistance by Slave Traffickers in the Nineteenth Century Western Indian Ocean, Gwyn Campbell (ed.), *Environment and Slavery in the Indian Ocean World*, New York: Palgrave Macmillan, 2018

太田淳

慶應義塾大學經濟學部副教授，早稻田大學大學院文學研究科博士後課程滿期退學，Ph. D（萊登大學）。1971年生，專長為印尼史、東南亞史。

主要著作、論文：

《近世東南亞世界的變貌——全球化經濟與爪哇島地域社會》（名古屋大學出版會，2014）

《傳統中國判牘資料目錄》（共編）（汲古書院，2010）

Tropical Products Out, British Cotton In: Trade in the Dutch Outer Islands Ports, 1846-69, *Southeast Asian Studies* 2-3, 2013

In the Name of the Battle against Piracy: Ideas and Practices in State Monopoly of Maritime Violence in Europe and Asia in the Period of Transition (edited volume), Leiden and Boston: Brill Academic Publishers, 2018

熊谷幸久

關西大學經濟學部副教授。1975年生，專長為英國經濟史。

主要著作、論文：

〈十九世紀初英國的亞洲通商政策對地方商人及製造業者的影響力——以1812至1813年格拉斯哥東印度協會的東印度貿易開放運動為中心〉《歷史與經濟》206號，2010年

Kirkman Finlay and John Crawfurd: Two Scots in the Campaign of the Glasgow East India Assosiation for the Opening of the China Trade, 1829-1833, *Journal of Scottish Historical Studies*, vol. 30, issue 2, 2010

Breaking into the Monopoly: Provincial Merchants and Manufacturers' Campaigns for Access to the Asian Market, 1790-1833, Leiden and Boston: Brill Academic Publishers, 2012

作者

松嶌明男

北海道大學大學院文學研究科副教授，東京大學大學院人文社會系研究科博士課程修了、博士（文學）。1966年生，專長為法國近代史。

主要著作：

《禮拜的自由與拿破崙——公認宗教體制的成立》（山川歷史Monograph 22）（山川出版社，2010）

《圖說拿破崙　政治與戰爭——法國獨裁者的描繪軌跡》（河出書房新社，2016）

森永貴子

立命館大學文學部教授，一橋大學大學院社會學研究科博士後課程修了、博士（社會學）。1969年生，專長為俄羅斯社會經濟史。

主要著作：

《俄羅斯的擴張與毛皮交易——16至19世紀西伯利亞．北太平洋的商人世界》（彩流社，2008）

《伊爾庫次克商人與恰克圖貿易——帝俄的歐亞商業》（北海道大學出版會，2010）

《北大西洋世界與阿拉斯加毛皮交易——俄羅斯及美國公司的人們》（東洋書店，2014）

作者簡介

叢書監修

木村靖二

東京大學名譽教授。專長為西洋近現代史，德國史。

岸本美緒

御茶之水女子大學教授。專長為明清社會經濟史。

小松久男

東京大學名譽教授。專長為中亞史。

編者

島田龍登

東京大學研究所人文社會系研究科副教授。

1972年生，專長為南亞史、東南亞史、亞洲經濟史、全球史。

主要著作：

The Intra-Asian Trade in Japanese Copper by the Dutch East India Company during the Eighteenth Century. （Leiden and Boston: Brill Academic Publishers, 2006）

《亞洲經濟史研究入門》（共編著）（名古屋大學出版會，2015）

《刻印在歷史的巨型都市》（共編著）（東京大學出版會，2016）

《全球經濟史》（共著）（放送大學教育振興會，2018）

歷史的轉換期 08

追求自由的時代 1789年

自由を求める時代

Turning Points In World History

編　　者　島田龍登
譯　　者　廖怡錚
發 行 人　王春申
選書顧問　陳建守
總 編 輯　張曉蕊
特約編輯　蔡傳宜
責任編輯　洪偉傑
封面設計　萬勝安
內文排版　康學恩
業　　務　王建棠
資訊行銷　劉艾琳、謝宜華、蔣汶耕
出版發行　臺灣商務印書館股份有限公司
23141 新北市新店區民權路 108-3 號 5 樓
（同門市地址）
電　　話　(02) 8667-3712
傳　　真　(02) 8667-3709
服務專線　0800-056193
郵　　撥　0000165-1
信　　箱　ecptw@cptw.com.tw
網路書店　www.cptw.com.tw
臉　　書　facebook.com.tw/ecptw
印　　刷　鴻霖印刷傳媒股份有限公司
定　　價　新台幣 430 元
2022 年 6 月　初版 1 刷
2023 年 11 月　初版 1.8 刷

臺灣商務印書館

局版北市業字第 993 號
法律顧問　何一芃律師事務所

國家圖書館出版品預行編目 (CIP) 資料

1789年：追求自由的時代／島田龍登編；廖怡錚譯
——初版——新北市：臺灣商務印書館股份有限公司，2022.06
面；　公分（歷史的轉換期 8）
譯自：1789年：自由を求める時代
ISBN　978-957-05-3411-5（平裝）
1. 文化史　2. 世界史

713　　111004447